二盖一精确叫牌法与
机器人辅助叫牌

王玉富 刘 艳 王翰钊 陈鸿弋 闫丽娜

编 著

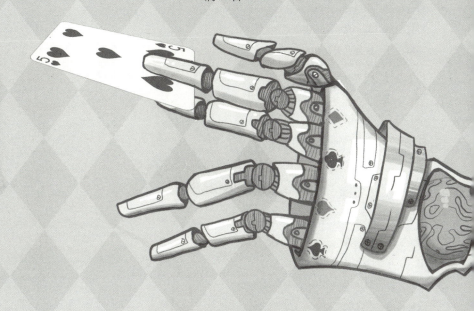

成都时代出版社
CHENGDU TIMES PRESS

图书在版编目（CIP）数据

二盖一精确叫牌法与机器人辅助叫牌 / 王玉富等编

著 . -- 成都：成都时代出版社，2023.9

ISBN 978-7-5464-3276-2

Ⅰ . ①二… Ⅱ . ①王… Ⅲ . ①桥牌－基本知识 Ⅳ .

① G892.1

中国国家版本馆 CIP 数据核字 (2023) 第 137637 号

二盖一精确叫牌法与机器人辅助叫牌

ERGAIYI JINGQUE JIAOPAIFA YU JIQIREN FUZHU JIAOPAI

王玉富　刘　艳　王翰钊　陈鸿弋　闫丽娜　编著

出 品 人　达　海

责任编辑　刘　瑞

责任校对　樊思岐

责任印制　黄　鑫　陈淑雨

装帧设计　成都九天众和

出版发行　成都时代出版社

电　　话　（028）86785923（蜀蓉棋艺工作室）

　　　　　（028）86615250（发行部）

印　　刷　成都博瑞印务有限公司

规　　格　145mm×210mm

印　　张　9.375

字　　数　250 千

版　　次　2023 年 9 月第 1 版

印　　次　2023 年 9 月第 1 次印刷

书　　号　ISBN 978-7-5464-3276-2

定　　价　43.00 元

前　言

　　《桥牌基础知识与现代精确叫牌法》2009年由成都时代出版社出版，先后印刷四次，发行万余册。2020年，原主编联合世界女子特级大师、中国桥牌女队队员、天津师范大学刘艳老师和河南省桥牌女队队员、郑州财经学院闫丽娜老师，将原书修订为《桥牌基础知识与二盖一逼局精确叫牌法》，由成都时代出版社再版发行。

　　结合近几年教学使用实际情况，根据河南省桥牌运动协会、河南省学生体育总会及部分使用该书作为教材的桥牌教师的建议，我们已于2022年将原书上篇改编为《桥牌基础与进阶》，由成都时代出版社出版发行，主要供桥牌入门教学和普及使用；同时在原书下篇的基础上，改编成本书，供提高班教学和已经具备一定桥牌基础并经常参加比赛的桥牌爱好者参考。

　　本次改编，再次征求了许多桥牌教师和部分专业牌手的意见，进一步完善了体系结构，突出了"二盖一逼局"的要义，引入专业牌手使用的现代转移约定，丰富了无将开叫后的叫牌序列和满贯叫牌手段；对XYZ双路重询、接力问叫以及意大利问叫等约定的适用条件、使用要点等进行了详细的阐述，使之更容易被理解和掌握。同时，简化了1♣开叫后4441强牌应叫的方式，把这种不常见的牌型纳入常规叫牌序列，使之成为没有任何记忆负担的叫品。

　　书中非自然的约定叫品或需要特别注意的叫品，我们用"*"标注；标"**"的章节则属于比较专业的叫法，初学者可暂时跳过不学。忽略标"**"的内容形成的体系，与现行的大型人机交互网络桥牌平台——新睿桥牌中的"新睿精确"十分接近，是一个大众版的普通二盖一逼局精确体系，可供教学和普通爱好者使用；以第 6 章取代第 5 章，以第 13 章取代 12.3，同时增加其他标"**"的内容，形成一个以现代无将转移叫和经典的意大利超级精确问叫相结合的、比较专业的二盖一逼局精确体系，供经常参赛的搭档参考。

为便于教学和训练，本次改编我们联合河南测绘职业学院王翰钊老师和温州移动陈鸿弋高级工程师，研究开发了配套的计算机辅助叫牌教学系统。该系统是国内计算机辅助教学技术（CAI）应用于桥牌教学领域的首次尝试。其源代码有一万余行，涵盖"新睿精确""愚夫精确普通版""愚夫精确超级版"三个版本精确体系的绝大多数叫牌过程和数千个牌例，是本书正文内容的延伸，也是师生结合本书进行桥牌教学和训练的好助手。通过该系统，用户可随时随地用手机或电脑对以上三个版本的精确体系包含的各种叫品进行查询或与机器人合作进行叫牌练习。

限于水平，特别是编写机器人辅助叫牌系统程序为初次尝试，书中缺点和不足在所难免，恳请广大读者指正。

王玉富

2023 年 7 月

目　录

第1章　精确叫牌法概述

　　叫牌法是桥牌的"语言"，通过这种语言可以向同伴描述自己的持牌情况或询问同伴的牌情。对叫牌过程中可能使用的每个叫品的含义作出具体规定，形成一个相对完整的系统，就是一个**叫牌体系**，或称为**叫牌法**。

　　根据确定开叫和应叫叫品的根本原则，可以笼统地把各种叫牌体系划分为若干种**叫牌体制**，如"自然制""人工制""强♣制""强♦制""弱开叫制"等。

　　世界上流行的叫牌体制有很多，自然制和精确制是目前我国使用人数最多的两种叫牌体制。每一种叫牌体制在大的叫牌原则框架之下，又产生了多种流派，派生出许多不尽相同的叫牌体系（叫牌法）。

1.1　精确制叫牌基本原则

　　精确叫牌法是美籍华人魏重庆先生 20 世纪 60 年代发明的。该叫牌法一经问世便体现出强大的生命力，许多人使用精确叫牌法都取得了辉煌的成绩。魏重庆先生曾带领年轻的中国台北队，使用精确叫牌法，在世界最高水平的百慕大杯比赛中战胜不可一世的美国队，并连续两届进入百慕大杯决赛；杨小燕女士则更是使用精确叫牌法多次获得世界冠军，被誉为桥牌皇后。20 世纪 80 年代，杨小燕担任中国桥牌协会顾问，并长期指导中国女队。经过几代牌手的努力，中国女队终于实现了老一辈的夙愿,进入21世纪后多次获得世界冠军,登上女子桥牌世界巅峰。

精确叫牌法属于"强♣制",是一种半自然、半人工的叫牌体制。精确叫牌法汲取了自然叫牌法的许多优点,多数叫品保留了自然的意义,这与一些纯人工的叫牌法不同。

精确制开叫1♦、1♥、1♠、1NT、2♣基本上都是自然性质的,只不过开叫牌点限制在15点以下。16点以上的牌,除了个别情况外,一般都开叫1♣。1♣开叫是一种人为叫品,与♣花色的长度无任何关系。

精确叫牌法的最大特点正像其名称一样——**精确**。除开叫1♣外,几乎每一个叫品表示的牌力范围都较小,含义非常明确,对叫品的限制性很强。另外,通过适当的叫牌方法,不仅能够告知同伴自己手中的牌型、牌力、控制、单张、缺门等信息,还可以在必要时,通过一定的叫牌程序询问同伴对某一花色的支持情况、手中的控制数、将牌的质量和某花色的大牌、单缺花色、某一门是否有控制等。

半个多世纪以来,经过许多专家、牌手不断研究和实践,精确制叫牌法日臻完善,同时也产生了许多流派,形成许多不完全相同的精确体系。但无论哪一流派的精确叫牌体系,基本的叫牌(如开叫、第一次应叫等)含义基本都是一样的,差别主要在后续叫牌上,如关于"逼叫""邀叫""问叫"的规定以及约定叫的含义。

本书介绍的精确叫牌法,汲取了许多叫牌体系的精华,并把现代自然叫牌制度中的二盖一进局逼叫思想和伯根高花加叫系统引入精确叫牌制度,成为一套现代的**二盖一逼局精确体系**。

本体系的最大特点是二盖一应叫保证进局实力,双方3NT以下的任何叫品都是逼叫而不能停叫;本体系的另一特点是进取性强、安全性高,许多叫法都是为试探点力较少配合较好的成局或满贯定约设计的,这些探讨性的叫牌通常在3NT之前完成。这不同于其他的一些叫牌法——试探不成时,不得不叫到不安全的四阶低花或五阶高花。

1.2　开叫原则

我们开叫的原则，与自然制基本相同：13 点，无论什么牌型，必须开叫；如果有一个 5 张高花套或 4–4 以上两套，12 点就应该开叫；如果有 6 张以上套或 5–4 以上两套，11 点也可以开叫。我们不用 11~12 点均型的"轻开叫"，只有 11~12 点的 4333 牌型，一般不开叫；11 点的 4432 牌型，首家也不开叫。这与传统的精确叫牌体系以及现行的网络桥牌"新睿精确"体系略有差别。

开叫 1♥ 和 1♠，必须是 5 张或更长的套；而开叫 1♦ 的张数可适当放宽。这是因为开叫高花的主要目的是寻求四阶高花成局定约，开叫 5 张套后同伴只要有 3 张支持就行了；而低花成局需要到五阶，如果能够寻求到 3NT，通常不会去打 5♣/5♦。开叫 4 张的 ♦ 花色（甚至是 3 张或 2 张）是为了增加探讨高花配合或无将定约的机会。

开叫 1NT，必须是平均牌型。传统精确制开叫 1NT 一般为 13~15 点。本书采用"好的 13 点到差的 16 点"，其中 16 点限 4333 或 4432 型；有 5 张低花套的 13 点 5332 牌型，升值开叫 1NT。这是本体系与传统精确体系以及新睿精确开叫方面的第二点细微差别。

如果超过 16 点，从理论上讲，牌力就发生了质的变化，因为同伴如果拿到剩余 24 点的平均数 8 点，则我方的大牌点数就超过 24 点，如果有花色配合，特别是有高花配合，就达到成局的要求！

在精确制中，16 点以上的牌除了个别情况外一律开叫 1♣*[注]，这是约定性**虚叫**，只表示 16 点以上，不表示任何花色

注：本书中，非自然意义的约定或需要特别注意的叫品，我们用*标注。

的情况。这里说的个别情况，在本书中指以下两种情况：

①仅有 16 点，而且为 4333 或 4432 牌型，开叫 1NT 而不开叫 1♣。这是根据过去多数使用传统精确叫牌法的牌手的经验所得，我们把这种情况列入开叫 1NT 的范畴。例如：

♠ A K 3

♥ J 7 4 2

♦ Q J 2

♣ K Q 7

16 点，4333 牌型，不开叫 1♣ 而是开叫 1NT。

② 20~21 点，牌型比较平均（可以有 5 张高花）总是开叫 2NT。

♠ A K

♥ A J 7 4 3

♦ Q J 2

♣ K Q J

21 点，尽管有 5 张高花，但 5332 牌型，开叫 2NT 而不开叫 1♣。

除了以上两种情况外，16 点以上的牌统统虚开叫 1♣。1♣ 开叫是精确制的核心。

另外，有些牌只有 14~15 点，但控制好而且有一个 6 张以上强套，当赢张总数达到 8 个或更多时，也可以进行 1♣ 强开叫。例如：

♠ A K 8

♥ A K 10 7 4 3 2

♦ 9 7

♣ 4

这牌虽然只有 14 点，却有 8 个赢张，如果开叫 1♥，被三家 Pass，可能要丢局，因此我们开叫 1♣ 进行逼叫。

这样，持有真正的♣长套，但牌点不够16点，就不能开叫

1♣。精确制规定，持有♣长套，如果符合1NT开叫的条件，优先开叫1NT，否则通常可以开叫2♣。精确制中的2♣开叫是实叫，表示♣长套。

有时，大牌点虽然不足，但牌型却占极大优势，如果主打，将有大量的赢张，而打防守的话很难取得几墩牌。例如：

♠ 9 2

♥ K Q J 10 7 4 3

♦ 7

♣ 8 7 3

这样 10 点以下不满足正常一阶开叫的条件，但有好的长套的牌，可以进行非正常的二阶、三阶（甚至更高阶数）**阻击开叫**。

1.3 应叫原则

精确制中，开叫 1♥、1♠ 或 2♣ 的大牌点都不超过 15 点，开叫花色的张数不少于 5 张。应叫人的大牌点如果不超过 7 点，与同伴开叫的花色配合又不大好，则这副牌我们一方完成成局定约几乎是不可能的。既然不能成局，定约的阶数越低越安全。同伴开叫的花色保证 5 张以上，即使你该花色为单张甚至缺门而另有一个 5 张套，一般也没有叫出的必要，这时应叫人通常应该 Pass。这也是精确制规定开叫 1♥、1♠ 或 2♣ 要求必须有 5 张的优点。

即使同伴开叫的是 1♦ 或 1NT，7 点以下一般也没有应叫的必要。

无论同伴做了 1♦/1♥/1♠/1NT 或 2♣ 开叫，如果应叫人有 8 点以上的大牌，则联手至少有 20 点，打成一阶或二阶定约通常不成问题。如果同伴是高限（14 点或 15 点），我们一方的大牌点将超过 22 点，在配合较好的情况下有可能成局。最后定约到底是开叫的花色还是应叫人的长套花色，或者是其他花色还是无将，都需要通过进一步叫牌与同伴互相交换信息后才能明确。

因此，我们的体系中对同伴的 1♦/1♥/1♠/1NT 或 2♣ 开叫，**有 8 点以上就应该应叫**。

同伴开叫花色后的应叫分为"加叫""新花盖叫"和"应叫无将"等，具体叫品主要由与同伴开叫花色的配合情况、有无长套以及牌点高低等因素决定。

当与同伴花色配合较好而自己没有长套花色时通常采用"加叫"。加叫又有"平加叫"（加一阶）"跳加叫"与"约定性加叫"之分。

应叫人如果既有牌力又有长套花色，可以叫出该花色，即用新花色"盖叫"同伴开叫的花色。新花盖叫分为**一盖一应叫**和**二盖一应叫**。

一盖一应叫是指同伴开叫 1♦ 或 1♥ 后，在一阶叫出比开叫花色级别高的花色 1♥ 或 1♠；二盖一应叫是指同伴一阶花色开叫后，在二阶叫出比开叫花色级别低的花色。

新花盖叫都是**逼叫**——开叫人必须再叫以进一步表明牌情。一盖一应叫后开叫人是低限牌力又没有第二套时可以简单地再叫 1NT，应叫人牌点也较低时定约可以停在 1NT 上。但二盖一应叫后至少要打二阶定约，因此二盖一应叫要求较强的牌力。

不同的叫牌体系对二盖一应叫要求的点力和花色长度不尽相同。传统的精确体系，规定二盖一应叫的牌点为 10 点以上，逼叫一轮。本体系规定，二盖一应叫一般要有 13 点以上；如果只有 12 点，就必须与开叫花色有好的配合。也就是说，二盖一应叫时联手大牌点通常达到 25 点以上，一般至少应该叫到局，这样的叫牌体系就属于**二盖一逼局体系**。

应叫人若不能进行新花盖叫，但 Pass 又怕丢局时，可以先应叫 1NT。本体系中，不超过 12 点，有某种成局的可能的牌，不能或不适合加叫同伴花色，也不能应叫新花的，都从应叫 1NT 开始。1NT 应叫原则上逼叫一轮，但允许开叫人低限牌型合适时 Pass。

　　任何叫牌体系中，没有明确牌力上限的开叫一般都是逼叫。精确制中 1♣* 开叫的牌力无上限，其同伴必须应叫。即使应叫人的牌点很低，哪怕 0 点，在同伴开叫 1♣ 后也必须应叫。这是因为，首先，开叫人的 ♣ 花色可能很短，虽有较强的牌力却可能完不成 1♣ 定约；其次，开叫人的牌力并无上限，他可能有一手独自可以成局的牌，应叫人必须"接一口气"才能继续叫牌。

　　精确制规定，1♣ 开叫后，应叫人持牌不超过 7 点时应叫 1♦*，这也是约定性虚叫，是**示弱应叫**，与 ♦ 花色没有任何关系，只是向同伴发出弱牌的信息。

　　在同伴开叫 1♣ 后，你若持 8 点以上就算"强牌"，就应该**示强应叫**。因为联手的牌力达到 24 点以上，通常应该叫到局。在选择成局定约的过程中还可以顺势探索有无满贯的可能性。

1.4　牌力评估

1.4.1　几个重要的牌点界限

　　精确制中有几个重要的牌点界限：

　　8 点——对一阶花色开叫一盖一应叫或 1NT 应叫的下限；对 1NT 开叫和 2♣ 开叫应叫的下限；对 1♣ 开叫示强应叫的下限。

　　12 点——开叫一阶花色的下限；二盖一应叫的下限。

　　16 点—— 1NT 开叫的上限；1♣ 开叫的下限。

　　22 点—— 2NT 开叫的上限；1♣ 开叫同伴示弱后跳叫的下限。

　　为叙述方便，本书中我们把大牌点不超过 7 点的牌称为**弱牌**；8~12 点的牌称为**普通牌**；13 点以上的牌称为**好牌**；16 点以上的牌称为**强牌**；22 点以上的牌称为**超强牌**。

1.4.2　赢张估计

　　大牌点数和牌型是影响牌力的两个重要因素，它们直接决定着一手牌中获取赢墩的能力。但是，决定牌力的绝对不仅大牌点和牌型这两个因素，大牌在一手中的分布、两手的配合情况等更是隐蔽的"神秘力量"。

（a）♠ 8 5 3

　♥ A K Q 8 4

　♦ 8 5 2

　♣ A 7

（b）♠ Q 5 3

　♥ A Q 8 5 4

　♦ K 4 2

　♣ Q 7

这两手牌同为13点和5332牌型，但获得赢墩的能力却差别很大。牌（a）一手就能赢得6墩，而牌（b）最多只能估计为4个赢墩。

桥牌中所说的"赢墩"，有时指已经赢得的牌墩，有时还指可望取得赢墩的牌张，也称为**赢张**。能够立即兑现的顶张大牌称为**快速赢张**；正常分布的情况下可能成为赢墩的牌张称为**做牌赢张**，包括连张大牌赢张和长套赢张。

例如一门花色为A K 10 8 4，有AK两个快速赢张，当计划以这门花色为将牌时，可以估计为4个做牌赢张。因为自己持有这门花色5张，剩余的8张大概率是332分布，可望同伴持有2或3张，出过3轮（输了1墩）后，剩余的2张小牌就"做大"了；而A Q 8 5 4这样的5张只能估计为3个赢张。

估计赢张时，4张及以下套中只计算快速赢张和大牌连张赢张。例如：A K Q J为4个赢张；A K Q ×、K Q J 10等为3个赢张；A K ×、K Q J、Q J 10 9等为2个赢张；K Q ×、K J 10等为1个赢张，K ×、Q J ×为0.5个赢张；而Q × ×及以下不计算为赢张。

一般来说，5张及以上套中，从第4张开始，所有的小牌都可以估计为做牌赢张。而前3张中的赢张仍按快速赢张和大牌连张赢张来计算。

（c）♠ A K J

　　♥ A K 9 8 4 2

　　♦ J 7

　　♣ A 8

20 个大牌点，在计划以 ♥ 为将牌时，可以估计 ♥ 为 5 个赢张，♠ 为 2 个赢张，♣ 为 1 个赢张，共 8 个赢张。

（d）♠ K J 10 8 5 3 2

　　♥ A 10 4

　　♦ 7 5

　　♣ 3

虽然只有 8 点大牌，但在计划打 ♠ 定约时，却可估计为 6 个做牌赢张（♠ 中 5 个，♥ 中 1 个）。

（e）♠ A K J

　　♥ A K 9 4

　　♦ 8 7 2

　　♣ A Q J

有 22 个大牌点，但也只能估计为 6 个赢张。

以上估计赢张的方法是针对己方打长套花色定约而言的，无将定约的赢张虽然也可以这样评估，但往往有些"赢张"是可望而不可即的，因为在你的"赢张"没有做好或没来得及兑现之前，对方可能已在其他花色中连续取得好几墩牌，使你不得不垫掉"赢张"。例如上面的牌（d），我们如果打无将定约，对方可能首攻低级花色并连续取得十来墩牌。因此，牌型很不平均或某门花色没有止张（无将定约中能够阻止对方连续兑现某花色的牌张称为**止张**）时往往不选择无将定约。无将定约中不仅要考虑赢张数还要考虑止张情况。

通过以上牌例可以看出，做牌赢张不仅与牌点多少有关，更重要的是与套的长度和大牌点的分布有关。牌（e）虽然比牌（c）还多 2 点，但牌（c）有 8 个赢张而牌（e）却只有 6 个。

牌（d）虽然仅 8 点，却也有 6 个做牌赢张。

有将定约中，将吃也是重要的赢墩来源。例如，将牌花色是 5–3 配合，而且持有 3 张将牌的一手有一个缺门，那么，只要能从另一手多次出牌，就可以将吃 3 次该花色，从而获得 3 个赢墩；如果持 3 张将牌的一手有一个单张，只要防守方没有及时出将牌，通常也可以将吃到一两墩甚至三墩的。

因此，如果你与同伴的长套花色配合（至少 3 张将牌），手中有一个缺门比一个 A 的价值要高，一个单张通常比一个 K 的价值高。

但是，同样是 5–3 配合，用 5 张将牌的一手来将吃，通常不会增加赢墩。因为一般情况下第 4 张和第 5 张小将牌本来就是赢墩。

正常情况下，防守方难以控制一副牌的局势，所以防守方的"赢张"是不好估计的。特别是在有将定约中，防守方所能取得的赢墩一般都是大牌赢墩，基本不存在长套赢墩。在无将定约中，防守方有时可以做好某一花色的长套赢墩并兑现它们从而取得较多的防守赢墩。

在无将定约中，首攻人有一张 A 并打算首攻它，这张 A 可以作为肯定赢墩。同样，若有一门花色的连续顶张大牌 A K Q 并打算首攻它们则可以看成肯定的防守赢墩。但是，你有一门花色的 A 却没有首攻它，这张 A 就不一定是赢墩，因为你以后可能再没有机会出它了。

有将定约中，只有将牌 A 或将牌中的连张大牌才是肯定的防守赢墩。首攻一门非将牌花色的 A，也不见得能够取得这一墩，因为定约方某一手牌该花色可能会是缺门而将吃。对于防守方来说，有大牌的花色越长，该花色得到的防守赢墩就可能越少。例如一门花色你仅 A K 10，你通常能赢得该花色 2 墩甚至 3 墩；反之，如果你一门花色是 A K Q J 10 9 3 等 7 张，剩余 6 张分布在另三家手中，你想取得 2 墩的可能性就非常小，甚至 1 墩也拿不到，特别是同伴表示过该花色为 3 张以上时，对方有一家是单张或缺门，能拿到 1 墩就不错了。

赢张估计是评估单手牌的实力。无论是庄家还是防守方，在打牌时都要尽力地去发掘赢张并兑现成为赢墩。

1.4.3　现代输墩计算法

上节的"赢张估计"是传统的估计方法，是从一手牌的角度孤立地进行评估，没有考虑到同伴的牌和可能的配合情况，不能充分地衡量一手牌的价值。

下面我们介绍克林格在《现代输墩计算》中定义的"输墩"的概念。

一手牌中的**输墩**，是指统计意义上可能输掉的牌墩，具体计算方法为：**一手牌中每一个花色只在最大的 3 张牌中计算输墩。**

①一个花色有 3 张以上时，该花色最大的 3 张中，除顶张大牌（A、K 及 Q）外，都算作输墩；

②双张花色，除 A、K 外，均算作输墩；

③单张花色，只要不是 A，均算作输墩；

④一个花色中最多不超过 3 个输墩。

一个花色中的输墩数绝不大于这个花色中的牌张数。

一手牌最多 12 个输墩（而不是 13 个）。

这样定义的"输墩"也称为**克林格输墩**，与上节中的"赢张"不是同样的计算标准，它们之间也不是很简单的互补关系。

（a）♠ 9 8 5 3 2　　　　　3 输墩

　　♥ K Q 9 6　　　　　1 输墩

　　♦ 6　　　　　　　　1 输墩

　　♣ A K 8　　　　　　1 输墩

6 输墩（12 点，5 赢张）。

（b）♠ A J 4　　　　　　　2 输墩

　　♥ 10 5 2　　　　　　　3 输墩

　　♦ K Q J 4　　　　　　1 输墩

　　♣ Q 9 7　　　　　　　2 输墩

8 输墩（13 点，3 赢张）。

（c）♠ A K J　　　　　　　1 输墩

　　♥ A K 9 8 4 2　　　　1 输墩

　　♦ J 7　　　　　　　　2 输墩

　　♣ A J　　　　　　　　1 输墩

5 输墩（21 点，8 赢张）。

（d）♠ 9 6 3 2　　　　　　3 输墩

　　♥ Q 6 5　　　　　　　2 输墩

　　♦ K Q 6　　　　　　　1 输墩

　　♣ 9 8 4　　　　　　　3 输墩

9 输墩（7 点，但只能算 1 个赢张）。

　　牌（a）虽然只有 12 点，但由于牌型较好，只有 6 输墩；而牌（b）虽然有 13 点，由于牌型平均，其输墩数没有减少反而增加了 2 个。

　　输墩计算主要用于有将定约。在有将定约中，如果有将牌配合（5-3 或 4-4 以上），联手牌中的输墩可以互相弥补。由于一手牌最多 12 个输墩，联手最多 24 个输墩，这样便有如下简单的计算公式：

联手可望取得的赢墩 = 24 − 两手输墩之和

　　根据两手牌的配合情况、将牌的质量，输墩数还应该进行适当调整。通常情况下，联手如果只有 8 张将牌配合（通常的 5-3，4-4），特别是缺少顶张大牌的情况下，输墩数可能会增加一个；如果在同伴的长套中有 Q × 或单张 K，输墩数可减少一个。另外，如果一手牌中 A 的数量多于 Q 的数量，输墩数可以减少一个；反之，如果 Q 的数量多于 A 的数量，输墩数应该增加一个。

例如，牌（a）与（b）联合，以 ♠ 为将牌，虽然表面上两手牌的"总输墩数"为 14，但由于将牌仅 5-3 配合，总输墩将增加 1 个，即一般情况下，难以完成 4♠ 定约；牌（c）与（d）联合，合计也为 14 输墩，但由于将牌为 6-3 配合，取得 10 墩牌完成 4♥ 定约是比较容易的。

输墩计算方法是由概率理论计算和实践检验得出的。在正常分布下一般都不会有多大出入（误差在 1 墩范围内）。但是，正像《现代输墩计算》的作者克林格指出的那样，"不可指望你的保险公司同意对你根据输墩计算所估计的潜力而叫成的定约进行保险"，遇到恶劣的分布或极其有利的分布时，可能会有 2 墩的出入。

1.4.4　总墩数定律

桥牌中的**总墩数定律**是法国桥牌专家韦尔纳 20 世纪 60 年代发现的，20 多年之后，被美国桥牌专家伯根及其搭档科恩发扬光大。

总墩数定律有多种不同的表述，但其核心意思是：

任何一副牌，双方以各自配合最好的花色为将牌，期望所得到的总赢墩数之和，与双方的将牌数之和大致相等。

为了说明总墩数定律，请看下面的牌例：

双方无局 北家发牌

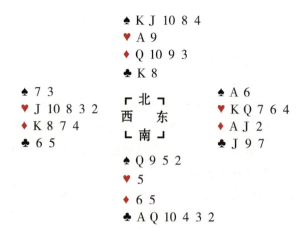

♠ K J 10 8 4
♥ A 9
♦ Q 10 9 3
♣ K 8

♠ 7 3　　　　　　　　　♠ A 6
♥ J 10 8 3 2　　　　　♥ K Q 7 6 4
♦ K 8 7 4　　　　　　　♦ A J 2
♣ 6 5　　　　　　　　　♣ J 9 7

♠ Q 9 5 2
♥ 5
♦ 6 5
♣ A Q 10 4 3 2

叫牌过程：

西	北	东	南
	1♠	2♥	4♠
5♥	×	—	—
=			

这副牌南北方为 9 张 ♠ 配合，东西方为 10 张 ♥ 配合，双方的"将牌数之和"为 19，按照总墩数定律，这副牌的"总墩数"也为 19 左右：南北方以 ♠ 为将牌可以取得 10 墩（完成 4♠ 定约），东西方以 ♥ 为将牌大约可以取得 9 墩（5♥-2）。

西家判断南北方的 4♠ 定约能够完成，故作出 5♥ 牺牲叫，被加倍宕 2 墩，-300 分。这比南北方完成 4♠ 定约来说，相当于赚了 120 分。

总墩数定律是一个统计结果，不能保证其绝对准确。为了验证其正确性，我们利用北京新睿桥科技有限公司提供的数万副牌例进行了统计分析，得出如下结论：近 90% 的牌，偏差都在 1 墩以内；偏差超过 2 墩的比例不到 2%；偏差超过 3 墩的比例不超过 1‰，基本上可以忽略（详见愚夫桥牌学堂公众号文章

《总墩数定律的验证与解读》）。

总墩数定律换个说法：

对于双方各 20 大牌点左右的"平牌"，双方分别以自己一方最长花色为将牌，都可能取得与自己一方将牌张数相等的墩数。

总墩数定律结合"二三法则"，得出如下推论：**有高花配合的牌，至少应叫到与联手将牌相等的阶数**（不管牌点多少）。也就是说：即使牌点低于 20 点，只要有 8 张以上配合，就应该叫到二阶；有 9 张以上配合，就可以叫到三阶；有 10 张以上配合，通常应该叫到四阶！

考虑到局况的影响，在有局对无局准备进行"牺牲叫"时，可以把叫牌的阶数下调一阶；在无局对有局时可以调高一阶。

例如，某一副牌中，假如从叫牌知道南北 ♥ 为 8 张的 5-3 配合，东西 ♠ 为 9 张的 5-4 配合，这副牌的"将牌之和"是 9+8=17，其"总赢墩数"也大约是 17。

①如果南北以 ♥ 为将牌能够得 10 墩（完成 4♥），则东西以 ♠ 为将牌可望得 7 墩。这时东西方的大牌点肯定低于对方，叫到 3♠ 很可能被加倍 -2，但成功阻住对方的 4♥。不被加倍就大赚；被加倍也不亏。

②如果南北以 ♥ 为将牌能得 9 墩（完成 3♥），则东西以 ♠ 为将牌可望取得 8 墩。东西方的牌点可能略低于对方，叫到 3♠ 一般不会被加倍。宕一，-50 或 -100，都比对方打成 3♥ 好。

③如果南北以 ♥ 为将牌能得 8 墩（完成 2♥），则东西以 ♠ 为将牌可望得 9 墩。这时双方牌点基本持平，3♠ 稳打。牌型若好些，4♠ 有望。

④如果南北以 ♥ 为将牌只能取得 7 墩（完成 1♥），则东西以 ♠ 为将牌可望取得 10 墩。有 9 张配合，比平牌多一个 K 以上的实力（23 点以上），完成四阶高花定约一般没问题。

因此，现代叫牌体系中，对一阶高花的直接加叫，不再是邀叫，而是阻击或"关煞"，不再要求必须有多少点，而是以张

数作保证。

那么邀叫性质的牌，就不能直接加叫了。伯根－科恩摒弃了跳叫新花表示强牌的传统叫法，将应叫 3♣/3♦ 作为高花 4 张配合的邀叫。这一约定与斯普林特（爆裂叫）及雅各比 2NT（问单缺）结合起来，形成一套完善的伯根高花加叫系统，我们将在 3.1 中详细介绍。

第2章　精确制开叫详述

　　为行文和阅读方便，本书我们用 / 分割两个或多个并列的可选择的叫品；用 n 表示所叫花色的张数；用 p 表示大牌点数；用 k 表示大牌控制数；用 × 表示任意的牌张；用 X 表示顶张大牌（A、K 或 Q）。

2.1　一阶高花开叫

　　精确叫牌法中的 1♥/1♠ 开叫是最自然的开叫，我们就从这里开始介绍我们的叫牌体系。

　　精确叫牌法中的 1♥/1♠ 开叫必须保证 5 张或更多，大牌点不超过 15 点；根据不同的牌型，大牌点下限有所不同。

　　本书中的"牌点"都指大牌点，有些叫牌体系将牌型也折算成牌点。我们虽然不采取加牌型计点的方法，但在设计体系时却更加注重牌型。有句桥牌格言，同时也是一本书的名字——《牌型重于牌点》（[美] 马迪·伯根）充分说明了牌型的重要性。

　　开叫 1♥/1♠ 的条件：① p12~15，$n \geq 5$；② p=11，$n \geq 6$ 或牌点集中在 5–4 以上两套。

　　13~15 点有 5 张高花的 5332 牌型我们开叫 1♥ 或 1♠ 而不开叫 1NT。偶尔，只有 10 点大牌但集中于 5–5 以上两门花色，也可以开叫（级别高的花色）。

　　一阶高花开叫一般为 6~8 输墩，并满足"20 法则"。9 输墩的牌我们通常不开叫。下面是几个开叫 1♠ 或 1♥ 的例子：

（a）♠ A K 10 8 4

♥ Q 10

♦ 7 6 4

♣ K 8 6

12 点，5332 牌型，开叫 1♠。这手牌为 8 输墩，是开叫 1♠ 的下限。

（b）♠ J 8 5 3 2

♥ K Q J 6

♦ 9

♣ A K 8

开叫 1♠。无论高花套的质量多么差，只要有 5 张高花，就应该开叫该花色。这手牌不能开叫 1♥（开叫高花保证 5 张），也不能开叫 1NT（有单张）。

（c）♠ 10 2

♥ K J 8 3 2

♦ A Q J 8

♣ 5 3

虽然只有 11 点，但有 5-4 两套，且牌点集中于两套花色中，开叫 1♥（优先开叫高级花色）。这手牌为 7 输墩。

（d）♠ A Q 10 8 3

♥ 9 6 3

♦ K J 7 5 2

♣

尽管只有 10 点，但集中于 5-5 两套中，牌型又很好，开叫 1♠。这手牌只有 6 输墩。

（e）♠ K J 8 6 3

♥ A Q J 10 4

♦ 7 2

♣ 3

开叫 1♠（5-5 两套一般开叫级别较高的花色），准备以后有机会的话叫两次 ♥。

（f）♠ A Q 10 9 3

♥ A K 10 8 4

♦ 8 2

♣ 3

开叫 1♠，下轮跳叫 ♥，以显示 5-5 以上两套强牌。这手牌为少见的 5 输墩。

（g）♠ K Q 10 8 7

　　♥ A K Q 6 5 4

　　♦ 6

　　♣ 3

此牌虽然仅 14 个大牌点，却有很好的大牌控制和两个单张，为罕见的 3 输墩，无论开叫 1♥ 还是开叫 1♠，同伴都可能不应叫而丢局。这样的强牌可以作逼叫性 1♣ 开叫。

（h）♠ K 8 7

　　♥ K 10 7 6 4

　　♦ Q J

　　♣ Q J 2

糟糕的牌型和极其分散的 12 点，满手没有一个 A，♦ Q J 双张没有价值，不开叫为好。

2.2　1NT 开叫

传统精确法开叫 1NT 要求大牌点 13~15 点，本体系 1NT 开叫，为"好的 13 点至差的 16 点"（相当于 13.5~15.5 点）。

满足下列条件之一，开叫 1NT：

①p13~15，有 5 张低花的 5332 牌型；

②p14~16，4333 或 4432 牌型。

另外，作为特殊情况，在我们的体系中，恰好 16 点 4441 牌型，单张为顶张大牌时，也作 1NT 开叫处理。

（a）♠ K 10 3

　　♥ K 3

　　♦ Q J 9 7 6

　　♣ A 8 5

13 点，有 5 张低花的 5332 型，开叫 1NT。

（b）♠ K Q 3

　　♥ 9 8 3

　　♦ K J 6

　　♣ K Q 7 5

14 点，4333 牌型，开叫 1NT。

（c）♠ K 8 5 2 　　　　　　　15 点，4432 牌 型，开 叫

♥ K Q 8 6 　　　　　　　1NT。

♦ 9 7

♣ A K 5

（d）♠ A Q 9 3 　　　　　　　虽然有 16 点，但牌型为

♥ Q 6 　　　　　　　　4432（或 4333），在我们的体

♦ K J 10 　　　　　　　系中开叫 1NT 而不开叫 1♣。

♣ K J 9 5

（e）♠ A J 9 3 　　　　　　　恰好 16 点，4441 牌型，单

♥ K 　　　　　　　　张为顶张大牌，我们也开叫

♦ K Q 10 7 　　　　　　1NT。

♣ K 9 7 5

（f）♠ J 7 8 5 2 　　　　　　有 5 张♠，"标准"叫法是

♥ K Q 8 　　　　　　　开叫 1♠，但不少人持有这样的

♦ K 7 　　　　　　　　弱 5 张套时当成 4 张开叫 1NT。

♣ A J 5

我们也赞成这种灵活处理的叫法。5332 牌型，当 5 张高花
套很弱时也可以开叫 1NT。

2.3　2NT 开叫

开叫 2NT 的条件：一般为 $p20\sim21$，任意 4333、4432、5332
牌型均开叫 2NT（可以有 5 张高花套）。

另外，作为特殊情况，在我们的体系中，恰好 22 点 4333
牌型或单张顶张大牌的 4441 牌型，也作开叫 2NT 处理。

（a）♠ A J 8 5 　　　　　　20 点，4432 牌型，开叫 2NT。

♥ K 6

♦ K Q 3 2

♣ A K 8

（b）♠ A Q 3　　　　　　　21 点并有一个 5 张高花套，

　　♥ A K J 8 5　　　　　　开叫 2NT。

　　♦ 10 8

　　♣ A K 8

（c）♠ A Q J　　　　　　　极端平均的 4333 牌型和分

　　♥ A K Q　　　　　　　布不好的 22 点，可以降值当成

　　♦ K Q J　　　　　　　21 点开叫 2NT。这是一种变通

　　♣ 10 8 5 2　　　　　　的处理方式。

本体系中对平均牌型开叫无将或再叫无将是这样处理的：

①12~13 点平均牌型，有 2 张以上 ♦ 时，开叫 1♦，并在同伴一盖一应叫后再叫 4 张高花或再叫 1NT；

②好的 13 点（有 5 张低花的 5332 牌型）到差的 16 点（4333、4432 牌型或单张大牌的 4441 牌型）开叫 1NT；

③17~19 点平均牌型，开叫 1♣，并在同伴 1♦ 示弱应叫后再叫 1NT，可以有 5 张低花；

④20~21 点平均牌型，开叫 2NT，可以有 5 张高花；

⑤22~24 点平均牌型，开叫 1♣，并在同伴 1♦ 示弱应叫后再叫 2NT，可以有 5 张高花；

⑥恰好 22 点的 4333 牌型或单张顶张大牌的 4441 牌型，我们也作开叫 2NT 处理。

2.4　2♣ 开叫

由于精确制中 1♣ 开叫表示 16 点以上的强牌，当持有 ♣ 套而牌点不足 16 点时，就不能开叫 1♣。精确制中用 2♣ 开叫来表示自然的 ♣ 开叫。但由于 2♣ 开叫的阶数较高，相应地对牌型要求也较高。

满足下列条件之一，开叫 2♣：

①p11~15，$n \geq 6$；

② p11~15，5 张 ♣，另有一个 4 张高花套。

仅有5张♣，5332型，只有11~12点时第一、第二家可以不开叫；13~15点开叫1NT。11~15点有4张♦、5张♣时开叫1♦。持有5（♣）–5（高花）以上两套，一般应根据"高花优先"原则开叫5张高花，以后顺叫或跳叫♣。当然，如果5张高花套质量很差，也可以把它当成4张而开叫2♣。2♣开叫通常6~7输墩。

第三家，有 10~11 点和好的 5 张 ♣ 套，就可以开叫 2♣。

（a）♠ A 8 7　　　　　　　　11 点，6 张 ♣，开叫 2♣。

　　♥ Q 10

　　♦ 6 4

　　♣ K Q 10 8 6 4

（b）♠ A J 7 6　　　　　　　13 点，虽然只有 5 张 ♣，

　　♥ 10 8　　　　　　　　但还有 4 张高花，开叫 2♣。

　　♦ K 4

　　♣ K Q 10 8 4

（c）♠ J 9 8 3 2　　　　　　这手牌可以开叫 1♠，但开

　　♥ 2　　　　　　　　　　叫 2♣ 可能更好。两套悬殊，把

　　♦ K 8　　　　　　　　　弱的 5 张 ♠ 当成 4 张看待是个

　　♣ A K Q 9 5　　　　　　好策略。

（d）♠ Q J 3　　　　　　　　虽有 5 张 ♣,和分散的 12 点，

　　♥ K 9 4　　　　　　　　但却有 8 个输墩，首家不宜开叫。

　　♦ Q 6　　　　　　　　　这牌第三家可开叫 2♣。

　　♣ K J 7 5 2

2.5　1♦ 开叫

由于 1♥/1♠ 开叫和 2♣ 开叫都要求是 5 张以上，如果再要求1♦ 开叫也为 5 张以上，这样有些 12~13 点的牌就不能开叫了。因而在精确制中，不再强调 1♦ 开叫一定保证 5 张，有 4 张 ♦ 就可以了。甚至，特殊情况下只有 2~3 张 ♦ 也可以开叫 1♦。这与

自然叫牌法中开叫低花的"准备叫"相似。

根据无将优先的原则，符合开叫 1NT 的牌不开叫 1♦。

1♦ 开叫是"半实叫"，通常 4 张以上 ♦，有时也可能只有两三张 ♦。当 ♦ 为 6 张或有 5-4 以上两个好花色时，11 点也可以开叫 1♦；12~13 点的 4432 牌型，无论是否有 4 张 ♦，可以开叫 1♦；只有 12 点的 4333 牌型或 11 点的 4432，不符合"20 法则"，我们首家不开叫[注]。13~15 点 5 张 ♦ 的 5332 牌型，则开叫 1NT。

1♦ 开叫大致有下列几种情况：

① p=11，$n \geqslant 6$ 张，或牌点集中在 5-4 以上两套；

② p=12，$n \geqslant 5$；

③ p12~13 点，4432 牌型或 13 点 4333 牌型，2~4 张 ♦；

④ p13~15，4 张以上 ♦，非均型。

下面分别举例说明 1♦ 开叫的各种情况。

(a) ♠ A J 10 8　　　　　4432 牌型，12 点，开叫
　　♥ Q 3 2　　　　　　1♦。这手牌为 8 输墩，是开叫
　　♦ K J 10 5　　　　　1♦ 的最低限。
　　♣ J 8

(b) ♠ K J 8 3　　　　　虽然只有 11 点，但有 5-4
　　♥ 10 8 2　　　　　　两套，且牌点集中于两套花色
　　♦ A Q J 8 5　　　　中，开叫 1♦。这手牌比牌（a）
　　♣ 3　　　　　　　　要好，只有 7 输墩。

(c) ♠ Q 10 8　　　　　14 点，6 张 ♦，开叫 1♦。不过，
　　♥ K 6　　　　　　　有不少人会开叫 1NT。我们也
　　♦ K 10 8 6 5 3　　不反对持这手牌开叫 1NT。
　　♣ A Q

注：11~12 点均型轻开叫 1♦ 是传统精确的特点，新睿精确也沿用了这种轻开叫。我们的体系中，首家不作这样的轻开叫。关于第三家轻开叫我们将在 2.10 专门讲解。

（d）♠ J 10 7 3 2　　　　　虽然有 5 张好 ♦，但另有 5

　　　♥ J 4　　　　　　　张 ♠，优先开叫高花，开叫 1♠。

　　　♦ A K Q J 2　　　　以后有机会再叫两次 ♦，以显

　　　♣ 3　　　　　　　　示 5-5 以上两套，低限牌力。

（e）♠ K 9 8 6 4　　　　　这手牌虽然只有 12 点，但

　　　♥ 7　　　　　　　　仅 4 个输墩。可以开叫 1♠，只

　　　♦ A K Q 10 6 5　　　要同伴应叫或对方争叫，就跳

　　　♣ 3　　　　　　　　叫 3♦，显示 5-5 以上两套强牌。

但是，牌（e）开叫 1♠，如果其他三家都 Pass，则可能错失
成局的机会。一般来说，开叫 1♦ 而被三家都 Pass 的可能性较小。
因此这样的牌可以开叫 1♦，以后再叫两次 ♠，以显示 6-5 以上
两套的好牌。

（f）♠ 8 3　　　　　　　这手牌不能开叫 2♣，只能

　　　♥ K 2　　　　　　　开叫 1♦。

　　　♦ K J 8 2

　　　♣ A Q 9 5 3

（g）♠ J 8 3　　　　　　这手牌我们首家不开叫，

　　　♥ Q 2　　　　　　　第三家则开叫 2♣。

　　　♦ K 8 2

　　　♣ A Q 9 5 3

（h）♠ K 8 5　　　　　　13 点，4333 牌型，我们开

　　　♥ A 8 7　　　　　　叫 1♦ 而不开叫 1NT。

　　　♦ K J 7

　　　♣ Q 8 5 2

（i）♠ K Q 10 7　　　　　这手牌虽然只有两张小 ♦，

　　　♥ A K 8 4　　　　　我们也建议开叫 1♦。此牌只

　　　♦ 7 5　　　　　　　有 7 输墩，而且两门高花很好，

　　　♣ 8 6 3　　　　　　希望找到高花配合。

（j）♠ J 8 2　　　　　　　Pass。极低的牌力和极其
　　　♥ K 7 2　　　　　　平均的 4333 牌型，不宜开叫。
　　　♦ K J 8 7　　　　　这手牌虽然有 12 个大牌点，但
　　　♣ K J 8　　　　　　至少应计算为 9 输墩。

2.6　开叫花色及无将的原则

有时，是否开叫或开叫哪门花色（无将）处于边缘状态，
下面介绍的几条原则可以帮助牌手解决这些问题。

2.6.1　20 法则

判断一些边缘性的牌是否开叫，有一个重要法则，就是 **"20
法则"**：

**把手中的大牌点和最长的两门花色的张数相加，达到 20 就
可以开叫，不到 20 则不开叫。**

在 2.1 中，牌例（a）~（g）都符合 "20 法则"，可以正常
开叫；而牌例（h）虽然表面上也刚刚达到 "20 法则" 的最低要
求，但大牌点结构和分布很差，不宜开叫。2.5 中牌例（j）不满
足 "20 法则"，不应开叫。

对于 11~12 点的牌是否开叫，"20 法则" 是 "试金石"。有
好牌型的牌一般都满足 "20 法则"，可以开叫；牌型平均、牌点
分散则不宜开叫。如果只有 10 点，但集中在 5-5 两门花色，也
可以开叫（分散的 10~11 点不开叫）。

2.6.2　高花优先原则

由于完成四阶高花成局定约只需要 10 墩，而完成五阶低花
成局定约需要 11 墩牌，因而，几乎所有的叫牌体系都充分考虑
高花开叫优先原则。精确制规定，开叫 1♥/1♠ 必须是 5 张以上套，
也是为了容易寻求高花成局定约而设计的。当同时符合高花开

叫和低花开叫条件时，要优先开叫高花。

2.6.3　无将优先原则

打 3NT 成局仅需要 9 墩，通常比 11 墩的五阶低花定约相对容易。如果同时满足 1NT 开叫条件和低花开叫条件，要优先开叫 1NT。

符合 1NT 开叫点力又有 5 张高花，开叫 1NT 还是 1♥/1♠，不同体系有不同规定。由于一阶高花开叫后我们有完善的伯根加叫系统，而开叫 1NT 后续不好区分 4 张还是 5 张，所以有 5 张高花总是开叫 1♥/1♠。不过，如果 13~15 点，5332 牌型 5 张高花很弱，牌点又比较分散，当成 4333 开叫 1NT 也是一个好的策略。

有高花的 5332 牌型，符合 2NT 条件的，则总是开叫 2NT。

2.6.4　8 输墩原则

有 13 大牌点，无论什么牌型，都应该开叫。只有 11~12 点，输墩不超过 8 个，一般也可以开叫，没有 5 张花色时可虑开叫 1♦。9 输墩的牌不宜开叫。因而，**8 输墩是开叫的最低限度**。

（a）♠ 10 9 8 5 3　　　　　3 输墩

　　♥ K Q 9 6　　　　　　1 输墩

　　♦ 6　　　　　　　　　1 输墩

　　♣ A K 8　　　　　　　1 输墩

12 点，合计 6 输墩，可以开叫（1♠）。

（b）♠ A J 4　　　　　　　2 输墩

　　♥ 10 5 2　　　　　　　3 输墩

　　♦ K Q J 4　　　　　　1 输墩

　　♣ Q 9 7　　　　　　　2 输墩

13 点，合计 8 输墩，勉强开叫（1♦）。

（c）♠ K Q 10 7　　　　　　1 输墩

　　♥ A K 8 4　　　　　　　1 输墩

　　♦ 8 7 5　　　　　　　　3 输墩

　　♣ 6 3　　　　　　　　　2 输墩

　　这手牌虽然只有 12 点，但仅 7 个输墩，比上面的牌（b）还要好，完全可以开叫（1♦）。

（d）♠ J 8 2　　　　　　　3 输墩

　　♥ K J 7　　　　　　　　2 输墩

　　♦ K 8 7 2　　　　　　　2 输墩

　　♣ A 8 2　　　　　　　　2 输墩

　　虽然有 12 个大牌点，但牌型太平均，有 9 输墩，不宜开叫。

2.7　2♦ 开叫

　　前面几节讨论了精确制中所有自然性质的实开叫，但是有一种牌型没有包括在内，这就是 4-4-1-4 型（♦单张）。这样的牌型，牌力在 12~15 点时既不能开叫一阶高花，又不能开叫 2♣，更不能开叫 1♣、1♦ 或 1NT。精确制规定，这样的牌用约定性 2♦* 开叫。

　　当牌型为 4-4-0-5 时，虽然可以开叫 2♣，但是开叫 2♦* 却更好（特别是 ♣ 为 5 张弱套时）。2♦* 开叫通常为 6~7 输墩。

　　2♦* 开叫包括下述三种情况：

　　① 4-4-1-4 牌型，p12~15，♦ 为单张小牌；

　　② 4-4-1-4 牌型，p13~15，♦ 为单张大牌；

　　③ 4-4-0-5 牌型，p11~15。

　　由于 4-4-0-5 牌型很好，11 点就可以开叫。4-4-1-4 型 ♦ 为单张大牌时其价值降低，13 点才可以开叫。

　　2♦ 开叫的限制性极强，一声叫牌就几乎和盘托出了全手牌。

2.8 1♣ 开叫

1♣* 开叫是约定叫（虚叫），是精确制叫牌的核心。

1♣* 开叫的条件: $p \geq 16$，除满足 1NT 和 2NT 开叫的所有牌。

对于个别极特殊的畸、怪牌型，当牌点集中于一两个长套花色时，p14~15 且有 8 个以上赢张，也可以开叫 1♣。

仅有 16 点的 4333 型、4432 型，在我们的体系中开叫 1NT 而不开叫 1♣；20~21 点平均牌型一般开叫 2NT。

1♣ 开叫通常不超过 6 输墩。下面是几手开叫 1♣ 的牌例。

（a）♠ K Q 9 5 3　　　　　　16 点，有 5 张 ♠，开叫
　　♥ K 8 6　　　　　　　　1♣，下轮再叫 ♠。
　　♦ J 6
　　♣ A K 8

（b）♠ A Q 10 7　　　　　　17~19 点的平均型，总是开
　　♥ K Q 10 8　　　　　　叫 1♣，下轮再叫无将。
　　♦ Q J 2
　　♣ K 2

（c）♠ A K J 8 3 2　　　　　虽然只有 14 点，却只有 4
　　♥ K Q J 8 4　　　　　　输墩。从做庄的角度来看，这
　　♦ 7　　　　　　　　　　手牌比牌（a）(b）都要强得多。
　　♣ 3

同伴只要配合一套高花，成局就没问题；而同伴若有两个 A 且能配合一套高花，小满贯基本上是铁的。如果开叫 1♠ 或 1♥，同伴 8 点以下时一般不应叫，这样就可能错过成局的机会。对于畸、怪牌型，有 14 点和 8 个以上赢张就可以开叫 1♣。

下面几手牌虽然都有 16 点或更多，但不开叫 1♣：

（d）♠ K Q 5 3　　　　　　16 点的 4333 或 4432 牌型，
　　♥ K Q J　　　　　　　 在我们的体系中一律开叫 1NT。
　　♦ A J 2
　　♣ 9 7 6

（e）♠ K 10 2   如果开叫 1♣，在同伴应叫

　　♥ K J 10 5 2   1♦ "示弱" 后再叫 1♥ 怕丢局，

　　♦ A Q   而又不够强跳叫 2♥。

　　♣ A K J

这牌虽然有 5 张高花套，但 20~21 点 5332 牌型，开叫简洁的 2NT。

（f）♠ K J 8 7   可以开叫 1♣，不过最好当

　　♥ K   成只有 15 点而开叫 2♣。

　　♦ Q 8 5

　　♣ A K 9 4 2

不要怕丢局，同伴的牌如果弱到不足以对 2♣ 应叫的话，联手的牌是很难成局的，停在 2♣ 上十分安全。如果同伴能够对 2♣ 应叫，就很容易找到合理的成局或满贯定约。这手牌单张 ♥ K 是大缺陷。

2.9　阻击性开叫

前面几节讨论的开叫，都是**正常开叫**。有时，大牌点虽然不足，但牌型却占极大优势，如果主打，将有大量的赢张，而打防守的话很难取得几墩牌。例如持：

♠ 9 2

♥ K Q J 8 7 4 3

♦ Q 7

♣ 8 3

如果做 ♥ 定约，正常情况下可以赢得 6 墩，但如果打防守，有可能 1 墩牌也拿不到。

这样的牌不开叫实在可惜，但如果我们仍然在一阶开叫，不仅会使同伴误认为你有正常开叫的实力，而且对方凭借较强的大牌实力和较少的 ♥ 输张也很容易争到合理的定约。因而，几乎所有的现代叫牌体系，都规定了牌力不够正常开叫而牌型特殊的牌

可以进行**非正常开叫**。最常见的非正常开叫是二阶、三阶的**阻击开叫**。牌型再特殊一些，还可以在四阶、五阶开叫。牌点较低凭好牌型和较多的赢张在高阶上的开叫也称为**抢先开叫**。

2.9.1　2♥/2♠开叫与二三法则

开叫条件：p4~10，且多数集中在一个好的6张以上高花套中，赢张不少于5个，可以在二阶开叫2♥/2♠。

二阶高花开叫俗称**弱二**，属于抢占叫牌空间的抢先叫，具有阻击对方叫牌的作用。一般来说，开叫2♥/2♠要求开叫花色至少为KJ××××，其他三门花色中最多有1个K（不能有2个K或者1个A），另一门高花没有4张。因为如果其他花色有2个K或1个A（2控制），不仅主套中实力减弱，赢张减少，而且同伴可能想不到你其他花色有这么多的实力，还有可能丢局。同样，另有一套4张高花也不宜阻击开叫，以免同伴正好有另一高花长套时阻击住同伴。

为了避免被加倍而宕许多墩，开叫条件中规定了大牌主要集中在长套花色上，赢张不少于5个。这是因为：一方面，你如果凭借较好的长套花色才能取得五六墩牌的话，对方凭大牌实力就能够完成一个合适的成局定约。对方完成成局定约能得到400余分或600余分（视局况而定），而在我们一方无局的情况下，如果打2♥/2♠被加倍宕2墩（取得6墩），对方才得300分（比他们应该得到的分数少100~300分），在复式赛中这就是很大的胜利；即使被加倍后仅得到5墩牌，对方得到500分，他们的得分比完成一个有局方的成局定约应该得到的分数还少100多分，比他们完成一个无局方的成局定约也多不了几十分。何况对方如果有实力拿到8个以上的防守赢墩，让他们做庄通常都会超额完成成局定约甚至能够完成满贯定约。另一方面，在我方有局的情况下，如果被加倍宕3墩，对方将得到800分，这可比他们成局的分数高得多。因而有局时开叫2♥/2♠通常需要6个以上赢张，即允许宕 2 墩。

这就是著名的**"二三法则"：在对方可能成局的情况下，抢打一个定约，有局时允许宕 2 墩，无局时允许宕 3 墩。**

当然，以上我们所说的"赢张"没有考虑同伴的牌。这样规定是有道理的。其一，同伴的牌可能既无 A 、 K 一类的快速赢张又与你的牌不配合；其二，当同伴手中持有较强的牌和较多的快速赢张时便于计算联手有多少赢墩，从而决定是否加叫到成局或满贯定约。

本节开头给出的牌例中，即使把 1 张小 ♥ 换成其他花色（6 张 ♥ ），在本方无局时也可以开叫 2♥。7 张好花色通常要在三阶开叫。如果是只有一个顶张大牌领头的 7 张弱长套，可以考虑二阶开叫。

2.9.2　3♥/3♠ 开叫

开叫条件：有一个至少两张大牌领头的 7 张套，大牌点一般不超过 11 点，其他三门花色中不能超过 1 个控制，基本符合二三法则。

三阶高花开叫是典型的阻击开叫。由于一口气叫到三阶，使对方很难轻易开口，即使对方敢于争叫，也没有足够的空间来充分交换信息。所以三阶高花开叫的阻击作用很大。

三阶高花开叫的条件与一阶、二阶开叫的条件有部分重合，那么同时满足两个条件时开叫什么呢？

与一阶高花开叫条件重合的是大牌 11 点。如果牌力分散，主套中不超过 K Q 的实力，则以开叫一阶高花为好；如果牌点集中于主套中，则开叫三阶高花。

开叫三阶高花所要求的套，一般不劣于 K J ×××××。

有 7 张套通常开叫三阶高花而不作二阶开叫，除非是有局方而主套较差。

下面分别是开叫 1♥、2♥、3♥ 的例子：

（a）♠ A 8 3   11 点大牌且比较分散，开

♥ K J 10 9 8 4 3   叫 1♥。

♦ K 7

♣ 3

这牌成局的可能性很大，在你开叫 1♥ 后，同伴若有一定牌力，可以充分探讨成局甚至满贯定约。而如果开叫 2♥ 或 3♥，同伴很可能放过。如果把 ♠ A 换成一张小牌，就可以作典型的 3♥ 开叫了。

（b）♠ Q 3   有局时开叫 2♥。♥ 为 7 张

♥ K J 9 8 4 3 2   弱长套，其赢张只能估计为 5

♦ 8 7   个。无局时可以开叫 3♥。

♣ 8 3

（c）♠ 9   坚强的 7 张 ♥ 套，只有 1

♥ K Q J 9 8 4 3   个输张（6 赢张），即使没有 ♦ K，

♦ K 7   也完全可以开叫 3♥。

♣ 8 4 3

2.9.3 4♥/4♠ 开叫

开叫条件：通常为 8 张以上套，一般不超过 13 点，大牌多数在长套花色中，其他三门花色中最多有 1 个 K。

四阶高花开叫是成局叫品，可能是 10 点以下的阻击性"牺牲叫"，也可能是 11~15 点的抢先叫。下列两手牌分别是开叫 4♥ 的下限和上限。

（d）♠ 3   无局时可以开叫 4♥，即使

♥ K Q 10 8 7 4 3 2   被加倍宕 3 墩也在所不惜。

♦ 7 3 2

♣ 3

（e）♠ K

　　♥ A K Q 10 8 7 4 3

　　♦ Q 3

　　♣ 3 2

这牌的特点是做牌赢张很多，但防守赢墩很少。如果开叫 1♥，当对方叫到 4♠ 就很难办了。开叫 4♥，属于阻击性的抢先叫。

2.9.4　3♣/3♦ 开叫

　　3 阶高花开叫具有很强的阻击性，特别是开叫 3♠ 后，对方要叫牌，就要在 3NT 以上了。而且，开叫三阶高花后，同伴是不会考虑 3NT 定约的，如果有成局的可能，即使你开叫的高花他缺门，也可能加叫你的高花到局的。

　　三阶低花开叫没有 3 阶高花开叫的阻击作用大，因为对方还可以叫出 3 阶高花。另一方面，你 3 阶低花开叫后，同伴如果持有强牌，通常首先考虑的是否能打 3 NT 定约，而不是考虑把你的低花加叫到局。本体系规定的三阶低花开叫的花色比三阶高花开叫的花色要强。

　　3♣/3♦ 开叫的条件: 7 张以上好套（缺 1 个顶张大牌），例如:

（f）♠ 8 6 3　　　　　　　（g）♠ 8 5

　　♥ 5　　　　　　　　　　♥ 6 3

　　♦ K Q 10 8 6 5 3　　　♥ 6 3

　　♣ Q 9　　　　　　　　　♣ A K J 9 8 6 3

　　可以分别开叫 3♦/3♣。这样规定的目的是：同伴如果其他花色有适当的止张，对你的长套花色有大（顶张）小双张支持，就可以 1 墩不失地通吃该花色；如果同伴有 3 张小牌，也可以在只失 1 墩的情况下做好该花色。我们的 3 阶低花开叫不仅具有一定的阻击性，还具有一定的**建设性。建议同伴的牌合适时叫出庄位有利的 3NT。**

2.9.5　3NT 开叫与四阶以上低花开叫

开叫 3NT 的条件：A K Q 领头的 7 或 8 张坚固低花套，没有 4 张高花套，其他花色没有控制（没有 A、K 或缺门，允许有一两个 Q、J 或单张）。

这里的 3NT 开叫属于**赌博性 3NT 开叫**，除了有一个 7 或 8 张坚固低花套外没有其他大牌控制。如果在持有 7 张以上坚固低花套的同时，还有其他花色的 A、K（或缺门），我们不开叫 3NT 而是开叫低花，以避免漏掉满贯定约。

开叫 3NT 后，同伴如果只有一门低花是几张小牌而其余花色都有大牌止张或长度，可以放过 3NT，否则应该逃到四阶低花。

（h）♠ 8 3

　　♥ 5

　　♦ A K Q 10 8 7 6

　　♣ Q 8 6

开叫 3NT。假设应叫人分别持有：

① ♠ K Q 9　　　　　　② ♠ A Q J 9

　♥ K 10 8 7 6　　　　　♥ K Q 8 7 6

　♦ 4 2　　　　　　　　♦ 4 2

　♣ A 5 3　　　　　　　♣ 5 3

应叫人持类似于①（或更好）时，可以 Pass，这个 3NT 应该很容易完成；持牌为②（或更差时），应该叫 4♣，开叫人是 ♣ 套时 Pass；是 ♦ 套时改叫 4♦。

如果应叫人持有足够的控制，加上同伴的坚固 7 张套，能够有 12 个以上赢墩，还可以直接加到满贯。

另外，持有 8 张以上低花但不坚固，根据局况还可以在四阶或五阶进行阻击性开叫。下面是两个分别开叫 4♦ 和 5♣ 的例子。

（i）♠ 8 3

    ♥ 5

    ♦ K Q J 10 8 6 5 3

    ♣ K 9

（j）♠ Q 5

    ♥ 3

    ♦ 9 3

    ♣ A K J 9 8 6 5 3

我们的二、三阶高花阻击开叫强调破坏性（阻击对方叫牌，不强调自己的套多坚强）；三阶低花开叫强调建设性（要求有两个顶张的 7 张坚强套，建议同伴牌合适时叫 3NT）；3NT 开叫是坚固低花的赌博性开叫；四阶以上的花色开叫属于牺牲叫或抢先叫。

开叫 4NT 的条件：特殊情况下，持有 7 张以上套，10 个以上赢张，没有缺门，可以直接开叫 4NT 问 A。

2.10　第三家轻开叫

由于第一家持 11~12 点的平均牌型时可能不开叫，但前两家都 Pass 后，第三家若有 10~12 点也不开叫的话，就可能错过一个部分定约甚至成局定约，或者让对方轻易找到一个成局定约。

第三家持有正常开叫实力，按前述各节介绍的方法开叫；持有比正常开叫条件略低的牌力也可以开叫，这就是**第三家轻开叫**。

2.10.1　第三家开叫一阶高花

如果前两家Pass，你只有10点左右，第四家可能持有强牌。这时有一个很强的4张高花（例如 A K J 10）就可以开叫该花色。这样轻开叫的目的，一是争取部分定约；二是起到对第四家的阻击作用；三是指示同伴，当第四家最后成为庄家时首攻你所叫过的花色。

持有 5 张低花和 4 张高花作为第一家或第二家应开叫低花，但作为第三家，当5张低花较弱而4张高花较强且不超过13点时，可以开叫强 4 张高花，其目的主要是指示同伴首攻。例如：

（a）♠ 9 7 6　　　　　　（b）♠ A K Q 8

　　　♥ A K J 10　　　　　　　♥ Q 7

　　　♦ 9 6 4　　　　　　　　　♦ 9 5

　　　♣ K 7 6　　　　　　　　　♣ J 10 8 6 4

在第一家或第二家位置，持牌（a）不开叫，持牌（b）应开叫 2♣。但在第三家位置，持牌（a）可以开叫 1♥；持牌（b）则开叫 1♠较好。

如果有一个 6 张以上高花套（或 5 张强套），尽可能地作二阶开叫。

（c）♠ K Q 10 9 7 6　　　（d）♠ 7 6 4

　　　♥ Q 6　　　　　　　　　♥ A K Q 10 8

　　　♦ J 4　　　　　　　　　♦ 9 5

　　　♣ A 8 6　　　　　　　　♣ Q 6 4

这两手正常一阶高花开叫的牌，在第三家都可以作二阶开叫，其目的主要为阻击第四家。

2.10.2　第三家开叫 1♦

我们的体系，第一家 11~12 点平均牌型通常不开叫。但第三家，不能开叫 1♥/1♠ 或 2♣ 时，只要有两三张 ♦，就可开叫 1♦，例如下列两手牌，在第一、第二家位置不开叫，但在第三家位置，都可以开叫 1♦：

（e）♠ Q 10 5 3　　　　　（f）♠ J 8 6 5

　　　♥ A Q 6　　　　　　　　♥ Q J 6 4

　　　♦ 9 6　　　　　　　　　♦ A Q 9

　　　♣ Q J 8 6　　　　　　　♣ J 8

这样的牌第三家开叫 1♦后，通常可以放过同伴的任何再叫。

2.10.3　第三家开叫 2♣

　　第三家位置只要有 5 张较强的 ♣，牌点在 10~15 点之间，都可以开叫 2♣。开叫 2♣ 有一定的阻击作用，使第四家不能叫出一阶高花，而且由于同伴已经 Pass，其牌可能很弱，2♣ 可能就是最后定约。如果开叫 1♦ 或 1NT，就很难停在 2♣ 定约上了。例如：

（g）♠ J 8　　　　　　　　这手牌作为第一、第二家
　　　♥ 8 6　　　　　　　　开叫 1♦，但第三家应开叫 2♣，
　　　♦ K J 8 5　　　　　　使得第四家不能方便地叫出一
　　　♣ A K 8 7 6　　　　　阶高花。

　　另外，这手牌如果于第三家开叫 1♦，并在同伴应叫一阶高花后再叫 2♣，同伴如果 ♣ 和 ♦ 均为 3 张，可能会改叫 2♦。

（h）♠ A J 10　　　　　　　当 5 张 ♣ 很弱时，第三家
　　　♥ K J 2　　　　　　　可以用双张 ♦ 开叫 1♦，然后放
　　　♦ Q 7　　　　　　　　过同伴的任何应叫。
　　　♣ 10 8 6 5 4

2.10.4　第三家开叫 2♦

　　如果有 13~15 点，牌型符合 2♦ 开叫的要求，♦ 上无大牌，则开叫 2♦，以便同伴牌型牌力合适时叫高花到局。如果仅有 11~12 点或更低，可以开叫较强的 4 张高花。如果两套高花质量差别不大，则以开叫 1♥ 为宜，给同伴留下应叫 1♠ 的空间。牌点较低时开叫一阶好高花的主要目的：一是为了避免同伴牌力很弱时做二阶定约的风险；二是当第四家抢到定约时，起到指示同伴首攻的作用。

2.10.5　第三家三阶花色开叫

　　第三家开叫 3♥/3♠，与第一二家没有区别；第三家开叫 3♣/3♦，不再是建设性开叫，因为同伴已经 Pass，不可能再有叫

3NT 的实力。因而只要有一个一般的 7 张以上低花套或较好的 6 张低花，都可以开叫三阶低花，其目的主要为阻击第四家。

2.11　第四家开叫应注意的问题

如果前三家均未开叫，第四家仅有 10 点左右大牌和平均牌型，则可以肯定，其他三家也都是 10 点左右的平均牌型，这副牌几乎双方都没有成局的可能。第四家只要 Pass，这副牌本桌就不打了，双方都是 0 分。因而第四家开叫要保证能够得正分才有意义。第四家一旦开叫，其他三家也必然要纷纷表示自己的实力，定约很难停在 2♠ 以下。而 2NT 以上的定约一般又是灾难性的。这时，拥有♠长套的一方就掌握了统治权，可以毫无顾虑地争到 2♠。另一方要么眼睁睁地看着对方打比较安全的 2♠ 定约；要么自己争上危险的三阶定约。因而，第四家如果只有 10~12 点，其牌型比较平均，♠的长度不超过 3 张，就不要勉强开叫了。

这就是权衡第四家开叫与否的 **15 法则：牌点数与♠的张数之和达到 15 就可以开叫，而小于 15 则不宜开叫。**

那么，第四家有 13~15 点，♠单张或者缺门是否就一定不开叫了呢？我们的意见是：没有 5 张好花色不开叫；只要有一个好的 5 张套，特别是好的 5 张♣套，就要开叫 2♣。

第3章 1♥/1♠ 开叫后的叫牌

本章从最自然的一阶高花开叫入手，逐步介绍限制性自然开叫后应叫及后续叫牌的基本原理和方法。

开叫 1♥/1♠ 的条件：

① $p12\sim15$，$n \geqslant 5$；

② $p=11$，$n \geqslant 6$ 或 5-4 以上两套牌；

③ $p=10$，集中在 5-5 或 6-4 以上两套牌中。

由于一阶高花开叫保证至少 5 张，应叫人持弱牌且与开叫花色配合不好，成局无望时可以 Pass 而不必勉强"改善"定约。

本章的叫牌是针对1♥开叫设计的，原则上也适合1♠开叫后。个别不同的地方我们则加以说明。

对一阶高花开叫的应叫分为加叫（包括直接加叫和间接加叫）、应叫新花、应叫 1NT 等。

对 1♥ 开叫应叫新花，包括**一盖一应叫 1♠ 和二盖一应叫 2♣/2♦**。

应叫新花的目的是为探讨成局或满贯的可能性。我们的体系，一盖一应叫至少要有8点；二盖一应叫一般要有13点以上。新花应叫的牌力没有上限，所以一定是**逼叫**（开叫人必须再叫）。一盖一应叫可以是4张套；二盖一应叫通常为5张以上套，但低花二盖一可以是4张套。如果与开叫高花配合较好，又有长套花色，12点也可以进行二盖一应叫。

应叫人如果不曾 Pass，则一盖一应叫和二盖一应叫的牌力都没有上限，都是逼叫，开叫人不能 Pass。不过，一盖一应叫后应叫人不保证再叫。由于二盖一应叫要求 13 点以上，联手的大牌点通常已经达到 25 点以上，是应该至少叫到局的。

传统的叫牌体系，对一阶高花开叫应叫 1NT，表示牌力较弱，配合较差，不逼叫。在我们的体系以及其他的二盖一逼局体系中，对于不超过 12 点，有某种成局可能，又不适合加叫或应叫新花的牌，统统从 1NT 应叫开始。这样的 1NT 应叫具有逼叫的性质，开叫人通常应该再叫一声的。

我们将以树结构的形式给出各种应叫及后续叫牌进程。当符合多种应叫或再叫条件时，我们把最基本的或应该优先采用的叫品放在前面，并按优先级排序；没有必要时按叫品级别排序。为方便阅读，我们在正文中将应叫方的叫品说明用楷体字排印。

我们首先从配合良好的高花加叫开始介绍。

一阶高花开叫后，应叫人如果与同伴花色配合（不少于 3 张），首先应该考虑的就是加叫同伴的花色。根据配合情况、大牌点的多少和牌型情况以及加叫的目的，又分为**直接加叫**和**间接加叫**。

如果与同伴的花色配合很好，但牌点并不高，可采用直接加叫的叫法。根据不同的配合情况又可将**直接加叫**区分为**简单加叫**到二阶、**跳加叫**到三阶或到四阶等情况。在我们的体系中，直接加叫没有邀请的含义，邀局的牌一般从间接加叫开始。

3.1 伯根高花加叫系统

世界桥牌特级大师、美国桥牌专家马迪·伯根利用总墩数定律，结合斯普林特跳单缺和雅各比 2NT 问单缺的叫法，彻底改变了传统的高花加叫方式，形成了一个相对完整的系统，可用于任何 5 张高花开叫体系，包括自然体系和精确体系。特别是应用于我们精确体系的限制性一阶高花开叫，更加精准，像是量身定做。

3.1.1　直接加叫

根据总墩数定律，对保证5张的一阶高花开叫，**有3张支持可以加到二阶；有4张支持加到三阶；有5张支持则加到四阶**。这些直接加叫都具有阻击或关煞的性质，大牌点一般都不超过10点。

A. 加叫 2♥：通常 $p6\text{~}9$，$n=3$；或 $p \leqslant 5$，$n=4$，4333 牌型。

B. 加叫 3♥：通常 $p \leqslant 6$，$n \geqslant 4$。如果是 4333 牌型，可以是 7~9 点。

C. 加叫 4♥：通常 10 点左右，4 张以上支持，有单缺。如果是 5 张以上 ♥ 支持，牌点可以更低。

例 3–1

♠ 10 3 2

♥ K 9 5

♦ Q 9 4 2

♣ 10 8 4

虽然只有 5 点，也可以加叫 2♥，使下家不能在 2♠ 以下参与叫牌。有 8 张将牌配合，2♥ 定约相对是比较安全的。

应叫人加叫到二阶后，开叫人通常不会再叫了。如果开叫人持这样的两套强牌：

♠ 4

♥ A Q 8 7 4

♦ A J 10 8 5

♣ K 2

可以在同伴应叫 2♥ 后，叫第二套 3♦，作为**长门邀请**，邀请同伴在第二套中有一个顶张支持时叫到 4♥，否则，叫回 3♥ 停叫。

本例中，应叫人虽然只有 5 点，但持有 ♥ K 和 ♦ Q 这两张非常关键的牌，可以叫到 4♥。如果有限的几个大牌点在另外两门花色上，就只能叫回 3♥ 了。

例 3-2

♠ 10 3 2

♥ J 9 8 5

♦ 9 8 4

♣ 8 4 3

有 4 张支持，点力再低、牌型再差也可以加叫 2♥。如果 9 张配合的 2♥ 都打不成（赢墩少于 8 个），根据总墩数定律，对方一定有个合适的部分定约，甚至可以成局。我们的 2♥ 定约被打宕也不会亏。这样的牌在局况有利（对方有局本方无局）时，甚至可以跳叫 3♥ 进行阻击。

例 3-3

♠ 3

♥ K 9 8 5

♦ 9 8 4

♣ Q 10 8 4 2

4 张支持，有一定的牌型优势，通常情况下都可以加叫到 3♥。

这牌只有单张 ♠，而同伴开叫 1♥ 一般不超过 4 张 ♠，这样对方的 ♠ 将不少于 9 张。如果我方的 3♥ 打不成（8 墩或更少），根据总墩数定律，对方打 ♠ 将牌，赢墩将达到 10 墩，可以完成 4♠ 定约。立即加叫 3♥，使得对方不能在低阶从容交换信息。

例 3-4

♠ 8 3 2

♥ K 9 8 5

♦ A Q J 4 2

♣ 5

10 点左右，4 张 ♥ 支持，有一个单张和一个 5 张好套，直接加叫 4♥。这样的牌在同伴最低限开叫时也可能完成 4♥；即使同伴是最高限（14～15 点），也难以有满贯。因此对于精确体系限制性的 1♥ 开叫，这样的牌立即加叫 4♥ 比较合适。

例 3-5

♠ 3

♥ Q 9 8 5 2

♦ 8 2

♣ 10 9 8 4 2

这牌加叫到 4♥ 也许会宕 3 墩（赢得 7 墩），但根据总墩数定律，这牌在无局对有局时可以加叫 4♥，在不利局况下保守点也要加叫到 3♥，千万不能 Pass 或仅仅叫 2♥，给对方留下交换信息的空间，那样对方将从容地叫到 4♠ 甚至满贯。

以上两例的牌点悬殊，但都可以**关煞性**地叫 4♥。这样的 4♥ 如果能完成当然好，即使完不成，也是合理的牺牲。我们的关煞叫可以最大限度地压缩对方的叫牌空间。

我们的体系中，直接加叫都没有邀请的性质，更不是逼叫。具有邀局以上实力的牌，我们采取间接加叫的方式进行。

3.1.2 伯根约定叫

传统叫牌法中，同伴一阶花色开叫后应叫人跳叫新花，表示 16 点以上的强牌。但这种牌出现的概率极低，而且完全可以由二盖一进局逼叫涵盖。在我们的体系中，对 1♥ 开叫跳应叫低花 3♣*/3♦*，不表示 ♣、♦ 花色任何情况，而是**伯根约定叫**，表示 4 张以上开叫花色支持，逼叫到 3♥，邀请进局。

在精确体系中，一阶高花开叫的限制性很强，伯根加叫是非常精准的间接加叫。

A.3♣* 弱邀：4 张以上 ♥ 支持，7~9 大牌点，凭借较好的牌型和较少大牌点进行的成局邀请（弱邀）。

应叫 3♣ 弱邀后，开叫人高限或好牌型且控制较好，可以接受邀请直接叫 4♥ 止叫；低限均型通常叫 3♥ 结束叫牌。介于两者之间的牌，可以叫 3♦ 进行"反邀"。应叫人接到反邀后，有好的牌型比如有单张或高限有双张小牌，可以接受邀请进局。

例 3-6

西家持牌	东家持牌
♠ J 8 2	♠ 3
♥ A Q 10 7 4	♥ K 9 8 5
♦ K 8 7	♦ Q J 5 4 2
♣ K J	♣ Q 10 8

叫牌过程：

西	东
1♥	3♣（弱邀）
3♦（反邀）	4♥（欣然接受）

对于 1♥ 开叫，应叫 3♣ 弱邀后，开叫人持有高限好牌型可直接叫 4♥ 进局，低限牌型又不好可以叫 3♥ 止叫。如果牌点虽然不是很高但牌型较好，也可以通过 3♦/3♥ 进行反邀。并且这时的 3♦ 或 3♥ 可以作为第二套长门邀请，邀请该花色有一个顶张大牌支持时叫 4♥ 进局。

B.3♦* 强邀：4 张以上 ♥ 支持，10~12 大牌点，凭借 4 张将牌配合和接近开叫实力的邀请（强邀）。

3♦* 强邀后，开叫人通常情况下都应该进局，除非是 12~13 点的 5332 牌型，叫回 3♥ 建议停叫（应叫人高限好控制仍可以加叫到 4♥）。

如果开叫人有类似于例 3-2 那样 5-5 两套花色，可以叫出第二套，探讨满贯（详见 14.4）。

例 3-7

西家持牌	东家持牌
♠ K J 2	♠ 10 8 3
♥ A J 10 7 4	♥ K 9 8 5
♦ K 8 7	♦ Q 6 4
♣ K 8	♣ A Q 2

叫牌过程：

西	东
1♥	3♦（强邀）
4♥（欣然接受）	

例 3-8

西家持牌	东家持牌
♠ J 8 2	♠ 10 8 3
♥ A J 10 7 4	♥ K 9 8 5
♦ K 8 7	♦ Q 8 4
♣ K J	♣ A Q 2

叫牌过程：

西	东
1♥	3♦（强邀）
3♥（低限）	Pass（放弃）

双方低限又都是均型，通过伯根 3♦ 邀请，合理地停在 3♥ 定约。

例 3-9

西家持牌	东家持牌。
♠ A Q 10 9 7	♠ K 8 5 3
♥ 8	♥ 10 9 7 2
♦ 7 4	♦ A J 8
♣ A K J 9 5	♣ Q 6

叫牌过程：

西	东
1♠	3♦（强邀）
4♣（第二套）	4♦（扣叫，满贯兴趣）
4NT（问关键张）	5♥（2 个关键张）
6♠	Pass

东家 3♦ 强邀叫后，西家叫出 4♣ 作为长门（满贯）邀请。

东家有 ♠ K 和 ♣ Q 这两个关键牌张，遂扣叫 4♦，显示控制和满贯兴趣。西家通过 4NT 罗马关键张核查控制，叫到了这个只有 24 点却把握很大的小满贯定约。

例 3-9 中，如果东家的 ♣ Q 换成其他花色上的大牌，则在西家 4♣ 表示满贯邀请时，当叫回 4♠ 而拒绝邀请。

3.1.3　斯普林特约定叫

应叫人如果对开叫花色有 4 张及以上支持，有单张或缺门，又有 13~15 点，成局根本没有问题，满贯的希望也很大，关键要看单缺花色对同伴是否有用。**斯普林特约定叫**（Splinter，或**称爆裂叫**）就是解决这类问题的。这也是一种间接加叫。

在 1♥ 开叫后，立即应叫 3♠*/4♣*/4♦*；或在 1♠ 开叫后，立即应叫 3♥*[注]/4♣*/4♦*，表示 13~15 点，4 张以上开叫花色支持，跳叫的花色单张或缺门。

斯普林特约定叫是一种很有效的显示极配的叫牌手段，是高花定约"坐四望六"的叫法。如果开叫人不是最低限，且在应叫人的单缺花色上，只有几张小牌（没有浪费的大牌点），其他两门的控制较好，则联手 27~30 点大牌集中于三门花色中，这三门花色通常就没有输张。

同时，应叫人有足够的将牌可以用来将吃庄家那一门花色的小牌。当应叫人的那门花色为单张时基本上可以完成小满贯定约；缺门时很可能有大满贯。

反之，开叫人如果是低限 12~13 点，或在同伴单缺花色中有大牌，其他三门花色中的实力必然大大降低，因为应叫人也不超过 15 点，则总共不到 30 点的大牌分散在 4 门花色中，基

注：过去的叫法是在 1♠ 开叫后，与低花一样用双跳 4♥ 表示 ♥ 单缺。这种叫法占用空间大，不利于在成局以下进一步交换信息。本体系与新睿精确一样，约定 1♠ 开叫后跳叫 3♥ 就是斯普林特示单缺，这样便于进一步扣叫低花的控制。

本上没有完成满贯定约的希望，这时开叫人应叫回将牌花色而止叫。

（1）开叫人叫开叫花色到局：止叫。低限（p12~13），其他两门花色控制较差；或同伴单缺花色上有大牌。

（2）叫新花：p14~15，同伴单缺花色没有大牌，满贯兴趣，扣控制，希望同伴能响应并进一步扣叫。

（3）叫 4NT：高限，同伴单缺花色无大牌，以开叫花色为将牌的罗马关键张黑木问叫（参见 14.2）。

经 4NT 问叫后，开叫人叫同伴单缺花色为大满贯逼叫。要求应叫人单张叫小满贯，缺门叫大满贯。

我们强调，本体系中，一阶花色开叫后应叫人进行爆裂叫，是限制性很强的叫品，除了牌型合适外，大牌点限制在13~15点。12点以下的牌，应该从伯根3♦起步或直接叫到4阶。16点以上的牌，应采取其他的叫法（通常从低花二盖一逼局起步）。这样，开叫人很容易判断是否应该叫到满贯定约。

例 3-10

西家持牌

♠ A Q 9 7 5
♥ K Q 3
♦ 10 7 6
♣ K 2

东家持牌

♠ K 10 4 3
♥ A 8 7 2
♦ 2
♣ A Q 9 8

叫牌过程：

西	北	东	南
1♠	（2♦）	4♦*（斯普林特）	—
4NT*（罗马关键张）	—	5♦*（3 关键张）	—
6♦（单还是缺）	—	6♠（♦ 单张）	—

例 3–11

西家持牌   东家持牌

♠ A Q 9 7 5   ♠ K 10 4 3 2

♥ K Q 3   ♥ A 8 7 2

♦ 10 7 6   ♦ —

♣ K 2   ♣ A Q 9 8

叫牌过程：

西	北	东	南
1♠	（2♦）	4♦*（斯普林特）	—
4NT*（罗马关键张）	—	5♦*（3 个关键张）[注]	—
6♦*（单还是缺？）	—	7♠*（♦ 缺门）	—
—	=		

无论北家是否争叫 2♦，东家的 4♦ 都是表示单缺。然后经过 4NT 罗马关键张黑木问叫，东家回答 3 个关键张，西家知道东家的 3 个关键张是 ♠ K 和 ♥ A 及 ♣ A。然后西家叫出 6♦，询问东家的 ♦ 是不是缺门。

在例 3–10 中，东家的 ♦ 为单张，在西叫 6♦ 之后简单地叫回 6♠ 止叫；在例 3–11 中，东家的 ♦ 缺门，在西的 6♦ 之后，可直上 7♠！

3.1.4　应叫 3NT

不同的叫牌体系对一阶高花开叫应叫 3NT 有不同的约定。我们采用下面简单的自然约定：

应叫 3NT 的条件：13~15 点，对开叫花色有 3 或 4 张支持，4333 牌型，牌力比较分散。

这样叫牌的只有一个目的：告诉同伴自己牌点和将牌都充

注：本例关键张问叫时，东家可以主动叫 6♦，表示 3 个关键张，5 张以上将牌（或有 Q），以及 ♦ 缺门。这样让西家决定是否上 7♠。关于关键张问叫及其回答，详见 14.2.2。

足，但没有将吃能力，让开叫人选择 3NT 还是四阶高花定约。开叫人也为平均牌型且双张花色上有大牌时可以停在 3NT；否则，开叫人不平均牌型和普通开叫实力，改回四阶高花。只有当开叫人持有极强的两套牌时，才可以试探满贯。

例 3-12

西家持牌	东家持牌
♠ A K 9 8 4	♠ Q J 6
♥ K J	♥ Q 5 3
♦ 8 6 4	♦ J 10 5 3
♣ Q 9 6	♣ A K 8

西开叫 1♠，如果东叫 4♠，可能要丢 3 墩 ♦ 和 1 墩 ♥，但如果东应叫 3NT，西家 Pass，3NT 定约几乎可以摊牌。如果西家的牌非 5332，或虽然 5332，但双张是小牌，就应该改成 4♠。

3.1.5　雅各比 2NT*

过去的许多叫牌体系，包括一些自然叫牌体系和传统的精确叫牌体系，对一阶高花开叫跳应叫 2NT，表示 16 点以上平均牌型的强牌，由于这种情况出现的概率很低，而且也完全可以由其他逼叫手段来代替，渐渐地，跳叫 2NT 不再表示 16 点以上的强牌了。关于应叫 2NT，目前有两种约定比较常用，一种是表示平均牌型 12 点左右的邀请，通常用在低花开叫以后；另一种用在高花开叫后的**雅各比 2NT**（Jacoby Two No Trump）约定叫，是逼叫到局的强加叫，也是一种**间接加叫**。

应叫 2NT* 的条件：13 点以上，对开叫高花有 4 张以上支持，5 个以上控制，没有单缺花色。

如果是 4333 牌型和牌点分散的 13~15 点，我们不用 2NT 应叫，而是用不逼叫的 3NT 应叫。

应叫雅各比 2NT 的牌力没有上限，是逼叫。这不仅是显示叫（show），更重要的是问叫（ask），主要关心开叫人是否有单缺花色，准备探讨满贯定约。2NT 问叫后，开叫人再叫应该描述牌情。

（1）叫开叫花色到局 4♥（4♠）：低限，牌型没特色，对满贯不感兴趣。

（2）叫三阶新花 3♣*/3♦*/3♠（3♥）*：所叫花色单张或缺门，希望对同伴探查满贯有用。

应叫人如果有足够多的大牌点，或在开叫人的单缺花色上没有大牌，可以扣叫其他花色，进入满贯叫牌（类似斯普林特以后）。

（3）开叫人叫 3NT：高限均型，满贯兴趣不大。

（4）在三阶重叫开叫高花 3♥（3♠）：6 张以上，4 个以上控制，有满贯兴趣。

（5）开叫人跳叫新花色 4♣/4♦（4♥）：高限，牌点集中在 5–5以上两套，有 4 个以上控制，强烈的满贯兴趣（此叫品优先于报单缺）。

在有两套又有单缺时，低限优先表示单缺，高限优先表示两套。

雅各比 2NT 应叫以后，开叫人直接叫开叫花色到局表示最差的牌，对满贯没有兴趣，应叫人牌力足够时仍然可以叫 4NT进行罗马关键张问叫。

例 3–13

西家持牌	东家持牌
♠ A Q 9 7 5	♠ K J 4 3
♥ K Q 3	♥ A 8 7
♦ K 10 7 6	♦ A Q J
♣ 2	♣ 9 8 3

叫牌过程：

西	东
1♠	2NT*（问单缺）
3♣*（单缺）	3♦（扣叫）
3♥（扣叫）	4NT*（问关键张叫）
5♣*（1个关键张）	5♦*（问将牌Q）
6♠*（有将牌Q和2个K）	

例 3-14

西家持牌　　　　　　　　东家持牌

♠ A Q 9 7 5　　　　　　♠ K J 4 3

♥ K Q 3　　　　　　　　♥ A 8 7

♦ K 10 7 6　　　　　　　♦ 9 8 3

♣ 2　　　　　　　　　　♣ A Q 2

叫牌过程：

西	东
1♠	2NT*（问单缺）
3♣*（单缺）	4♠（止叫）

3.1.6　直接罗马关键张问叫 4NT*

一阶高花开叫以后，应叫人根据自己的牌，如果仅需知道同伴有几个关键张就能决定是否上满贯，可以直接叫 4NT 进行罗马关键张问叫。这时的"将牌花色"一定是开叫人的花色。

例 3-15

♠ 6

♥ A Q 8 2

♦ K Q J 9 8 6

♣ A 8

持这样的牌，在同伴开叫 1♥ 后可以直接叫 4NT 进行罗马关键张黑木问叫。

如果同伴有三个关键张（♠ A、♥ K、♦ A），7♥ 或 7NT 定约就是铁的；如果同伴只有两个关键张，6♥ 的问题也不大；即使同伴只有一个关键张（可能性不大），5♥ 也应该能够完成。

能够直接问关键张的牌并不多见，通常都是经过几轮叫牌明确将牌和有关花色的控制以后，为避免缺少满贯定约需要的足够关键张，才启用罗马关键张黑木问叫进行核查。

3.1.7 跳加叫 5♥（5♠）满贯邀叫

应叫人有 3 张以上小牌支持（无顶张大牌），其他三门花色都有第一控制（A 或缺门），有一套坚固的低花套，可以提供大量赢墩，不适合用 4NT 问叫，可以直接加叫将牌花色到五阶，作满贯邀叫。如：

♠ A K 3
♥ 10 8 4 2
♦ A K Q 9 8 2
♣

在同伴开叫 1♥ 后，是否有满贯，关键要看同伴将牌的质量了。应叫 5♥，表示主要关心开叫人的将牌质量。

如果开叫人只有一个顶张大牌，应停在 5♥；有 2 个则叫到小满贯；有 3 个则可直接叫到大满贯。

（1）Pass：将牌为 Q J × × × 以下；
（2）6♥：将牌为 K Q × × × 以上；
（3）7♥：将牌为 A K Q × × 以上。

3.1.8 探查大满贯 5NT*

应叫人点力充足，将牌为 3 张以上且有一顶张大牌支持，其他三门花色都有第一控制（包括缺门），并有一个可以提供大量赢墩的长套，只担心将牌存在输张，可以叫 5NT，逼叫到小满贯，邀请大满贯。

例如，持：

♠ A K 3

♥ K 10 8 4

♦ A K J 9 8 2

♣

就可以在同伴开叫 1♥ 后叫 5NT 逼叫到 6♥，邀请大满贯。要求开叫人将牌有两个顶张（AQ）时叫 7♥，否则叫 6♥。

直接跳加叫到五阶高花作满贯邀请或直接叫 5NT 作大满贯逼叫，一般都有缺门，主要关心将牌质量。如果应叫人一张大牌也没有，用五阶邀请，基本目标是小满贯，但不逼叫；有一个顶张大牌用 5NT 邀请，目标是大满贯，逼叫到小满贯。

当然，理论上也还存在开叫人所叫的花色只有 5 张小牌的可能，但由于应叫人拿了其他花色的多数大牌，开叫人开叫的花色只有 5 张小牌几乎是不可能的。如果使用"排除关键张问叫"（详见 14.2.3），就能避免这种情况。

我们这里的自愿五阶高花和 5NT 都是明确针对将牌的满贯邀请，五阶高花不逼叫，主要目的是邀请小满贯；5NT 逼叫到小满贯，邀请大满贯。新睿的自愿五阶高花是"综合满贯邀请"，不是特别针对将牌的邀请；新睿的自愿 5NT 通常是邀请 6NT 的，并不逼叫。

本节提示

①在高花开叫后直接加叫到二阶、三阶或四阶是阻击叫或关煞性质，开叫人一般不再叫。

②应叫 3♣/3♦，保证有 4 张将牌支持的邀请，前者为凭借牌型的邀请，后者为凭实力（10~12 点）的邀请。这两种邀请形式上都是逼叫（逼到三阶开叫花色）。

③斯普林特约定叫属于高花"坐四望六"的叫法，除 4 张以上将牌支持外，有一门花色单缺，其余 3 门花色上 13~15 点。开叫人如果控制好，没有浪费的大牌点，可以试探满贯；如果低

限或有浪费大牌点，对满贯没有兴趣，则叫回原花色。

④跳叫 3NT 表示 4333 牌型，13~15 点，3 或 4 张开叫花色支持但没有吃能力，让开叫人选择 3NT 或四阶高花成局。

⑤跳叫 2NT 表示 4 张以上支持、牌型平均、大牌充足（至少 13 点和 5 个控制），进局逼叫，问开叫人单缺。

⑥4NT 问叫主要关心关键张的个数。

⑦自愿加叫到五阶高花或叫 5NT 邀请满贯，主要关心将牌质量，前者不逼叫，邀请同伴有两个顶张上小满贯；后者逼叫，要求同伴有两个顶张叫大满贯，只有 1 个顶张时叫小满贯。

3.2　一盖一应叫

1♥ 开叫保证 5 张，大牌点不超过 15 点。应叫人如果牌点很低（不超过 7 点），与开叫花色配合不好（即使 ♥ 单张甚至缺门），也不应该叫牌，尽量使定约停在最低的一阶水平上。新花应叫的目的是探讨成局定约或满贯定约，而不是"改善"部分定约。

同伴开叫 1♥，你的大牌点达到 8 点以上，并有 4 张以上 ♠，联手牌力有可能达到成局，就可以从 1♠ 一盖一应叫开始。这种应叫并没有牌力上限，是逼叫。

一盖一应叫后开叫人再叫通常进行自然描述，即便跳叫也只是显示高限好套，但并不是逼叫。

3.2.1 开叫人再叫 1NT

开叫人再叫 1NT，通常为 5332 牌型，12~15 点，2~3 张 ♠。应叫人下面的再叫都是自然叫：

A. 应叫人 Pass：不超过 10 点，牌型比较平均，停在 1NT。

B. 应叫人叫 2♥：p8~10，4~5 张 ♠，2~3 张 ♥（通常只有 2 张），低花有单缺，不愿意打 1NT，止叫。

C. 应叫人叫 2♠：p8~10，6 张以上 ♠，执意打 2♠ 定约，止叫。

D. 应叫人跳叫 3♣/3♦，13 点以上，♠ 和所叫低花 5-5 以上双套，逼局，并有满贯意图。

E. 应叫人跳叫 3♥：13 点以上，4 张以上 ♥ 且有大牌，5 张以上 ♠，逼局，并有满贯意图。

F. 应叫人跳叫 3♠：13 点以上，6 张以上 ♠，逼局，并有满贯意图。

注意应叫人的所有跳叫花色都是逼局以上的实力。

G. 应叫人跳叫 3NT：均型 p13~15，通常 4 张 ♠，1~2 张 ♥，止叫。

H. 应叫人双跳 4♣*/4♦*，p14~16，所叫低花单缺，7 张以上 ♠ 坚强套，强制定 ♠ 为将牌，自爆裂，满贯意图。

I. 应叫人叫 4♥：3 张 ♥，4~5 张 ♠，12 点左右，封局止叫。

J. 应叫人叫 4♠：7 张以上单套，13 点以下，封局止叫。

以上叫品都是自然叫，除了 2♥ 和 2♠ 是要求停叫以外，其他列出的都是逼局叫品。2♣/2♦/2NT 这三个叫品暂时没有列出，下节将作为约定叫专门进行讨论。

3.2.2 开叫人再叫新花

（1）开叫人简单叫新花 2♣：第二套，通常为 4 张或者不太强的 5 张套，不逼叫。

A. 应叫人 Pass：p8~10，4 张低花，进局无望。

B. 应叫人再叫 2♥：p8~9，2~3 张 ♥，停叫。

C. 应叫人再叫 2♠：p8~10，6 张以上 ♠，止叫。

D. 应叫人叫 2NT：p11~12，邀请。

E. 应叫人加叫低花 3♣：p11~12，4 张 ♣，邀请。

F. 应叫人跳叫开叫花色 3♥：p10~12，3 张 ♥，邀请。

G. 应叫人跳叫应叫花色 3♠：p11~12，6 张以上 ♠，邀请。

H. 应叫人叫第四花色 2♦*：$p \geq 13$，与 ♦ 花色无关，逼局。

I. 应叫人跳叫第四花色 3♦*：$p \geq 13$，爆裂叫。♦ 单缺，4 张 ♣ 有大牌，逼局，满贯意图。

以上应叫人的所有叫品，除了第四花色逼局和跳叫第四花色是配合第二套的爆裂叫以外，其余均不逼叫。

（2）开叫人再叫2♦：与上述再叫2♣后基本相同。不同的是应叫人再叫3♣* 为第四花色逼叫，跳叫4♣ 为爆裂叫。

（3）开叫人跳叫新花3♣/3♦：*p*14~15，5-5 以上套。

开叫人跳叫新花。只是显示高限5-5好套，但并不逼叫。

应叫人如果不超过10点，勉强配合第二门花色，可以Pass；勉强配合第一门（有2张）可以改回开叫花色停叫；有10~12点，通常应该选择开叫人的一门花色进局或叫3NT；应叫人坚持叫自己的花色，是6张以上的邀请；叫第四花色，一般是配合开叫人一套花色的逼叫，而且有满贯意图。

3.2.3 开叫人再叫原花

开叫人再叫开叫花色2♥，一定是6张以上，通常只有11~13点或分散的14~15点；如果是高限14~15点和强6张以上♥套，可以跳叫3♥。

应叫人按自然原则再叫：2♠/2NT/3♥ 为邀请，到局的叫品为止叫，叫新花逼叫。

3.2.4 开叫人加叫同伴花色

由于一盖一应叫1♠只保证4张♠，开叫人必须有4张♠才能加叫2♠[注]，其牌点可以是最低的11点，也可能是分散的14~15点。

A. 应叫人 Pass：*p*8~9，牌型较平均，成局无望。

B. 应叫人叫 2NT*：*p* ≥ 10，逼叫一轮，请开叫人澄清牌型。

①开叫人叫3♣/3♦：*p*11~12，所叫花色3或4张，另一门单缺。

注：有的叫牌体系允许开叫人3张♠加叫2♠，其后应叫人再用2NT问叫。开叫人回答时区分3张还是4张。我们的加叫要求必须4张，从而保证了配合。

②开叫人叫 3♠：$p11~13$，4-5-2-2 牌型。

③开叫人跳叫 4♣*/4♦*：$p13~15$，单缺。

④开叫人叫 4♠：高限，牌点分散，没有单缺。

应叫人根据开叫人的回答确定最后定约，必要时通过 4NT 以 ♠ 为将牌问关键张。

应该注意的是，由于一盖一应叫只保证 4 张和 8 点，开叫人即便 14~15 点，4 张配合有单缺，我们也不直接用爆裂叫，而是放到 2NT 问叫以后再跳叫低花进行爆裂。

另外，如果开叫人 14~15 点主要集中在两门高花上，两门低花均为双张，可以直接跳加叫 3♠。

例 3-16

西家持牌	东家持牌
♠ A 9 7 2	♠ K Q 5 4 3
♥ A K 10 7 6	♥ J 3
♦ Q 5 3	♦ A K 2
♣ 3	♣ J 9 7

叫牌过程：

西	东
1♥	1♠
2♠	2NT*（等待）
4♣（单缺）	6♠

西家虽然只有 13 点，但控制好、有单缺，在东家 2NT 问叫后，爆裂 4♣。东家的牌足够叫到 6♠。如果任意一家两门低花交换，东家会合理地停在 4♠ 定约。

3.2.5 广谱邀请

开叫人跳叫 2NT*：约定叫，$p14~15$，6 张好♥，3 张♠有大牌，强烈的进局邀请。

因为一盖一应叫只保证 8 点，开叫人只有普通的 14~15 点是不适合跳叫 2NT 的。这里跳叫 2NT 约定为：*p*14~15，**开叫的花色 ♥ 为 6 张好套，对应叫的高花 ♠ 有 3 张（至少 1 顶张大牌）的支持。**

这个 2NT* 约定对开叫人的牌点牌型高度限制，是**广谱邀请**，同时邀请 3NT、4♥ 和 4♠。既可以在应叫人满足某一成局定约的条件时准确地叫到成局定约，又可以在不满足成局的条件时，安全地停在 2NT 或 3♥/3♠，还可以在应叫人具有开叫以上实力时探讨满贯。

A. 应叫人 Pass：*p*8~9，牌点分散，4 张 ♠，1~2 张 ♥，停在 2NT。

B. 应叫人叫 3♣*：接力叫，准备停在 3♥ 或 3♠ 的弱牌。

开叫人无条件转移到 3♦*。

应叫人下轮叫 3♥：*p*8~9，2~3 张小牌，希望停叫；

应叫人下轮叫 3♠：*p*8~9，5 张 ♠，希望停叫。

C. 应叫人叫 3♥：12 点以上，3 张以上 ♥，确定将牌，逼叫，满贯兴趣。

D. 应叫人叫 3♠：12 点以上，5 张以上 ♠，确定将牌，逼叫，满贯兴趣。

E. 应叫人叫 3NT：*p*10~15，1~2 张 ♥，4 张 ♠，牌点分散，止叫。

F. 应叫人叫 4♥：*p*9~11，3 张（或大小双张）以上 ♥，止叫。

G. 应叫人叫 4♠：*p*9~11，5 张以上 ♠，止叫。

例 3-17

西家持牌	东家持牌
♠ K J 7	♠ Q 10 4 3
♥ A K J 10 7 6	♥ 8 3
♦ Q 5	♦ A J 8
♣ 9 3	♣ A J 10 8

叫牌过程：

西	东
1♥	1♠
2NT*（广谱邀请）	3NT

西家的牌适合 2NT 广谱邀请，东家的牌点基本在低花上，接受邀请叫到 3NT 定约。本例中，如果东家的一张低花换成高花，当选择高花成局定约；如果少一张低花 A，可对 2NT 停叫，或通过 3♣*—3♦* 接力转移后叫 3♥ 止叫。

3.3 双路重询斯台曼

1♥ 开叫一盖一应叫 1♠ 后，开叫人再叫 1NT，已经明确没有 4 张 ♠，也没有单缺，通常是 12~15 点 5332 牌型，2 或 3 张 ♠。

传统叫牌体系，应叫人再叫新低花 2♣/2♦ 作为自然叫且逼叫，但逼叫一轮还是逼叫到局不好区分。现代叫牌体系通常把 2♣/2♦ 这两个叫品作为约定叫使用（逼叫但不是第二套），这就是双路重询斯台曼。

3.3.1 双路重询邀局 2♣*

开叫人	应叫人
1♥	1♠
1NT	2♣*

应叫人再叫 2♣*，与 ♣ 花色无关，表示三种情况之一：

①通常是好的 10 点到普通的 12 点，且有一定牌型优势，具有邀请成局的实力，后续进行邀请叫。

②13~15点大牌，5张♠，2张♥，5332牌型，刚好成局的实力，以2♣过渡，下轮叫3NT让同伴选择3NT或4♠。

③10 点以下，4 张 ♠ 和 5 张以上 ♦，♣ 或 ♥ 单缺，准备停在 2♦ 的牌，也从再叫 2♣ 开始。

这个 2♣* 是虚叫，相当于转移 2♦，**强制开叫人必须叫 2♦***

接力（没有例外）。如果应叫人是③，可以在 2♦ 接力后 Pass 打 2♦ 定约，避免打 1NT；否则，开叫人 2♦ 接力后，应叫人的其他任何再叫都是自然叫，不再逼叫。这种叫法主要是解决应叫人 10~12 点，有牌型优势的邀局问题，或 13~15 点 5332 牌型。不够邀局实力的牌不能进入这个叫牌进程。

开叫人 2♦* 接力后，应叫人下面的再叫都是自然叫且不逼叫：

A. 应叫人 Pass：p8~10，4 张 ♠，5 张以上 ♦，避开 1NT，停在 2♦；

B. 应叫人再叫 2♥：p10~11，3 张 ♥，微弱的邀叫之意（弱邀）；

C. 应叫人再叫 2♠：p10~12，5 张以上♠，邀请开叫人高限有 3 张配合叫到局（弱邀）；

D. 应叫人再叫 2NT：p11~12 点，1~2 张 ♥，邀请 3NT；

E. 应叫人再叫 3♣/3♦：p10~11，4 张 ♠+5 张以上 ♣/♦，邀 3NT；

F. 应叫人跳叫 3♥：3 张 ♥，5 张好 ♠，11~12 点，强邀；

G. 应叫人跳叫 3♠：6 张 ♠，p11~12，强邀；

H. 应叫人跳叫 3NT：p13~15，5 张 ♠，2 张 ♥，5332 牌型，让开叫人选 3NT 或 4♠ 局。

开叫人如果是 12~13 点低限可以随时停叫，高限接受邀请进局。

3.3.2　双路重询逼局 2♦*

应叫人的牌点达到 13 点以上，一盖一应叫了 1♠，开叫人再叫 1NT 后，应叫人若没有合适的自然叫品，则从再叫约定叫 2♦* 起步，表示具有进局以上实力（或满贯意图）。此后 3NT 以下双方均不能停叫。

（1）开叫人再叫 2♠：p12~13，3 张 ♠（优先考虑叫品）。

（2）开叫人再叫 2♥：p12~13，没有 3 张 ♠。

（3）开叫人再叫2NT：$p14\sim15$，没有3张♠，两门低花有止张。

（4）开叫人再叫3♣/3♦：$p14\sim15$，该花色有大牌，另一门无止张。

（5）开叫人再叫3♥：$p14\sim15$，没有3张♠，5张♥强套。

（6）开叫人再叫3♠：$p14\sim15$，3张♠支持，5张♥强套。

经以上回答以后，如果仅是成局的牌，应叫人应该选择3NT、4♥、4♠叫到成局止叫；如果叫低花，一定是探讨满贯的扣叫。

双路重询斯台曼已被许多现代叫牌体系普遍采用，在精确制限制性开叫的框架下，双路重询斯台曼更能充分发挥其作用，使得邀局的牌不叫过头；成局实力的牌定约选得更准确；探讨满贯的牌，在成局水平之下确定基调。

例 3-18

西家持牌	东家持牌
♠ 9 7	♠ K Q 8 3
♥ A Q 10 7 6	♥ 3 2
♦ Q 3 2	♦ K 8 7 4
♣ A 5 3	♣ Q 4 2

叫牌过程：

西	东
1♥	1♠
1NT	Pass

东家应叫1♠，逼叫一轮，试图寻找4-4配合。西家5332牌型，再叫1NT。东家看不到任何成局希望，Pass，打1NT定约。

例 3-19

西家持牌	东家持牌
♠ 9 7 5	♠ K Q 8 4
♥ A Q 10 7 6	♥ 2
♦ Q 3 2	♦ K J 8 7 4
♣ K J	♣ 7 6 4

叫牌过程：

西	东
1♥	1♠
1NT	2♣*（转移）
2♦*（接力）	Pass

没找到♠配合，又不愿意打 1NT，通过 2♣* 转移，合理地停在 2♦。

例 3-20

西家持牌   东家持牌

♠ 9 7   ♠ K Q J 4 3

♥ A K 10 7 6   ♥ 3 2

♦ Q 3 2   ♦ A 10 9 7

♣ A 5 3   ♣ J 2

叫牌过程：

西	东
1♥	1♠
1NT	2♣*（转移）
2♦*（接力）	2♠（5 张弱邀）
Pass	

本例中，如果两家的牌是：

西家持牌   东家持牌

♠ A 9 7   ♠ K Q J 4 3

♥ A K 10 7 6   ♥ 3 2

♦ K 3   ♦ A 10 9 7

♣ 8 5 3   ♣ J 2

西家就会欣然接受邀请，加叫 4♠ 到局。

例 3-21

西家持牌

♠ 9 7

♥ A K J 7 6

♦ K 3 2

♣ A 5 3

东家持牌

♠ K Q J 4 3

♥ 10 3 2

♦ A 10 9

♣ 7 2

叫牌过程：

西	东
1♥	1♠
1NT	2♣*（转移）
2♦*（接力）	2♥（弱邀）
4♥！	

例 3-22

西家持牌

♠ 9 7 5

♥ A Q 10 7 6

♦ K 3 2

♣ A 3

东家持牌

♠ K Q J 4 3

♥ 2

♦ A J 9 7 4

♣ 4 2

叫牌过程：

西	东
1♥	1♠
1NT	2♣*（转移）
2♦*（接力）	3♦（5-5 强邀）
4♠（欣然接受）	

例 3-23

西家持牌

♠ 9 7 5

♥ A Q 10 7 6

♦ Q 3 2

♣ A 3

东家持牌

♠ K Q J 4 3

♥ K 2

♦ A J 9

♣ 7 4 2

叫牌过程：

西	东
1♥	1♠
1NT	2♦*（进局逼叫）
2♠（3张支持）	4♠（十拿九稳）

例 3-24

西家持牌	东家持牌
♠ 9 7	♠ K Q J 3
♥ A Q 10 7 6	♥ 3 2
♦ Q 3 2	♦ A 10 9
♣ A 5 3	♣ Q J 7 2

叫牌过程：

西	东
1♥	1♠
1NT	3NT（看准 3NT 直接叫到）

例 3-25

西家持牌	东家持牌
♠ K 7	♠ A Q J 3 2
♥ A Q 10 7 6	♥ K 2
♦ K Q 3	♦ A J 10 9 7
♣ 9 8 3	♣ 2

叫牌过程：

西	东
1♥	1♠
1NT	3♦（第二套，逼叫）
4♦（3张有大牌）	4NT*（以 ♦ 为将牌问关键张）
5♠*（2关键张 +Q）	6♦

此例中，东家有 5-5 两套好牌和成局以上实力，直接跳叫 3♦，西家加叫 4♦ 表示配合。然后通过罗马关键张问叫，叫到绝

佳的 6♦ 定约。

上例中，如果西家的两门低花交换，则在东跳叫 3♦ 后西家叫 3NT 成为最后定约。

3.3.3 特殊的 2NT* 转移叫

使用双路重询约定时，应叫人如果 10 点以下，牌型又比较平均时，通常应该停在 1NT；邀局的实力则通过 2♣ 逼开叫人转移 2 后再作出各种邀叫（包括均型 12 点叫 2NT 邀叫）。如果应叫人持 4 张 ♠ 和 6 张以上 ♣，8~10 点时，为避免 1NT 的风险，可以通过下面非自然的 2NT*，强制转移到 3♣ 停叫。

例 3-26

西家持牌	东家持牌
♠ K 7 5	♠ A Q 4 3
♥ A Q J 7 6	♥ 3
♦ Q 8 3	♦ 9 7
♣ 10 3	♣ K J 8 5 4 2

叫牌过程：

西	东
1♥	1♠
1NT	2NT*（转移）
3♣*（强制接受）	Pass

东家应叫 1♠，试图寻找 4-4 配的 ♠；西家再叫 1NT，打破了东家的梦想。为避免 1NT 的风险，东家"加叫"2NT，逼迫同伴转移到相对安全的 3♣ 而 Pass。

3.4 二盖一应叫

开叫 1♥ 后，应叫人有 4 张 ♠ 时通常一盖一应叫 1♠。但如果牌点达到 13 点以上且仅有 4 张 ♠，同时又有 5 张以上低花时，应优先二盖一应叫低花作进局逼叫。另外，如果没有 4 张高花，牌点达到 13 点以上时，可以用 4 张以上低花进行二盖一应叫，首先建立逼局进程。

二盖一应叫后，在 3NT 以下，无论双方再叫什么，均为逼叫，任何一方均不能停叫。

3.4.1 低花二盖一应叫

我们的体系中，二盖一应叫是**逼局**的叫品，仅有 12 点大牌和 5 张普通的低花，与同伴的花色不配，不能保证进局，是不能作二盖一应叫的。对 1♥/1♠ 开叫，用低花二盖一应叫 2♣/2♦，通常需要 13 点以上，所叫低花为 4 张以上（低花不要求 5 张）。只有对同伴开叫的高花有好的配合，又有 5 张以上低花套，12 点才可以二盖一应叫。

开叫 1♥，同伴二盖一应叫 2♣ 后开叫人再叫如下：

（1）叫 2♦（顺叫新花）：自然叫，第二套。

（2）重叫 2♥：6 张以上。

（3）叫 2♠：4 张（无须高限）。

（4）叫 2NT：通常 5332 牌型。

（5）加叫低花 3♣：有 4 张 ♣ 且至少 1 顶张大牌。只有 3 张或 4 张小牌，不宜立即加叫同伴的低花，这一点与高花不同。

（6）跳叫原花 3♥：p14~15，6 张以上坚强套（最多 1 输墩），强制定将，要求应叫人扣叫。

（7）跳叫新花 3♦*/3♠*：p14~15，反爆裂，所叫花色单缺，有 5 张 ♣（或 4 张有大牌）支持。

由于低花二盖一通常只有 4 张，对低花应叫进行爆裂应该保证有 5 张，以保证 9 张以上配合。如果开叫花色坚强，4 张有大牌也可以跳叫单缺）。另外，这里单跳新花就是爆裂叫，而不必双跳。

开叫 1♥ 应叫 2♦ 后，再叫与上述原则相同。叫 3♣ 是顺叫新花，跳叫 4♣* 是爆裂叫。

开叫 1♠ 应叫 2♣/2♦ 后，跳叫 3♥* 也是爆裂叫。

在本体系中，二盖一应叫后开叫人的跳叫第三花色都是配合应叫花色的反爆裂。

3.4.2 高花二盖一应叫

对1♠开叫应叫2♥必须保证5张，通常13点以上，如果只有12点就必须保证配合♠或6张以上♥好套，保证成局的实力。

开叫人再叫如下：

（1）重叫 2♠：普通的 6 张以上套，低限或高限但 ♠ 套不够坚强。

（2）叫 2NT：通常是均型。

（3）叫新低花 3♣/3♦：自然叫，第二套。

（4）加叫 3♥：高限，3 张有大牌或 4 张 ♥ 支持。

（5）跳叫原花 3♠：6 张以上坚强套，强制定将，要求应叫人扣叫。

（6）跳叫新花 4♣*/4♦*：p14~15，4 张以上 ♥，爆裂叫。

（7）跳叫 4♥：p11~13，3 张以上 ♥，希望停叫。

（8）跳叫 4♠：p11~13，7 张以上好套，无其他 A、K。

除了（7）加叫 4♥ 不希望开叫人再叫以外，其他叫品都是进局逼叫。

例 3-27

西家持牌	东家持牌
♠ Q J 9 2	♠ K 8 3
♥ A Q 10 7 6	♥ K 9 2
♦ 3	♦ K Q 7 4 2
♣ K 3 2	♣ A 5

叫牌过程：

西	东
1♥	2♦
2♠（4张）	3♥（3张以上，非低限）
4♥（无意满贯）	Pass

例 3−28

西家持牌

♠ A 10 2
♥ A K 7 6 2
♦ 3
♣ Q 10 3 2

东家持牌

♠ K J 3
♥ Q 8
♦ J 7 4 2
♣ A K J 5

叫牌过程：

西	东
1♥	2♣（逼局）
3♦（单缺）	3♠（扣叫）
4♥（扣叫）	4NT（以♣为将牌问关键张）
5♠（2关键张+♣Q）	6♣

3.5 1NT 应叫

在二盖一逼局体系中，对 1♥ 开叫，应叫人 8~12 点，没有 3 张 ♥ 或 4 张 ♠，一般都是从 1NT 应叫开始；对 1♠ 开叫，应叫人 8~12 点，没有 3 张 ♠，通常也是从 1NT 应叫开始。

1NT 应叫不保证平均型，通常是有某种成局的可能，但牌力还不足以达到逼叫到局。因而允许开叫人最低限平均型时停在 1NT 上。

另外，如果应叫人 10~12 点，只有 3 张开叫花色支持，简单加叫到二阶有可能丢局，这样的牌我们也从应叫 1NT 开始。

应叫 1NT 的条件：p8~12 点，有某种成局的可能，不适合加叫或一盖一应叫的所有牌，统统应叫 1NT。

下面举几个牌例（均假设同伴开叫1♥，对方没有参与叫牌）。

（a）♠ K 8 7　　　　　分散的 12 点大牌和 Q × ×
　　♥ Q 3 2　　　　　三张 ♥ 支持，简单应叫 2♥ 可能
　　♦ Q 8 3　　　　　会丢局；二盖一应叫 2♣ 实力又
　　♣ A J 8 6　　　　不够。

此牌可以先应叫 1NT，并在开叫人再叫 2♣ 或 2♦ 后跳 3♥，这也是间接加叫，表示 10~12 点，三张支持，邀局；同伴如果再叫 2♥ 或更高，则应直接进局。这手牌不能应叫自然的 2NT，因为 2NT 已经约定为雅各比强加叫了。这手牌如果再多一张 ♠J 或者 ♦J，就应该应叫 3NT 了。

（b）♠ A Q 8　　　　　应叫 1NT。同伴如果再叫
　　♥ 10 3　　　　　　2♣ 可以 Pass；同伴再叫 2♦，改
　　♦ 9 8 4　　　　　2♥ 停叫；同伴若能逆叫 2♠ 或跳
　　♣ K J 7 6 2　　　叫 3♣/3♦/3♥，可考虑进局。

（c）♠ K 8 6　　　　　Pass。不要因为有 8 点就
　　♥ 8 3　　　　　　一定要应叫，此牌几乎没有任
　　♦ Q J 6 2　　　　何成局的可能。
　　♣ Q 8 7 6

（d）♠ Q 9 3　　　　　应叫 1NT。这手牌的特点
　　♥ 7　　　　　　　是有一个低花长套，运气好的
　　♦ A Q J 8 5 4　　话可能会有 3NT 定约。
　　♣ Q 7 4

此牌先应叫 1NT，然后再叫 3♦，表示有一个 6 张以上好套，但不够二盖一应叫。

（e）♠ 8　　　　　　　同伴开叫 1♥，可以应叫
　　♥ K 10 7 6　　　4♥。
　　♦ A 8 5 2
　　♣ K J 8 3

如果同伴开叫 1♠，可以应叫 1NT，同伴再叫 2♣ 或 2♦ 后可 Pass；如果同伴再叫 2♥，可以跳叫 4♥ 进局；同伴若能跳 3♣/3♦，可叫 3NT；同伴如果坚持叫 2♠，应该是 6 张以上，可以 Pass。

1♥/1♠ 开叫 1NT 应叫后，开叫人如果不是极低的开叫点力，应尽量维持一轮叫牌。

（1）开叫人 Pass：只有 12 点 5332 牌型或 11~12 点 4-5-2-2 牌型，允许停在 1NT。

（2）开叫人再叫新花 2♣：第二套，通常 4 张以上，万不得已可以叫 3 张较好的低花。

A. 应叫人 Pass：p8~10，4 张以上 ♣，无成局可能。

B. 应叫人叫新花 2♦/（2♥）：p8~10，6 张以上，不逼叫。

C. 应叫人改回开叫花色 2♥/2♠：p8~10，通常只有 2 张，止叫。

D. 应叫人叫 2NT：p11~12，未叫花色有止张，邀 3NT。

E. 应叫人加叫 3♣：p11~12，5 张以上，邀 3NT。

F. 应叫人跳叫 3♦：p11~12，6 张以上好套，邀 3NT。

G. 间接加叫 3♥/3♠：p11~12，3 张支持，邀请。

H.（在 1♠—1NT—2♣ 后）跳叫新花 3♥：p10~11 点，6 张以上 ♥。

上述应叫人的各种再叫均不逼叫。

开叫人再叫 2♦ 后的叫牌与上述相仿。

（3）开叫人再叫原花 2♥/2♠：6 张以上，p11~13。

（4）开叫人 1♥ 开叫后逆叫 2♠：p14~15，4-5 以上高花套。

（5）开叫人加叫 2NT：p14~15 均型（包括 13~15 点 4-5-2-2 牌型）。

（6）开叫人跳叫原花 3♥/3♠：p14~15，6 张以上好套。

（7）开叫人跳叫新花 3♣/3♦（/3♥）：p14~15 集中在 5-5 以上两套。

（8）跳叫 3NT：p14~15，开叫花色 A K Q × × × 以上坚固套。

以上开叫人的所有再叫，包括逆叫和跳叫，只是显示牌情，但并不逼叫，这与自然叫牌法有较大差异。另外，由于精确制开叫一阶花色的上限是 15 点，一盖一应叫的下限是 8 点 4 张套，一盖一应叫以后，不存在开叫人双跳新花反爆裂的叫品。

例 3-29

西家持牌	东家持牌
♠ K 2	♠ Q 10 3
♥ A J 8 7 6	♥ 9 2
♦ 9 3	♦ A K 9 7 2
♣ K Q 5 3	♣ J 10 4

叫牌过程：

西	东
1♥	1NT
2♣（3 张以上）	2♥（通常 2 张）
Pass	

例 3-30

西家持牌	东家持牌
♠ J 9 5 2	♠ 10 3
♥ A Q 10 7 6	♥ J 9 2
♦ 3	♦ A Q J 7 2
♣ A Q 3	♣ K 8 4

叫牌过程：

西	东
1♥	1NT
2♣（3 张以上）	3♥（邀局）
4♥	Pass

例 3-31

西家持牌

♠ 2
♥ A J 10 7 6
♦ K 9
♣ K Q J 5 3

东家持牌

♠ K Q 10
♥ 9 2
♦ A J 8 7 2
♣ 10 4 2

叫牌过程：

西	东
1♥	1NT
3♣（高限第二套）	3NT

例 3-32

西家持牌

♠ 9 5
♥ A Q 10 9 7 6
♦ 4 3
♣ A Q 3

东家持牌

♠ K 10 3
♥ 5 2
♦ A Q 9 7 2
♣ 10 4 2

叫牌过程：

西	东
1♥	1NT
2♥（6张以上）	Pass

例 3-33

西家持牌

♠ K 9 5 2
♥ A Q 10 7 6
♦ 3
♣ A Q 3

东家持牌

♠ J 10 3
♥ 9 2
♦ A Q 4 2
♣ K J 8 2

叫牌过程：

西	东
1♥	1NT
2♠（高限第二套）	3NT
Pass	

例 3–34

西家持牌

♠ K 9
♥ A K 10 7 6
♦ 10 5 3
♣ A 9 3

东家持牌

♠ J 10 3
♥ 9 2
♦ A Q 4
♣ K Q 10 8 2

叫牌过程：

西	东
1♥	1NT
2♣（3张以上）	3♣（5张以上，邀请）
3NT	

例 3–35

西家持牌

♠ A Q 9
♥ A Q 10 7 6
♦ K 5 3
♣ 3 2

东家持牌

♠ J 10 3
♥ 9 2
♦ A Q 4 2
♣ K J 8 2

叫牌过程：

西	东
1♥	1NT
2NT（高限均型）	3NT

例 3-36

西家持牌   东家持牌

♠ A K 9 2   ♠ 10 3

♥ Q 10 7 6 5   ♥ 9 2

♦ K 3   ♦ A Q J 4 3 2

♣ K 3   ♣ Q 8 2

叫牌过程：

西	东
1♥	1NT
2♠（高限第二套）	3♦（10 点左右 6 张以上套）
3NT	

3.6 第四花色逼叫

开叫人开叫一门花色，应叫人自然性质一盖一或二盖一应叫另一门花色后，开叫人自然性质再叫第三门花色，应叫人再叫第四花色，通常出现在以下叫牌进程之后：

开叫人：	应叫人：
开叫 1♦/1♥/1♠	应叫 1♥/1♠/2♣/2♦（第二花色）
再叫新花（第三花色）	？

开叫人通过两轮叫牌，叫出了两套花色，应叫人也叫出一套花色。这时三套花色已经自然地表示出来了，应叫人如果再把第四花色（往往是低花）作为自然叫品来寻找配合是不现实的。如果其他花色不配合，应叫人的第四花色较好，又有邀请进局以上的实力，通常应该选择无将定约。

这样，第四花色作为自然叫品就几乎没有什么价值。因而现代叫牌体系都把此时的第四花色应叫作为技术性逼叫手段——只要没有合适的自然叫品能够把手中的牌表示清楚，或怕同伴认为没有配合而停叫时，都可以采用**第四花色逼叫**，作为进局逼叫的一种过渡叫或试探满贯的前奏。通常可以表示如下几种情况：

A. 第四花色上只有 A× (×)、Q× (×)、J×× 一类的牌，欲打 3NT 定约，需要同伴该花色有一张大牌，这是最常见的一种情况。

B. 第四花色是短套且没有大牌，想进一步知道同伴的两套花色的情况或对应叫花色的支持情况，以第四花色作过渡叫。

C. 配合开叫方的一套花色，想让开叫人进一步描述牌情。

在应叫人作了第四花色逼叫后，开叫人的再叫按如下顺序选择：

（1）加叫同伴的第一花色：这是同伴最乐意听到的。如果同伴的第一花色是用 2♥ 作二盖一应叫的，则有 X × 或 ××× 就可以加叫；如果同伴的第一花色是用 1♥/1♠ 作一盖一叫出的，有 X ×× 就可加叫。

（2）再叫自己的 6 张高花：使同伴知道只要有 X × 两张支持就行。

（3）再叫第二套：明确表示 5-5 以上两套，对同伴的花色不配合。

（4）叫无将：第四花色上至少有一大牌（至少 Q× 双张）。

（5）"加叫"第四花色：高限，有额外实力，第四花色有 A 或单缺，满贯意图。

第四花色逼叫通常应具有进局的实力，应叫人没有确保进局的实力，不能启用"第四花色"。一阶高花开叫，经过第四花色逼叫以后，成局以前双方均不能停叫。

例 3-37

西家持牌

♠ K 2
♥ A J 8 7 6
♦ Q 9
♣ Q J 5 3

东家持牌

♠ A Q 10 3
♥ 9 7
♦ A K 4 2
♣ 10 4 2

叫牌过程：

西	东
1♥	1♠
2♣	3NT（不拖泥带水）

例 3-38

西家持牌	东家持牌
♠ K 2	♠ A Q 10 3
♥ A J 8 7 6	♥ 9 3
♦ Q 9	♦ A 4 2
♣ Q J 5 3	♣ K 10 4 2

叫牌过程：

西	东
1♥	1♠
2♣	2♦*（第四花色逼叫）
2NT（有 1 张 ♦ 大牌）	3NT

本例中，东家虽然有 ♦ A，但缺乏次级大牌和中间张，对打无将定约来说，止张尚嫌单薄。于是东家作出 2♦ 第四花色逼叫，西家叫 2NT 表示有一张 ♦ 大牌，东家加叫 3NT，并由西家做庄。无论 ♦ K 在谁手中，防守方如果首攻 ♦，我们这门花色就有 2 个止张。

例 3-39

西家持牌	东家持牌
♠ K 8 2	♠ A Q 10 9 3
♥ A Q 8 7 6	♥ 9 3
♦ 9	♦ Q 2
♣ Q J 5 3	♣ A K 10 4

叫牌过程：

西	东
1♥	1♠
2♣	2♦*（第四花色逼叫）
2♠（3张）	4♠

同伴进行第四花色逼叫以后，若对应叫花色有3张支持，通常应优先进行加叫。

例3-40

西家持牌	东家持牌
♠ K 8 2	♠ A Q J 9 3
♥ A Q J 7 6	♥ K 3
♦ 9	♦ 10 3 2
♣ K J 5 3	♣ A Q 4

叫牌过程：

西	东
1♥	1♠
2♣	2♦*（第四花色逼叫）
3♦（！）	3♥（！）
3♠	4♣（扣叫）
4♥（扣叫）	4NT*（以♠为将牌问关键张）
5♥*（2关键张）	6♠

东家2♦第四花色逼叫后，西家没有立即加叫♠，而是更富有建设性地"加叫"3♦，这是扣叫，表示愿意打有将定约。东家顺路叫3♥，表示双张有大牌（或3张小牌），西家再叫3♠确认3张支持后，进入满贯叫牌并顺利叫到6♠定约。

3.7　跳应叫新花

过去一些传统的叫牌体系，用跳叫表示逼叫到局以上的好牌：跳叫2NT表示16点以上平均型，跳叫新花表示16点以上

的强套。

在同伴已经开叫的情况下，应叫人再持有 16 点以上的概率太低了，即使真的持有 16 点以上，我们总可以通过二盖一进局逼叫来表示。"好牌慢叫"是现代叫牌的重要思想。因而，许多现代叫牌体系放弃了跳叫表示强牌的叫法，而赋予其他的意义。

我们已经明确 1♥/1♠ 开叫后跳应叫 2NT 为雅各比约定叫；跳叫 3♣ 或 3♦ 是伯根约定叫；跳新花 3♥/3♠/4♣/4♦ 是斯普林特约定叫。

现在，对 1♥ 开叫跳新花自然应叫，只有 2♠ 一个叫品。我们采用**弱牌好套**约定：应叫 2♠，表示 6 张以上好套，5~7 点，大牌点集中在长套上（与二阶阻击开叫相似）。

例 3–41

♠ K Q 10 8 3 2

♥ 9 2

♦ 4 3 2

♣ Q 2

持有这样的牌，在同伴开叫 1♥（或 1♦）后，应叫 2♠。这种应叫与阻击性开叫相似，不过具有一定的建设性。开叫人根据情况 Pass 或加叫同伴花色叫到局。

如果应叫人的长套花色是低花，就不能直接在三阶叫出（与伯根加叫冲突）。

3.8　曾 Pass 过后的应叫

你首轮没有开叫，同伴作为第三家开叫 1♥ 或 1♠，可能是正常的开叫，也可能是轻开叫（只有 10 点左右，开叫的高花可能只有强 4 张）。应叫人如果有 11~12 点，则当同伴是开叫的高限时联手就有成局的牌力；当开叫人是低限开叫但配合良好时也可能成局；但如果是轻开叫，特别是开叫 4 张套时，叫到三阶可能就多了。因而，对第三家开叫的应叫与第一、二家开叫后的应叫有所不同。

由于应叫人最多只有 12 点，除了有良好的配合一般是不足成局的，这时应叫 1NT 或应叫新花，无论是一盖一还是二盖一，都不逼叫，开叫人低限，配合不好可停叫；高限或有好的配合可以再叫。应叫人有 11~12 点和好的配合，如果缺乏控制，也不必跳加叫到三阶了。反之，如果对开叫花色有 4 张以上支持，牌型较好，即使牌点很低也可以关煞性地加叫或跳加叫。因而，邀叫的牌（符合正常开叫伯根强邀叫的牌）就要采取其他约定叫法了，使用最多的是**朱瑞约定叫**（Drury，也译作"德鲁利"）。

应叫人有接近开叫实力（10~12 点），对开叫花色有 4 张以上或好的 3 张支持，可以使用朱瑞约定叫：

应叫 2♣*，是技术性逼叫（与 ♣ 花色无关），表示有接近开叫的实力和 3~4 张同伴开叫花色，询问开叫人是正常开叫还是轻开叫。

对第三家 1♥ 开叫，应叫 2♣* 后开叫人再叫如下：

（1）开叫人再叫 2♦*：约定叫（与 ♦ 花色没有关系），表示是正常开叫的低限（普通的 12~13 点，5332 牌型）。

应叫人如果只有 10 点和 3 张支持，没有好的牌型，可以叫回 2♥ 停叫；有进局实力应直接叫到 4♥。

（2）开叫人叫回开叫花色 2♥：p10~11，可能开叫的是 4 张强套。

应叫人通常停叫。

（3）开叫人直接叫开叫花色进局 4♥：基于同伴支持的关煞叫（12~13 点有好牌型或均型 14~15 点）。

（4）开叫人叫其他花色 2♠/3♣/3♦：第二套，高限非均型，成局以上实力，微弱的满贯兴趣。

应叫人如果第二套有大牌支持，控制较好（其他花色有单缺）可以进一步探讨满贯；否则叫 4♥ 止叫。

（5）开叫人跳叫原花色 3♥：p14~15，6 张以上。

（6）开叫人跳叫新花 3♠/4♣/4♦：p14~15，自爆裂，单缺，满贯兴趣。

应叫人 11~12 点 4 张 ♥ 且在同伴单缺花色上无大牌，可以响应满贯兴趣进行扣叫；否则叫 4♥ 止叫。

以上我们的约定与最原始的朱瑞约定不完全一致，我们用的是"逆朱瑞"，并结合精确制的限制性开叫做了更加明确的界定。

对第三家开叫 1♥，邀请进局的牌多数都可以通过 2♣ 技术性逼叫解决，叫 1NT 或 2♦ "二盖一"均不再逼叫，直接加叫 2♥/3♥/4♥ 保持原阻击叫之意。

第三家开叫 1♠，同伴应叫 2♣ 朱瑞约定叫后的叫法与上述相仿。

例 3-42

西家持牌	东家持牌
♠ K 8 5 2	♠ A Q J 9 3
♥ J 6 7 4	♥ K 3
♦ Q 9	♦ 8 4 2
♣ A 8 5	♣ Q 9 4

叫牌过程：

西	东
Pass	1♠
2♣*	2♦*
2♠	Pass

如果东家是第一家开叫 1♠，西家的牌通常可以用伯根 3♦ 进行邀局。但现在东家在第三家位置进行开叫，有可能是轻开叫，西家不必跳叫，而是用 2♣* 朱瑞约定叫，东再叫 2♦* 表示是正常开叫的下限，定约最终停在安全的 2♠ 上。

例 3-43

西家持牌   东家持牌

♠ K 8 2   ♠ A Q 9 5 3

♥ A Q 4   ♥ 9 3

♦ 9 6 4   ♦ A K J 8 2

♣ Q 8 6 5   ♣ 4

叫牌过程：

西	东
Pass	1♠
2♣*	3♦
4♠	Pass

东家持有只有 5 输墩的好牌，第三家位置开叫了 1♠，西家做 2♣ 朱瑞约定叫，东家的牌成局已经不是问题，如果西家的大牌点分布得好，满贯也该很有希望，于是跳叫 3♦，作长门满贯邀叫。西家的 ♦ 上没有大牌，而且只有 3 张将牌，其他两个 Q 基本上没用，于是叫 4♠ 结束叫牌。

如果西家的牌张是：

♠ K 8 6 2

♥ A Q 4

♦ Q 9

♣ 8 6 5 4

则在东家叫 3♦ 后可以扣叫 3♥ 表示满贯兴趣，并顺利叫到 6♠ 定约。

3.9 几条重要的叫牌原则

3.9.1 宾主原则

在叫牌过程中，如果一家作了限制性很强的叫牌，则他以后再叫时，只能根据同伴的需要进一步描述手中的牌情，或把前面没有显示的多余实力在安全的前提下显示出来，其叫品通常都不逼叫。相对来说，在作了限制性不强的叫品以后，再叫的自由度就较大，可以作出各种邀叫、逼叫或关煞止叫。

限制性较强的叫品之后，再叫的自由度较小，通常充当"宾"角；作出限制性不强的叫品之后，再叫的自由度较大，往往充当"主"角。1NT 开叫是限制性很强的叫品之一，开叫人在以后的叫牌过程中只能处于"宾"位。

精确制的一阶高花开叫的限制性也较强，而新花应叫的限制性相对较小。例如西家开叫1♥，明确表示了12~15点（好牌型的11点当成12点看待），5张以上♥。东家应叫1♠表示4张以上♠，8点以上大牌（无上限），这时西家的牌型牌力限制较死。相对来说，东家的牌型牌力限制较松，他再叫的自由度就较大。西家的再叫只能是：1NT表示平均型；2♣/2♦表示4张套；2♥表示6张套；或者加叫2♠表示4张支持。即使西家跳叫3♣/3♦表示5-5以上两套或跳叫3♥表示6张以上坚强套，以及跳叫3♠表示最高限的牌力和极好的支持，也都是"显示叫"而并非逼叫。在西家作出各种再叫之后，东家根据持牌情况可以作出以下示弱的叫品：Pass、平加叫♥或再叫♠；也可以作出如各种邀叫或在1NT后进行"重询"；还可以叫（或跳叫）新花进行逼叫；更可以叫3NT、4♥、4♠等成局定约止叫。

精确制中除1♣开叫外的所有开叫限制性都较强，以后多数处在"宾位"。1♣开叫不仅是逼叫性的，而且在以后的叫牌进程中一般都处在"主位"。其他开叫后的各种逼叫性应叫的牌力牌型范围都相对较大，应叫人以后一般处在主位。当问叫发生后，问叫人处于主位。当然，特殊情况下主宾地位随着叫牌的进展也可能会交换。

3.9.2　不重复原则

一个叫品如果传达了某一特定信息，以后就不要再重复这个信息了。例如，西家开叫1♥，明确表示至少5张♥，在东家应叫1♠后,西家的♥如果确是5张,一般不要再叫2♥了;东应叫1♠表示4张以上♠,8点以上,逼叫一轮,东如果是低限,下轮就不能再逼叫了。

有了不重复原则,"重复"叫牌就是为了补充强调某一信息。仍以西家开叫1♥东家应叫1♠为例,如果第二轮西家仍叫2♥,这一定是强调♥至少6张,否则应该在1NT、2♣、2♦、2♠等叫品中选择;跳叫3♥,通常是高限6张以上坚强套。

3.9.3 追加原则

在叫牌过程中,随着叫牌的进展,在已经显示实力的基础上追加多余牌力,比修正减少牌力要容易得多。也就是说,如果前面把牌叫得"很强",以后无论再怎么示弱,同伴都可能会"步步紧逼",使定约叫上不安全的高度;反之,如果前一二轮叫牌适当保守一些,在较低阶数上充分交换信息后,可以通过进一步逼叫或追加,找到最佳定约。

例3-44

西家持牌	东家持牌
♠ 5	♠ A K Q J 3 2
♥ A 10 9 2	♥ 4
♦ A K Q J 3	♦ 8 7 6
♣ K J 5	♣ A 8 2

叫牌过程:

西	东
	1♠
2♦(逼局)	2♠(6张以上)
2NT(等待)	3♦(3张♦)
3♥(确认♦将牌,扣叫)	3♠(扣叫)
4♣(扣叫)	4NT(以♦为将牌问关键张)
5♦(3个关键张)	5♥(问将牌Q)
6♣(有♦Q和♣K)	7♦!

这是一个实战牌例。东家开叫1♠，西家持18点和坚固的5张
♦套，按照传统的叫牌法（如黄卡自然、戈伦精确等）可能会跳
叫3♦，此后叫到小满贯不成问题，但是否能叫到7♦不得而知。

使用二盖一逼局体系，西家应叫2♦（逼局）；东家有6张坚
固♠，另有♣A，非但不跳叫，反而以2♠过渡。西家的2NT，其
他体系可能不敢叫，但二盖一逼局体系却有恃无恐，不用担心
同伴停火。

东家叫3♦，表示3张支持，同样不担心停叫！

西家扣叫3♥蓄势，东家扣叫3♠不越雷池。

西家主动越过3NT扣叫4♣，吹响冲锋号；东家4NT，当仁
不让！东家由于有大量的♠赢墩，主要关心西家的♦大牌。通
过菜单式的问答，叫到几乎可以摊牌的7♦。

牌叫得非常细腻！使用追加原则，体现了先柔后刚的叫牌
风格和二盖一逼局体系的威力。

这是在2015年"华远杯"国际女子桥牌精英赛上，获得最
佳叫牌奖的牌例，东家是本书作者之一刘艳，西家是她的搭档
卢燕。对这个叫牌，评委的评语是："这是一个行云流水的叫牌
过程。西家推动叫牌越过了3NT，显示实力和满贯兴趣；东家在
受到鼓励之后，以正确的一方启动了关键张的询问。"两年以后
的2017年，她们与队友一起，在法国里昂，获得第43届世界
桥牌团体锦标赛女子冠军。

3.9.4　速达原则

如果在同伴的限制性叫牌之后，已经看到合理的最佳定约，
而又不可能再叫到更高的其他定约时，应立即跳叫到该定约，
免得节外生枝。这便是"速达原则"。"速达原则"的另一种解
释是：一下子消耗掉大量的叫牌空间，表示对其他叫品均不感兴
趣，有时这也是一种阻击性叫牌手段。

与"速达原则"相对的是"好牌慢叫"。在我们的体系中，

通过二盖一逼局、双路重询 2♦ 逼局或第四花色逼局后，一方如果立即叫到既定花色进局或 3NT，一般都是牌力叫尽的表示；而如果经过逼局后仍然"慢条斯理"地叫牌，则是不满足于仅仅到局，有满贯意图的表示。

3.10 对方参与叫牌后的应叫

前面几节我们讲的各种叫法都是"旁若无人"地假设对方不参与叫牌来设计的。但桥牌是由四个人来打的，对方一定会尽其所能地参与叫牌（争叫或加倍）来干扰我们或争夺定约的。因而好的叫牌体系必须具有较强的抗干扰性，甚至可以充分利用对方的叫牌把牌叫得更准。

3.10.1 1♥—加倍—应叫

几乎所有的现代叫牌体系，对一阶高花的直接"加倍"都不是惩罚性的，而是**技术性加倍**。通常表示该花色较短，其他三门花色都比较好，类似于 4441 牌型且有开叫以上实力。有时也可能表示具有 17 点以上的单套强牌。

你作为应叫人此时所处的位置是**自由位置**，而且在叫牌之前就已经知道开叫人和加倍者都有 12 点以上，你和第四家在这副牌中都是"弱者"。这时许多应叫叫品的含义与上家不加倍时不相同。

A.应叫人Pass：弱牌，与同伴开叫花色配合不好，10点以下，原来8~9点应叫1NT或4张♠应叫1♠的牌，就解除了应叫义务，自由位置不必再叫。即使有5张低花，10点以下也可以先Pass，下轮再伺机叫出。

B.应叫人加叫同伴花色：有配合，牌点较低。3张配合可加到二阶；4张配合可加到三阶；5张配合，可加到四阶。局况不利（有局对无局）时可以相应地降低一阶。这与没有加倍时的直接加叫相似，是**阻击性加叫**。

取消"伯根"和"雅各比"等间接加叫，而以**乔丹无将**代替。

C. 应叫人叫 1NT*：$p8\sim10$，3 张 ♥，靠实力可以加叫到 2♥。
开叫人低限叫 2♥，高限可以叫新花逼叫。

D. 应叫人叫 2NT*：$p \geqslant 11$，3 张以上 ♥ 支持，至少有打 3♥ 的实力，逼叫一轮。

开叫人低限叫 3♥，非低限可以叫 4♥ 进局或叫新花逼叫。

E. 叫 3NT：与没有加倍一样，$p13\sim15$，4333 牌型，不逼叫。

F. 叫一阶新花 1♠：$p \geqslant 8$，5 张以上，逼叫一轮。注意，上家加倍后不能以 4 张套进行"一盖一"应叫！

G. 叫二阶叫新花 2♣/2♦：5 张以上，$p \geqslant 11$（比对方不叫时的二盖一应叫略低），逼叫，尝试进局，这是**强自由应叫**[注]，准逼局，成局以下开叫人无权停叫。

H. 跳叫新花 2♠/3♣/3♦：弱牌好套，10 点以下大牌主要集中在 6 张以上好套中。建设性，不逼叫。

I. 再加倍：$p \geqslant 11$，同伴开叫花色较短，牌型比较平均，准备下轮叫到局，或加倍惩罚对方。

再加倍后，开叫人一律 Pass，以静制动。

本节提示

对方加倍后，应叫人与开叫花色不配，10 点以下可以 Pass；加叫为阻击；叫无将为乔丹约定叫，表示有实力的加叫。无论"一盖一"还是"二盖一"叫新花，都**保证5张以上**，其中二盖一需要11点以上，尝试进局（成局以下开叫人无权停叫）；11点以上没有长套叫再加倍。这里我们把11点作为"强牌"的下限。在"二夹一"的局面下，11点和好的5张套，基本上就可以

注：有的叫牌体系约定为，在对方加倍以后，应叫人弱牌（10点以下）有长套立即叫出来，不逼叫，这是"弱自由应叫"。我们在自由位置直接出套表示强，一盖一逼叫一轮，二盖一逼叫并尝试进局。10点以下有长套可以跳叫（阻击）或先加倍，下轮出套不逼叫。

作为进局逼叫的实力看待了。

3.10.2 1♥—争叫 1♠/2♣/2♦—应叫

在对方争叫以后，我们仍然采用强自由约定。

A. 应叫人 Pass：弱牌，配合不好。

B. 应叫人加叫同伴花色：牌点较低，配合很好，阻击或关煞叫。

C. 应叫人叫无将：对方所叫花色有止张，自然实叫。$p8{\sim}10$ 叫 1NT；$p11{\sim}12$ 叫 2NT；$p13{\sim}15$ 叫 3NT。

D. 叫新花：二阶直接出套相当于二盖一，5张以上，$p \geqslant 11$，逼叫，尝试进局。成局以下开叫人无权停叫。

E. 应叫人跳叫新花：弱牌好套，10点以下大牌主要集中在 6张以上好套中。建设性，不逼叫。

F. 应叫人加倍：技术性（否定性）加倍，$p \geqslant 8$，通常同伴开叫花色及对方争叫花色较短，未叫的两套花色至少4-4；或者 $p8{\sim}10$，6张以上单套，下轮叫出不逼叫。

G. 扣叫对方花色：10点以上，有3张♥支持，限制性加叫，逼叫到3♥，这是常用的邀叫手段。

在对同伴开叫花色没有配合时扣叫对方花色，需要12点以上，逼局实力，探讨 3NT，询问止张。

H. 跳扣叫对方花色：$p \geqslant 12$，将牌强配，斯普林特扣单缺。

对方一阶争叫后加叫为阻击；叫无将是自然实叫；叫新花保证 5张，相当于二盖一进局逼叫；加倍为否定性，表示另外两套花色至少4-4。不超过三阶开叫花色扣叫对方花色为邀叫；超过三阶开叫花色扣叫对方花色为斯普林特。

3.10.3 1♥—争叫 1NT—应叫

对方争叫 1NT 一般具有开叫强无将的实力，即通常16~18点，应叫人更容易判断这副牌最终定约属于哪一方。一般来说，对方争叫了 1NT，这副牌我方成局的可能性就几乎不存在了，因此应叫方法也有所不同。

　　A.Pass：弱牌，配合不好。

　　B. 加叫：牌点较低，配合较好。

　　C. 加倍：10 点左右，**惩罚性**。

　　D. 叫新花：5 张以上套，**不逼叫**。

　　在对方争叫 1NT 后应叫人不大可能再有 11 点以上，因此叫新花不是"强自由"而是为争夺部分定约，不逼叫。

3.10.4　1♥——争叫 2NT——应叫

　　对方争叫 2NT，通常是"不寻常 2NT"，表示有 5-5 以上两套低花，希望其同伴叫出合适的低花。

　　我们可以利用这个不寻常 2NT，作出"不寻常"回应：

　　A. 应叫人 Pass：无牌可叫。

　　B. 应叫人加叫开叫花色：配合同伴花色，不逼叫。

　　C. 应叫人叫另一高花：$p9\sim11$，$n \geqslant 5$，自然叫，不逼叫。

　　D. 应叫人加倍：10 点以上，主要在两套低花中，惩罚。

　　E. 应叫人 3NT：两门低花中有较好的止张，局况不适合加倍惩罚。

　　F. 扣叫对方较低花色 3♣*：$p \geqslant 12$，有 3 张 ♥ 配合，逼叫到 4♥。

　　G.扣叫对方较高花色3♦*：$p \geqslant 12$点，5 张以上♠，进局逼叫。

　　这里的 3♣/3♦ 是对不寻常 2NT 作出的"不寻常扣叫"：扣叫较低的 3♣* 强调 ♥；扣叫较高的花色 3♦* 则强调♠，逼叫到局并有满贯意图。

3.10.5　1♥——扣叫 2♥——应叫

　　对方"争叫"2♥一般都是约定叫，最常见的是迈克尔斯扣叫，表示有5张♠和5张不确定低花，大牌点的范围可能很宽泛，我们不必计较，以不变应万变。

A.应叫人Pass：没有3张配合，准备打防守。

B.应叫人加倍：8点以上，两门低花，准备找低花配合。

C.应叫人叫2♠*：反扣叫，至少3张♥，邀叫或逼局以上实力。

D.应叫人叫2NT：11~12点，另外三门保证止张，自然邀请。

E.应叫人叫3♣/3♦：11点以上，5张以上或4张强套，逼叫（相当于正常二盖一应叫）。

F.应叫人叫3♥：p8~10，3张♥或8点以下4张以上♥配合，阻击。

G.应叫人叫4♥：关煞，p10~12，4张♥配合或10点以下5张配合。

3.10.6 1♥—争叫2♠以上—应叫

对方跳争叫2♠通常为好的6张以上套，跳叫3♣/3♦一般都是7张以上好套，并且有单缺花色。如果把定约让给对方，他们将有很多的赢张，而我方的大牌可能也拿不到几个防守赢墩。

应叫人在与同伴花色配合时，哪怕只有3张小牌，也要加叫同伴的花色，因为该花色所缺的大牌在下家手中的可能性较大，同伴做庄时飞牌有利；如果11点以上，与同伴花色配合不好，自己有一个长套，可以叫出（逼局）；如果有合适的牌力和适当的止张，可以叫3NT；如果与同伴花色配合，对方所叫花色为单张或者缺门，有逼叫成局和试探满贯的实力，可以扣叫对方花色。

最后考虑的才是加倍，通常表示与开叫花色配合不好，对方争叫花色中不一定有赢墩，未叫花色均有长度（至少4-4）和实力。

开叫人根据情况可以叫出新花或3NT或Pass进行惩罚。

开叫1♠对方参与叫牌后应叫人的再叫与1♥开叫后相仿。

第4章 1♦开叫后的叫牌

精确体系中1♦开叫的情况比较复杂，可能是类似于一阶高花开叫那样的12~15点，5张以上♦套；也可能只有两三张♦。因而其应叫方法与1♥/1♠开叫后有所不同，不过多数叫牌原理还是相似的。与前面叫牌原理相同或相近的地方，本章就不详细展开了；不同的地方我们则适当加重笔墨。

4.1 加叫

对低花开叫进行加叫与高花加叫的目的不同，方式也不同。对1♦开叫，我们采取**低花反加叫**（Inverted Minor Suit Raises）的方式进行"颠倒加叫"。

A. 应叫2♦*：①p10~12，$n \geqslant 5$，下轮叫3♦不逼叫；②$p \geqslant 13$，$n \geqslant 4$，下轮叫除3♦以外的叫品均逼局。

注意：只有10~12点时应叫2♦必须保证5张，只有4张♦时不能应叫2♦；而13点以上具有逼局实力，有4张♦就可以应叫2♦，这相当于"二盖一"逼局应叫。

B. 跳叫3♦：p6~9，$n \geqslant 5$，阻击。

C. 跳叫5♦：$p \leqslant 12$，$n \geqslant 6$，关煞。

由于同伴1♦开叫并不保证♦是长套，因而一定要有6张以上或较好的5张支持才能跳加叫。应叫3♦是单纯阻击（没有邀请的含义）；应叫5♦是关煞叫，可能是阻击，也可能是具有接近开叫的牌点。

应叫 2♦* 至少逼叫一轮，虽然表面上也是"加叫"，但实际上是问叫，询问开叫人的具体牌情。

对 1♦ 开叫应叫 4♦*，我们定义为以♦为将牌的罗马关键张问叫[注]。虽然直接使用这个约定叫的情况不多，但为了一致，我们保留该叫品（详见4.5）。

4.2　应叫无将

对 1♦ 开叫应叫无将是自然意义，一定没有 4 张高花，可以有 5 张低花，而且都不逼叫。

　A. 应叫 1NT：p8~10，均型无 4 张高花，无意进局；

　B. 应叫 2NT：p11~12，均型无 4 张高花，邀 3NT；

　C. 应叫 3NT：p13~15，均型无 4 张高花。

4.2.1　应叫 1NT 后开叫人的再叫

同伴应叫 1NT，表示 8~10 点，否定了持有 4 张高花。

（1）开叫人通常 Pass，或者再叫 2♣ 表示愿意打二阶低花（高花较弱，低花 4-4 以上）；再叫 2♦ 表示 6 张以上套，高花有单缺时允许 5 张 ♦ 再叫 2♦。

当开叫人持有 14~15 点的非均型时，可以采取如下邀局的叫法：

（2）加叫 2NT：p14~15，6 张 ♦ 的 6322 牌型。

（3）跳叫 3♣：低花至少 5-5，14~15 点。

（4）跳叫 3♦：p14~15，6 张以上好套，有单缺。

（5）跳叫 3NT：6 张以上坚固 ♦ 套。

（6）逆叫 2♥/2♠ 表示 p14~15，牌点集中在 4-5 以上两套。

以上所有叫品都是邀叫而不逼叫。

注：传统精确体系应叫4♦也是阻击叫，我们只用3♦或5♦作为阻击叫。

4.2.2　应叫 2NT 后开叫人的再叫

同伴应叫 2NT，一般是 11~12 点，均型（可以有 5 张低花），邀 3NT。

（1）开叫人低限通常 Pass。

（2）开叫人再叫 3♣：p11~12，5-4 或 4-5 低花，希望停在 3♣ 或 3♦。

（3）开叫人再叫 3♦：6 张以上套，p11~12，不逼叫。

（4）开叫人再叫 3♥/3♠：p14~15，4-5 以上两套好花色，逼叫到 3NT。

（5）开叫人再叫 3NT/5♦：止叫。

（6）开叫人再叫 4♣：p14~15，5-5 以上两套好低花，逼叫到 5♣/5♦。

4.2.3　应叫 3NT 后开叫人的再叫

开叫人通常不叫。任何再叫都是满贯兴趣，逼叫到 4NT。

（1）Pass：不是极好的牌型就打 3NT 定约。

（2）再叫 4♣：两门低花，有满贯兴趣，逼叫到 4NT。

（3）再叫 4♦：6 张以上好 ♦，有满贯兴趣，逼叫到 4NT。

应叫人没有满贯兴趣叫 4NT 或 5♣/5♦ 停叫。如果叫 4♥/4♠，则是配合同伴低花满贯兴趣的扣叫。

这里双方都是有限牌力，开叫人叫低花后应叫人再叫 4NT 是止叫而不是问叫。如果准备打低花满贯，应该先扣叫高花作过渡，此后任何一家叫 4NT 都是以明确的低花为将牌的罗马关键张问叫。

4.3　一盖一应叫

对 1♦ 开叫一盖一应叫包括应叫 1♥ 和 1♠。与开叫 1♥ 后应叫 1♠ 一样，一盖一应叫通常需要 8 点以上，所叫花色为 4 张以上套，目的主要是寻求高花成局定约。当应叫人有两套高花时，4-4高花应叫1♥，5-4高花应叫5张套，5-5以上两套高花先应叫1♠。

一盖一应叫逼叫一轮，开叫人第二轮要进一步描述牌情。应叫人如果发现没有成局的可能，要及时停叫。

4.3.1 应叫1♥后的叫牌

应叫1♥，$n \geqslant 4$，$p \geqslant 8$，没有上限，逼叫一轮。

（1）开叫人再叫1♠：4张♠，通常没有4张♥，开叫人的牌点不限，最低可能只有11点，最高可能有分散的14~15点。

应叫人低限也应该维持一轮叫牌。

A. 应叫人再叫1NT：$p8 \sim 10$，无4张♠，无5张◆。

B. 应叫人再叫2♠：$p8 \sim 10$，保证4张♠，无意进局。

C. 应叫人再叫2♣*：双路重询，与♣无关，表示三种情况之一：①通常$p11 \sim 12$，有一定牌型优势，具有邀请成局的实力，后续进行邀请；②$p13 \sim 15$，5张♥，5332牌型，以2♣过渡，下轮叫3NT让同伴选局；③10点以下，4张♥和5张以上◆、♣，或♠单缺，准备停在2◆的牌，也从再叫2♣开始。

应叫人叫2♣后，与一阶高花开叫后双路重询2♣相似，开叫人无条件叫2◆*接力，然后应叫人的任何再叫均为自然的邀请而不再逼叫。

D. 应叫人再叫2◆*：双路重询约定叫，13点以上，进局逼叫，与一阶高花开叫后双路重询2◆相似。

E. 应叫人重叫2♥：$p8 \sim 10$，6张以上♥。

F. 应叫人跳叫3♣/3◆：$p \geqslant 13$，5-5以上两套，逼局，满贯意图。

G. 应叫人跳叫原花3♥：$p \geqslant 13$，6张以上好♥，逼局，满贯意图。

H. 应叫人跳加叫3♠：4张♠，13点以上，逼局，满贯意图。

I. 应叫人跳叫 3NT：p13~16，均型，保证止张。

J. 应叫人跳加叫 4♠：12 点左右，4 张 ♠，封局止叫。

（2）开叫人再叫 1NT：p12~13，肯定没有 4 张高花。

应叫人根据持牌情况，分低限（8~10 点）、邀请实力（11~12点）和逼局实力（13 点以上）再叫如下：

A. 应叫人 Pass：p8~10 均型，满足于 1NT 定约。

B. 应叫人再叫原应叫的高花 2♥：p8~10，6 张以上 ♥，止叫。

如果应叫人有邀局或逼局的实力，通过下面 XYZ 约定叫进行双路重询。

C. 应叫人叫 2♣*：双路重询，邀局（同上）。

D. 应叫人叫 2♦*：双路重询，进局逼叫（同上）。

E. 应叫人叫 2NT*：6 张以上 ♣，强制转移到 3♣ 停叫。

开叫 1♦ 后的双路重询斯台曼与开叫 1♥ 后是相似的，其形式都是一阶的三个叫品 XYZ，其中的 X、Y 分别是一阶开叫 1♦/1♥ 和一盖一应叫的花色 1♥/1♠，Z 可以是第三门花色 1♠，也可以是 1NT。应叫人再叫 2♣/2♦ 进行双路重询：应叫人再叫 2♣ 转移到 2♦ 后 Pass 或作出各种邀叫；应叫人直接叫 2♦ 则逼叫到局。

所不同的是，开叫 1♥ 应 1♠ 后再叫 1NT，牌点范围较大，一般是 12~15 点，因此 2♣ 重询的点力为 10~12 点；而开叫 1♦ 再叫 1♠ 或 1NT 则可能只有 12~13 点，应叫人仅有 10 点时通常应停在 1♠ 或 1NT；2♣ 重询要求 11~12 点，下限比开叫 1♥ 后 2♣ 重询的下限要高 1 点。

2♦ 逼局重询仍然是 13 点以上，应叫过的高花通常是 5 张，寻求 5-3 高花配合，开叫人有 3 张支持应优先表达出来。

在开叫人再叫 1♠ 或 1NT 后，如果应叫的高花只有 4 张，牌点在 13~15 点，应该直接叫 3NT 而不必再舍近求远通过 2♦"重询"。

下面几种适合自然叫的情况，也都不必通过 2♦"重询"。

F. 递叫新花 2♠：13 点以上，5 张以上 ♥，4 张 ♠，逼局探贯。

G. 跳叫低花 3♣/3♦：13 点以上，5 张以上应叫花色，5 张以上低花，逼局，满贯意图。

H. 跳叫原花 3♥ : 13 点以上，6 张以上好套，逼局探贯。

I. 跳叫 3NT : p13~16 均型，保证止张，不逼叫。

（3）开叫人再叫新花 2♣ : p11~13，5-4 以上两套低花（不确定哪门花色 5 张）。

（4）开叫人再叫 2◆ : p11~13，6 张以上 ◆，没有 4 张高花。

（5）开叫人加叫 2♥ : 保证 4 张支持。开叫人的牌点不限，最低可能只有 11 点，最高可能有分散的 14~15 点。

A. 应叫人 Pass : p8~9，4 张 ♥ 均型，成局无望。

B. 应叫人叫 2NT* : p ≥ 10，逼叫一轮，请开叫人澄清牌型。

①开叫人叫 3♣ : p11~13，3 或 4 张 ♣（低限 ♠ 单缺）。

②开叫人叫 3◆ : p11~13，5 张 ◆，4 张 ♥。通常 2-4-5-2 牌型。

③开叫人叫 3♥ : p11~13，4 张 ♥，均型；或 p11~12，♣ 单缺。

④开叫人叫 3♠* , p13~15，高限 ♠ 单缺。

⑤开叫人跳叫 4♣* : p14~15，♣ 单缺。

⑥开叫人跳叫 4◆ : p14~15，4 张 ♥，6 张以上 ◆。

⑦开叫人跳叫 4♥ : p14~15，2-4-5-2 牌型。

应叫人根据开叫人的回答确定最后定约。如有必要，叫 4NT 以 ♥ 为将牌问关键张。

（6）开叫人跳叫新花 2♠ : p14~15 集中在两套中。4 张 ♠，5 张以上 ◆，但并不逼叫。

（7）开叫人跳叫 2NT* : 广谱邀请约定叫，p14~15，6 张以上好 ◆，3 张 ♥ 有大牌。

A. 应叫人 Pass : p8~9，4 张 ♥，1~2 张 ◆，其他两门花色有大牌。

B. 应叫人叫 3♣ : 接力叫，开叫人无条件转移到 3◆。

应叫人下轮叫 Pass : 2~3 张 ◆，8~9 点，没有进局实力，止叫；

应叫人下轮叫原花 3♥ : 5 张，8~9 点，没有进局实力，止叫。

C. 3◆ : 12 点以上，3 张以上 ◆，确定将牌，逼叫，满贯兴趣。

D. 叫原花色 3♥ : 12 点以上，应叫花色 5 张以上，确定将牌，逼叫，满贯兴趣。

    E.3NT：p10~15，4 张 ♥，牌点分散，止叫。

    F.4♥：p9~11，5 张以上 ♥，止叫。

    G.5♦：p10~12，4 张 ♥，3 张以上 ♦，有单缺，不适合 3NT。

（8）开叫人跳叫 3♣：p14~15，5-5 以上两套低花。

（9）开叫人跳叫 3♦：p14~15，♦ 为 6 张以上好套，没有 3 张同伴应叫的高花，邀 3NT。

（10）开叫人跳叫 3♥：p14~15，5 张以上 ♦ 好套，4 张 ♥ 有大牌。

以上（8）~（10）都表明开叫人是高限非均型，应叫人只要不是最低限，通常情况下应该进局。

例 4-1

西家持牌	东家持牌
♠ Q 9 7 5	♠ K 10 4 3
♥ K 3	♥ A 8 7 2
♦ A J 10 7 6	♦ 8 3
♣ K 2	♣ A Q 9

叫牌过程：

西	东
1♦	1♥
1♠（保证 4 张）	4♠（直接到位）

例 4-2

西家持牌	东家持牌
♠ Q 8 5 2	♠ K 10 3
♥ 6 3	♥ A Q 8 7 2
♦ A Q 10 7 6	♦ 8 3
♣ A 2	♣ Q 9 3

叫牌过程：

西	东
1◆	1♥
1♠	2♣*（邀请实力）
2◆*（接力）	2♥（5张邀请）
Pass（2张♥）	

例 4-3

西家持牌	东家持牌
♠ 9 7	♠ A J 10 3
♥ K 6 3	♥ A Q 8 7 2
◆ A Q 10 9 4	◆ 8 3 2
♣ K 5 2	♣ 9

叫牌过程：

西	东
1◆	1♥
1NT（没有 4 张高花）	2♣*（邀请实力）
2◆*（接力）	2♥（5张邀请）
3♥（好的 3 张）	4♥（谢谢）

4.3.2　应叫 1♠ 后的叫牌

应叫 1♠ 后，开叫人最低只能叫 1NT，没有 4.2.1（1）的三门花色后的叫法了，但其他的叫法基本上仍一样，我们不再重复罗列，只是把需要注意的几个地方强调一下。

（1）新高花不逼叫：应叫 1♠，开叫人叫 1NT 后，应叫人顺叫新高花 2♥，表示 p8~10，5 张以上 ♠，4 张以上 ♥ 的弱牌，希望打 2♥ 或 2♠ 定约，不逼局。11-12 点 5-4 以上两套高花通过双路重询邀请。

例 4-4

西家持牌   东家持牌

♠ Q 9 7   ♠ K J 10 5 4

♥ A 7   ♥ Q J 6 2`

♦ A Q 8 2   ♦ 5 3

♣ 9 6 5 3   ♣ J 4

叫牌过程：

西	东
1♦	1♠
1NT	2♥（4 张以上，8~10 点）
2♠	Pass

应叫人没有邀局的实力（邀局实力应从 2♣ 起步），再叫 2♥
表示 4 张以上 ♥（5 张以上 ♠），不适合打 1NT，希望打二阶高
花定约，开叫人选择 2♠ 停叫。

（2）特殊的 2NT 转移叫：无论是应叫 1♥ 还是 1♠，当开叫
人再叫 1NT 后，与 3.3.3 一样，应叫人再叫 2NT*，表示 4 张高花，
6 张以上 ♣，强制转移 3♣ 后停叫。

例 4-5

西家持牌   东家持牌

♠ K 7 5   ♠ A Q 4 3

♥ Q J 7 6   ♥ 3

♦ A Q 8 3   ♦ 9 7

♣ 10 3   ♣ K J 8 5 4 2

叫牌过程：

西	东
1♦	1♠
1NT	2NT*（转移）
3♣*（强制接受）	Pass

例 4-6

西家持牌	东家持牌
♠ J 7 5	♠ K Q 8 4
♥ A Q 10 7	♥ 2
♦ Q 6 3 2	♦ K J 8 7 4
♣ K 9	♣ 7 6 4

叫牌过程：

西	东
1♦	1♠
1NT	2♣*
2♦*	Pass

例 4-7

西家持牌	东家持牌
♠ J 7 5	♠ K Q 10 4 2
♥ A Q 10 7	♥ 5 2
♦ Q 6 3 2	♦ K J 8
♣ K 9	♣ A 5 4

叫牌过程：

西	东
1♦	1♠
1NT	2♦*（逼局）
2♠（3张♠）	4♠

例 4-8

西家持牌	东家持牌
♠ J 7	♠ K Q 10 4 2
♥ A Q 10 7	♥ 5 2
♦ Q 6 3 2	♦ K J 8
♣ K 9 5	♣ A J 4

叫牌过程：

西	东
1♦	1♠
1NT	2♦*（逼局）
2♥（4张♥，2张♠）	3NT

例 4-9

西家持牌 东家持牌

♠ J 7 　　　　　　　　 ♠ K Q 10 4 2

♥ A Q 10 7 　　　　　 ♥ K J 6 2

♦ Q 6 3 2 　　　　　　 ♦ 8 5

♣ K 9 5 　　　　　　　 ♣ A 4

叫牌过程：

西	东
1♦	1♠
1NT	2♦*（逼局）
2♥（4张♥，2张♠）	4♥

例 4-10

西家持牌 东家持牌

♠ Q 9 7 　　　　　　　 ♠ A K 10 4 2

♥ A 7 　　　　　　　　 ♥ J 6 2

♦ A Q 10 6 3 2 　　　 ♦ K 5

♣ K 9 　　　　　　　　 ♣ A 4 2

叫牌过程：

西	东
1♦	1♠
2NT*（6张♦，3张♠）	3♠（5张以上，确认♠将牌，逼叫）
4♣（扣叫）	4♦（扣叫）
4♥（扣叫）	4NT*（以♠为将牌问关键张）
5♠*（2关键张+♠Q）	6♠

4.4　二盖一应叫与低花反加叫

同伴开叫 1♦ 后，应叫人如果有 4 张高花和 4 张低花，通常应该一盖一应叫高花；但如果牌点达到 13 点，只有 4 张高花同时有 5 张以上低花，则应该先应叫 2♣/2♦，建立逼局进程，以后必要时可以再叫出 4 张高花。

应叫 2♣/2♦ 应叫虽然不排除有 4 张高花的可能，但肯定没有 5 张高花。如果有 5 张高花，不管几张低花，总是先一盖一应叫高花。

4.4.1　应叫 2♣

应叫 2♣ 的条件：$p \geqslant 13$，$n \geqslant 5$，通常是非均型。

2♣ 应叫是进局逼叫，同时也是问叫。开叫人回答如下：

（1）开叫人叫 2♦：$p11{\sim}12$，5 张以上 ♦，没有 4 张高花。

（2）开叫人叫 2♥/2♠：$p11{\sim}15$，5 张以上 ♦，所叫高花 4 张。

（3）开叫人叫 2NT：仅限 $p12{\sim}13$，4333 或 4432 牌型。

（4）开叫人叫 3♣：$p11{\sim}13$，低花 5–4 以上（不一定哪门 5 张）。

（5）开叫人跳叫 3♦：$p13{\sim}15$，6 张以上好 ♦。

（6）开叫人跳叫高花 3♥*/3♠*：爆裂，$p14{\sim}15$，所叫高花单缺，4 张以上 ♣。

（7）开叫人叫 3NT：$p14{\sim}15$，4441、5431 或 5422 牌型，1~2 张 ♣。

（8）开叫人叫 4♣：$p14{\sim}15$，5–5 以上两套低花，满贯意图。

以上各种回答除了（6）跳叫高花 3♥*/3♠* 表示单缺以外，其他都是自然性质的叫品。后续应叫人也采取自然再叫而且逼叫，进局之前开叫人无权停叫。只有应叫人发现双方都是低限而且明显一门高花没有止张时，才可以停在不成局定约。

例 4–11

西家持牌   东家持牌

♠ J 7   ♠ Q 5 2

♥ A Q 8 5   ♥ K 9 6 2

♦ Q 6 3 2   ♦ K

♣ K 9 5   ♣ A Q 10 8 4

叫牌过程：

西	东
1♦	2♣
2NT（p12~13 均型）	3♥（4 张 ♥，5 张以上 ♣）
4♥（4 张 ♥）	Pass

东家虽有 4 张 ♥，但牌点超过 13 点且有 5 张 ♣，先二盖一应叫 2♣ 建立逼局进程，西家均型牌只能再叫 2NT（不能叫 2♥），东家再叫 3♥ 表示 4 张套，顺利地叫到 4♥ 定约。

例 4–12

西家持牌   东家持牌

♠ K J 8 7   ♠ 10 5 2

♥ A 5   ♥ K J 6

♦ Q 6 3 2   ♦ K 2

♣ K 9 5   ♣ A Q 10 8 4

叫牌过程：

西	东
1♦	2♣
2NT（p12~13 均型）	3NT（别无他求）

例 4–13

西家持牌   东家持牌

♠ 7   ♠ Q 8 6 5

♥ K 5 3   ♥ A Q

♦ A Q 10 6 4   ♦ 9 2

♣ K Q 10 5   ♣ A J 9 3 2

叫牌过程:

西	东
1◆	2♣
3♠（4张以上♣，♠单缺）	5♣（比3NT稳妥）

例 4-14

西家持牌	东家持牌
♠ 9 7	♠ J 6 5
♥ K 10 5 3	♥ A J
◆ A Q 10 6 4	◆ K 2
♣ K 5	♣ A 10 9 3 2

叫牌过程:

西	东
1◆	2♣
2♥（4张♥，5张以上◆）	2♠（第四花色逼叫）
3◆（♠没有止张）	Pass（无可奈何）

2♣应叫通常逼叫到局，但当应叫人发现明显一门花色没有止张不能打3NT，而又不足以打5阶定约时，可以在3NT前停叫。

4.4.2　应叫 2◆*

应叫 2◆* 的条件：① $p10{\sim}12$，$n \geq 5$，下轮叫 3◆ 不逼叫；② $p \geq 13$，$n \geq 4$，逼局。

开叫人的回答与 2♣ 问叫后相似。

（1）开叫人叫 2♥/2♠：$p11{\sim}15$ 所叫高花4张，5张以上◆。

（2）开叫人叫 2NT：仅限 $p12{\sim}13$，4333、4432 牌型以及12点5张◆的5332牌型。

（3）开叫人叫 3♣ :$p11{\sim}15$，低花5-4以上（不一定哪门5张）。

（4）开叫人叫 3◆：$p11{\sim}15$，6张以上◆。

（5）开叫人跳叫 3♥*/3♠*/4♣*：爆裂单缺，$p14{\sim}15$ 集中在其他3门花色，5张以上◆好套。

2♦ 反加叫由于存在① 10~12 点的情况，应叫人发现双方都
是低限时可以将定约停在 3♦ 之前或第二轮叫 3♦ 止叫，其他叫
品均逼局。

需要说明的是：对第三家或第四家的 1♦ 开叫，应叫
1♥/1♠/2♣/2♦均不再是逼叫，而是表示8~11点的自然叫。开叫人
持低限可Pass，高限可按正常开叫后的原则再叫（也不逼叫）。

例 4-15

西家持牌	东家持牌
♠ A J 6 9	♠ Q 4
♥ K J 8 5	♥ A Q 2
♦ Q 3 2	♦ K 10 9 8
♣ J 7	♣ K 10 8 2

叫牌过程：

西	东
1♦	2♦
2NT（12~13 点均型）	3NT（别无他求）

例 4-16

西家持牌	东家持牌
♠ 9	♠ J 4 5
♥ K J 8 5	♥ Q 6 2
♦ A J 6 3 2	♦ K 10 9 8 4
♣ K Q 7	♣ A 2

叫牌过程：

西	东
1♦	2♦
3♠（高限单缺）	5♦（理想定约）

东家只有 10 点，本来想停到 3♦，但西家高限实力，跳叫
3♠爆裂单缺（优先于叫 4 张 ♥），这让东家看到了 5♦ 的希望。

4.5　以♦为将牌的罗马关键张问叫 **

开叫 1♦以后，如果准备探讨以♦为将牌的满贯，仍然用传统的 4NT 做罗马关键张问叫，当同伴有 2 个 A，回答 5♥/5♠时就不可能停在 5♦定约了。对于 1♦开叫，我们约定：在 3NT 以下已经明确成局以上实力且♦至少有 8 张配合时，**应叫人叫 4♦，是以♦为将牌的罗马关键张问叫**，主要包括（但不限于）以下几种情况：

A. 对 1♦开叫立即应叫 4♦*，应叫人通常具有 18 点以上和 6 张以上好♦，是以♦为将牌的罗马关键张问叫；

B. 1♦开叫一盖一应叫 1♥/1♠，开叫人再叫 2♣/2♦/2NT*/3♣/3♦表示 4 张以上♦后，应叫人叫 4♦*，是以♦为将牌的罗马关键张问叫；

C. 1♦开叫二盖一应叫 2♣，开叫人再叫 2♦/2♥/2♠/3♣/3♦/3♥*/3♠*表示有 4 张以上♦后，应叫人叫 4♦*，是以♦为将牌的罗马关键张问叫；

D. 1♦开叫低花反加叫 2♦，开叫人再叫 2♥/2♠/3♣/3♦/3♥*/3♠*，表示有 4 张以上♦后，应叫人叫 4♦*，是以♦为将牌的罗马关键张问叫。

对于 4♦*罗马关键张问叫，回答方式仍然是加级回答，只不过是在 4♦的基础上加级的（详见 14.2.4）。

在某些情况下，比如明确了♦将牌又经过四阶高花扣叫以后，如有必要，仍然可以使用 4NT 作罗马关键张问叫。

例 4–17

西家持牌	东家持牌
♠ Q 8	♠ K J 4
♥ 5 4	♥ A K Q 6 2
♦ A 10 7 6 3 2	♦ K 9 5
♣ A Q 9	♣ K 2

叫牌过程：

西	东
1♦	1♥
2♦（6 张以上）	4♦*（♦将牌问关键张）
4NT*（2 关键张无♦Q）	5♦（停）

西家再叫 2♦ 后，东家跳叫 4♦* 进行关键张问叫，西家加三级回答 4NT* 表示 2 个关键张且没有 ♦Q 后，定约可以安全地停在 5♦。

例 4-18

西家持牌   东家持牌

♠ 8 7   ♠ A K 5
♥ Q J 6 5   ♥ A K 2
♦ A Q 7 6 3   ♦ K 8 5 2
♣ A 2   ♣ Q 5 3

叫牌过程：

西	东
1♦	2♦
2♥（4 张 ♥，5 张以上 ♦）	4♦*（♦将牌问关键张）
5♣*（2 关键张 +♦Q）	6♦

4.6　跳应叫新花

对 1♦ 开跳叫 2♥/2♠/3♣ 是弱牌好套建设性应叫。

因为1♦开叫不保证是长套,我们对1♦开叫的应叫不用爆裂叫。

4.7　对方参与叫牌后的应叫

同伴开叫 1♦，上家加倍或争叫后，应叫人的叫牌原则与同伴开叫一阶高花后相似，不过要注意同伴的 ♦ 不保证是长套。

4.7.1　1♦—加倍—应叫

对方对 1♦ 的加倍通常是技术性的，表示 ♦ 较短，具有普通开叫实力，也可能持有 17 点以上的单套强牌。

A.Pass：弱牌，与同伴开叫花色配合不好，原来 8~9 点应叫 1NT 或 4 张高花一盖一应叫的义务就解除了。

B. 加叫（跳加叫）：5 张以上 ♦ 支持，一般不超过 10 点。

C.1NT*：8~10 点，高花较差，低花 4-4 以上，让开叫人选择 2♣/2♦。

D.2NT*：11 点以上，5 张以上 ♦，逼叫一轮。

与一阶高花开叫被加倍一样，直接加叫是阻击；叫 1NT、2NT 表示凭牌力可以加叫 ♦（类似于高花开叫的乔丹无将）。

E.3NT：13~15 点，均型，要打 3NT。

F. 叫一阶新花 1♥/1♠：8 点以上，5 张以上且有大牌（对方加倍后不能以 4 张进行"一盖一"），逼叫一轮。

G.2♣：5 张以上，11 点以上（比对方不叫时的二盖一应叫降低 1 点），逼叫，进局尝试。

应叫人二阶新花逼叫后，成局以下开叫人无权停叫。

H. 跳叫新花 2♥/2♠/3♣：弱牌好套，10 点以下大牌主要集中在 6 张以上好套中。

I. 再加倍：11 点以上，牌型比较平均，准备下轮叫到局，或加倍惩罚对方。

4.7.2　1♦—争叫 1♥/1♠/2♣—应叫

同伴开叫 1♦，右手方争叫 1♥/1♠/2♣，应叫方法与一阶高花开叫后完全类似。

A. Pass：弱牌，配合不好。

B. 加叫：牌点较低，配合很好，阻击或关煞叫。

C. 叫无将：对方所叫花色有止张，自然实叫。8~10 点叫 1NT；11~12 点叫 2NT；13~15 点叫 3NT。

D. 叫新花：二阶直接出套相当于二盖一，11点以上，5张以上，逼叫，进局尝试（成局以下开叫人无权停叫）。

E. 加倍：技术性（否定性）加倍，8~10点，同伴开叫花色及对方争叫花色较短，未叫的两门4-4。或者只有一套未叫花色5张以上，但不到11点，不能直接出套（下轮视情况可叫出，不逼叫）。

F. 扣叫对方花色：12点以上，进局逼叫。通常对方花色无止张，与同伴花色配合也不够好，希望同伴有止张时叫无将；也可能有配合，下轮叫同伴花色到局。

注意这里的扣叫对方花色与同伴开叫高花后不同。因为开叫高花保证5张，扣叫表示配合的邀请。这里同伴开叫低花后扣叫对方争叫花色主要目的是问止张，寻求无将定约。

4.7.3　1♦—争叫 1NT—应叫

对 1NT 争叫后的应叫方法与 3.10.3 基本相同，加叫♦或争叫 2♣/2♥/2♠，都表示 5 张以上的弱牌，不逼叫。

对争叫 1NT 的加倍是惩罚性的，通常有 10 点以上。

4.7.4　1♦—扣叫 2♦—应叫

尽管我们开叫1♦并不保证一定是长套，但对方的"争叫"2♦一般也是迈克尔斯扣叫，表示有5张♠和5张♥，牌点范围可能也比较大，我们仍然"以不变应万变"来应对。

A.Pass：牌点较低，或虽有 10 点左右但没有低花长套。

B.2NT：11~12 点，两门高花均有止张。

C.加倍：8点以上，4-4以上，两门低花，准备找低花配合。

D.加叫3♦/4♦/5♦：阻击叫，5张以上♦，牌力一般不超过10点。

E.叫2♥*：反扣叫，11点以上，5张以上♣，4张以上♦，逼叫。

F.叫2♠*：反扣叫，11点以上，5张以上♦，4张以上♣，逼叫。

对这里的"反扣叫"，开叫人低限简单叫 3♣/3♦，高限可以叫 5♣/5♦ 进局，或进一步扣叫高花表示满贯兴趣。

第5章 1NT 开叫双路问叫结构

无论精确叫牌法还是自然或其他叫牌法，1NT 开叫都要求是平均牌型，大牌点力则依体系的规定有所不同。传统的自然叫牌法开叫 1NT 为 16~18 点，现在一般都改用 15~17 点；传统精确叫牌法采用 13~15 点的 1NT；还有的体系用 12~14 点、14~16 点或 14~15 点等。

结合我们对 1♣ 和 1♦ 开叫的处理，本体系开叫 1NT 的条件比传统精确略微提高。

开叫 1NT 的条件：$p14~15$，4333、4432 或低花 5 张的 5332 牌型；另外，$p=13$，有 5 张低花的 5332 牌型，和 $p=16$，4333 或 4432 牌型，我们也列入 1NT 开叫。

13 点有 5 张低花的 5332 牌一般比 14 点 4333 要好，5 张低花不仅可以作为无将定约赢墩的来源，开叫 1NT 还可以有效阻击对方的高花；16 点没有 5 张花色的 4333、4432 牌型是传统精确的"盲点"之一，我们将其降值开叫 1NT。

因此，我们的 1NT 开叫相当于 13.5~15.5 点。

没有 5 张低花套的 13 点或有 5 张套的 16 点，我们不开叫 1NT。有 5 张高花一般也不开叫 1NT。

对 1NT 开叫后的应叫，常见的有两种结构，一种是**双路斯台曼问叫结构**，一种是**转移叫结构**。双路斯台曼结构简单，深受普通爱好者的欢迎；转移叫结构不仅仅对庄位有利，更便于后续对各种成局定约和满贯定约的探讨，适合竞技比赛。

本章我们介绍传统的双路斯台曼问叫结构。

5.1 第一轮应叫

双路问叫结构第一轮采用自然实叫和双路斯台曼问叫，邀局实力的牌从应叫 2♣* 邀局斯台曼开始，强牌从应叫 2♦* 逼局斯台曼开始。

A. 均型弱牌 Pass：$p \leqslant 8$，牌型比较平均，通常没有 5 张高花或 6 张以上低花。

B. 二阶高花弱止叫 2♥/2♠：$p \leqslant 8$，5 张以上高花套，止叫。开叫人必须无条件停叫。

C. 低花转移叫 2NT**：①$p \leqslant 8$，6 张以上低花套，转移后停在三阶低花 3♣/3♦；②$p \geqslant 15$，单套低花，转移后逼局探贯。

D. 三阶低花建设性应叫 3♣/3♦：$p8\sim10$，有两个顶张大牌领头的 6 张以上套，邀请开叫人牌合适时叫 3NT。

E. 邀局斯台曼 2♣*：通常 $p9\sim11$，逼叫一轮。当牌型很好（6 张以上高花套或 5-4 以上两套有单缺时），8 点也可以应叫 2♣*，后续叫牌都是邀请而不逼叫。

F. 逼局斯台曼 2♦*：$p \geqslant 12$，不适合直接加叫无将的牌，均从 2♦* 逼局斯台曼应叫开始（可以没有 4 张高花，也可以有 5 张以上高花或低花），进局逼叫，3NT 以下双方均不得停叫。

G. 跳叫高花 3♥/3♠：$p \geqslant 15$，$n \geqslant 5$，逼局，满贯兴趣。

H. 跳叫高花 4♥/4♠：$p9\sim11$，$n \geqslant 6$，封局止叫。

I. 格伯问叫 4♣*：$p \geqslant 12$，7 张以上好套，直接问 A，寻求满贯。

J. 加叫无将：$p \geqslant 12$，没有 4 张以上高花（可以有 5~6 张低花），牌型比较平均，一般都直接加叫无将（不包括应叫 2NT）。

①应叫 3NT：$p12\sim16$，均型无 4 张高花；或 $p10\sim15$ 有低花长套，满足于 3NT。

②应叫 4NT：$p17\sim18$，均型无 4 张高花，一般也没有 5 张

好低花，示量加叫，小满贯邀叫。

③应叫 6NT：*p*19~21，止叫。

④应叫 5NT：*p*22~23，逼叫小满贯，邀请大满贯。

⑤应叫 7NT：*p* ≥ 24。

以上直接应叫无将的叫品，除了 5NT 逼叫外，其他均不逼叫。

5.2 邀局斯台曼

应叫人持有8~11点大牌，具有一定的牌型优势，有邀请进局实力的牌，一般都从2♣*邀局斯台曼开始。应叫人通常有一套或两套4张以上高花，也可能有5张或6张单套高花或4-5、4-6两套高花。10~11点没有4张高花的均型牌（可以有5张低花），也从2♣*应叫开始。

2♣应叫是问叫，开叫人叫2♥/2♠报4张高花（4-4双高花叫2♥）；没有4张高花叫2♦（开叫人的回答只能是2♦/2♥/2♠之一）。

应叫人再叫新花表示 5 张以上套，不逼叫，双方随时都可以停叫。

（1）开叫人再叫 2♦：没有 4 张高花（可以有 5 张 ♣ 或 ♦）。

A.应叫人Pass：*p*8~9，5张♦，要打2♦。

B.应叫人再叫2♥/2♠：*p*9~10，5张以上，不逼叫。

C.应叫人再叫2NT：*p*10~11，没有5张低花，邀请3NT。

D.应叫人再叫3♣/3♦：*p*10~11，5张以上低花，邀请。

E.应叫人再叫3♥/3♠：*p*10~11，5张，或*p*=9，6张以上，邀请。

F.应叫人再叫4♥/4♠：*p*10~11，6张以上（另一高花4张），要打。

以上应叫人所有再叫均为自然性质的邀请，开叫人低限或配合不好可以 Pass，高限或配合较好可以接受邀请进局。

（2）开叫人再叫 2♥：4 张 ♥（不否认 4-4 高花）。

A. 应叫人 Pass：*p*8~9，4 张 ♥。

B. 应叫人再叫 2♠：p8~9，5 张以上 ♠，不逼叫。

C. 应叫人再叫 2NT：p10~11，没有 4 张 ♥，邀请。

D. 应叫人再叫 3♣/3♦：p10~11，5 张低花，邀请。

E. 应叫人再叫 3♥：p9~10，4 张 ♥，邀请。

F. 应叫人再叫4♥：高限4张♥，或p8~9，5 张以上♥，要打。

（3）开叫人再叫 2♠：4 张 ♠（否认 4 张 ♥）。

A. 应叫人 Pass：p8~9，4 张 ♠。

B. 应叫人再叫 2NT：p10~11，没有 4 张 ♠，邀请 3NT。

C. 应叫人再叫 3♣/3♦：p10~11，5 张低花，邀请 3NT。

D. 应叫人再叫 3♠：p9~10，4 张 ♠，邀请。

E. 应叫人再叫4♠：高限4张♠，或p8~9，5张以上♠，要打。

例 5-1

西家持牌	东家持牌
♠ Q 8 5	♠ K 9 6 4
♥ A 7	♥ K J 10 6 5
♦ K 8 4 3	♦ 2
♣ A J 7 3	♣ K 10 4

叫牌过程：

西	东
1NT	2♣*（邀局斯台曼）
2♦*（无4张高花）	2♥（5 张以上 ♥，不逼叫）
Pass	

例 5-2

西家持牌	东家持牌
♠ A J 8 5	♠ K 9 6 4
♥ Q 7	♥ K J 10 6 5
♦ K 8 4 3	♦ 2
♣ A J 3	♣ K 10 4

叫牌过程：

西	东
1NT	2♣*（邀局斯台曼）
2♠（4张）	3♠（邀请）
4♠	

例 5-3

西家持牌	东家持牌
♠ A J 8 5	♠ K 10 6 4
♥ A Q 7 5	♥ K 9 6
♦ K 8 4 3	♦ Q 10
♣ J 3	♣ K 10 4 2

叫牌过程：

西	东
1NT	2♣*（邀局斯台曼）
2♥（4张）	2NT（邀请，不保证4张♠）
3♠（接受邀请，有4张♠）	4♠

这里的 2♣* 邀局斯台曼不保证有4张高花，当东家邀请时，西家高限4-4高花，叫3♠。表示希望打4♠或3NT。

5.3　逼局斯台曼

应叫人持12点以上，联手超过了25点，达到成局的实力。除了能够直接叫到成局或满贯的牌以外，统统从 2♦* 应叫逼局斯台曼开始。应叫人并不保证有4张高花，但开叫人总是按问高花回答。

（1）开叫人再叫 2♥：4张 ♥（不否认4-4高花）。

    A. 应叫人叫 2♠：5张以上♠，通常没有4张♥，逼局。

    B. 应叫人叫 2NT：没有4张♥（有4张♠），逼局。

    C. 应叫人叫 3♣/3♦：5张低花，逼局探贯。

    D. 应叫人叫 3♥：4张以上，牌型好控制多，满贯意图。

E. 应叫人跳叫 3♠/4♣/4♦ : p12~15，5 张以上 ♥，爆裂单缺。

F. 应叫人叫 3NT : p12~15 没有 4 张 ♥，止叫。

G. 应叫人叫 4♥ : 4 张以上，低限，止叫。

（2）开叫人再叫 2♠ : 4 张 ♠（否认 4 张 ♥）。

（3）开叫人再叫 2NT : 没有 4 张高花，没有 5 张低花。

（4）开叫人再叫 3♣/3♦ : 5 张低花。

2♦ 问叫只表示逼局以上实力，不保证有 4 张高花，双方不到局的叫品均为逼叫，3NT 以下双方均不能停叫。

双路斯台曼结构与前面一阶花色开叫后的双路重询斯台曼相似，只是不再用 2♣—2♦ 接力的叫法。

由于开叫 1NT 最低为 13 点（有 5 张低花），比一阶花色开叫的下限高 1~2 点，所以这里的双路斯台曼比一阶花色开叫后的双路重询斯台曼的牌点略低，8~9 点有好牌型就可以邀请，12 点就可以逼局。

例 5-4

西家持牌

♠ A 5
♥ A Q 5
♦ K 8 7 4 3
♣ J 8 3

东家持牌

♠ K 10 9 6 4
♥ K 6
♦ Q 10
♣ K Q 4 2

叫牌过程：

西	东
1NT	2♦*（逼局斯台曼）
3♦（5张）	3♠（5张♠）
3NT（无满贯意图）	

例 5-5

西家持牌　　　　　　　　　东家持牌

♠ A J 5　　　　　　　　　　♠ 10

♥ A Q 5 3　　　　　　　　　♥ K J 6 4

♦ Q 8 7　　　　　　　　　　♦ A K 10

♣ K 8 3　　　　　　　　　　♣ A Q 10 4 2

叫牌过程：

西　　　　　　　　　　　　东

1NT　　　　　　　　　　　 2♦*（逼局斯台曼）

2♥（4 张 ♥）　　　　　　　3♥（4 张以上 ♥，逼局）

3♠（扣叫）　　　　　　　　4NT（♥ 将牌问关键张）

5♠（2 关键张 +♥Q）　　　　5NT（问 K）

6♣（♣K）　　　　　　　　 7♥

5.4　跳应叫

5.4.1　建设性低花应叫

应叫 3♣/3♦：通常 p8~10，有 2 个顶张大牌的 6 张以上低花套，邀请同伴有一张大牌支持和其他花色有止张时叫 3NT。

例 5-6

♠ Q 7 5

♥ 9

♦ A Q 10 9 5 2

♣ J 6 4

可以在同伴开叫 1NT 后跳叫 3♦ 作为建设性应叫。如果开叫人持：

♠ J 10 8 4

♥ A Q 10 8

♦ K 3

♣ A 10 3

尽管只有 14 点，却很容易在建设性应叫 3♣/3♦ 后完成 3NT 定约。

而如果开叫人的牌为：

♠ A J 10 4

♥ A K J 8

♦ 8 3

♣ K 3 2

尽管有 16 点，也应该拒绝同伴的建议而停在三阶低花上。

跳叫低花作为 3NT 建设性应叫通常为 6 张坚强套，8~10 点；如果是 7 张，牌点可能只有 6~8 点。长套的质量必须保证在同伴有大小双张的情况下能够通吃。如果长套质量较差（缺少 2 顶张），牌点也很低，就没有必要应叫了。

跳叫低花具有建设性，更重要的是具有阻击性，可以阻击对方叫出高花。如果持有高花长套，也没有必要进行跳叫阻击。

5.4.2　跳叫高花

A. 应叫 4♥/4♠：p8~11，6 张以上高花，关然叫，没有满贯兴趣。

B. 应叫 3♥/3♠：$p \geq 15$，6 张以上高花，逼局探贯。

开叫人如果只有 2 张小牌，或者低限 4333 牌型叫 3NT；否则扣叫新花，进入满贯叫牌。

例 5–7

♠ 5

♥ A Q 10 9 5 2

♦ Q 9 7

♣ K 6 4

同伴开叫 1NT，上家 Pass，这牌无论从 2♣ 邀局斯台曼还是从 2♦ 逼局斯台曼起步，下家叫出 2♠ 后都比较麻烦。这样的牌，可以直接叫 4♥ 进行止叫。

例 5-8

♠ K 6

♥ A K 10 9 5 2

♦ Q 9 7

♣ K 4

这样的牌，在同伴开叫 1NT 后，可以跳叫 3♥ 表示强烈的满贯兴趣。同伴如果低限（比如 13 点有 5 张低花，只有 2 张小 ♥），可以叫 3NT 不逼叫，其他任何再叫都是表示配合 ♥ 的满贯兴趣。

5.4.3　格伯问叫

有时，应叫人有一个很好的 7 张以上套且其他花色有较好的控制，完成四阶高花、4NT 或五阶低花成局不成问题，只需开叫人有一两个 A，就可能有满贯，可采用约定叫来问 A。由于 1NT 开叫后 4NT 应叫已经用于小满贯邀叫，在 1NT 开叫后，用 4♣ 作为问 A 的约定叫，称为**格伯**（Gerber）问叫。

对 1NT 开叫直接应叫 4♣*，是格伯问 A。

格伯问 A 的回答非常简单，根据手中 A 的个数加级回答：

4♦：没有 A（或 4 个 A）；

4♥：1 个 A；

4♠：2 个 A；

4NT：3 个 A。

经格伯问叫和回答后，应叫人再叫4♥/4♠/4NT/5♦或满贯叫品为止叫，对于♣长套但联手缺2个 A 时，往往只能停在4NT上；经4♣问叫后再叫5♣*是继续问 K，回答方式同样在5♣的基础上加级回答。

例 5-9

♠ A 5

♥ 6

♦ K Q J 7 5 4 2

♣ K Q 8

应叫4♣*，格伯问 A。同伴如能回答4♠或4NT（2或3个 A），可直接叫6♦；万一同伴回答4♥（1个A），可以叫5♦停叫。

5.5 低花转移叫法 **

传统精确叫牌法对 1NT 开叫应叫 2NT，是简单的邀请 3NT，通常表示 10~11 点，且没有 4 张高花。我们与新睿精确一样，这样的没有 4 张高花邀请实力的不用 2NT 邀请，而是放到 2♣ 邀局斯台曼进程中。而将 2NT 应叫作为约定叫。

应叫人叫 2NT*：表示有 6 张以上低花♣ 或♦ 套。可能是 8 点以下的弱牌，也可能是 15 点以上的强牌。

开叫人无条件转移到 3♣。

A. 应叫人 Pass：$p \leqslant 8$，6 张以上 ♣ 弱套，止叫；

B. 应叫人叫 3♦：$p \leqslant 8$，6 张以上 ♦ 弱套，止叫；

C. 应叫人再叫 3♥*：$p \geqslant 15$，5 张以上 ♣ 套，逼局，强烈的满贯兴趣；

D. 应叫人再叫 3♠*：$p \geqslant 15$，5 张以上 ♦ 套，逼局，强烈的满贯兴趣。

开叫人如果没有满贯兴趣（低限或双张），叫 3NT；如果叫应叫人表示的花色，则是确定将牌，进入满贯叫牌程序；叫其他花色也是同意应叫人低花将牌的扣叫。

例 5-10

♠ 7 6

♥ 9 5

♦ K J 9 6 5 2

♣ J 6 4

同伴开叫 1NT,这牌可以 Pass。但下家可能会顺利叫出高花。为了阻击下家二阶叫高花，可以应叫 2NT*，同伴转移到 3♣ 后再叫 3♦，可以起到有效的阻击作用。

例 5-11

♠ A 6

♥ K 5

♦ K Q 9 6 5 2

♣ A 10 6

同伴开叫 1NT，应叫 2NT* 转移 3♣。然后再叫 3♠* 表示 6 张以上 ♦ 套，逼局探贯。

第6章　1NT 开叫现代转移结构 **

　　1NT 开叫后的双路斯台曼结构比较简明，但后续叫牌手段不足，特别是在满贯叫牌方面，无法与转移结构相比。

　　转移叫结构，不仅具有最初的"庄位转移"的作用，而且经转移接力以后，应叫方可以通过更多的叫牌手段，进行止叫、邀局或逼局探贯，把牌叫得更加清楚。本章将以我们体系的1NT 开叫（13.5~15.5 点）为基础，引入当前专业牌手中流行的叫法，详细介绍现代的转移叫结构，包括高花转移、低花转移、二次转移、建设性低花应叫、高花问叫、低花问叫等内容，供经常参加比赛的搭档选用。

6.1　第一轮应叫

　　我们首先把本体系转移叫结构第一轮的所有应叫叫品罗列出来。

　　A. 均型弱牌 Pass：$p \leqslant 8$，牌型比较平均，通常没有 5 张以上高花或 6 张以上低花。

　　B. 斯台曼问高花 2♣*：斯台曼问高花。$p \geqslant 9$，具有邀叫成局或以上的实力，有 4 张高花。如果有 4-5 或 4-6 两套高花，牌点可以降低到 8 点。

　　另外，$p9\sim11$，没有4张高花的均型牌，以及$p9\sim11$有5张♠的5332牌型的牌，我们也从2♣应叫起步，然后再叫2NT邀请。

　　C. 雅各比高花转移 2♦*/2♥*：牌点不限，保证5张以上♥/♠

套。绝大多数单套5张高花、5-5两套高花，以及高5-低4以上两套，都从转移叫开始。不过，5张♠均型邀局的牌，我们放到2♣*应叫中。

D. **低花问叫 2♠***：包括两种情况：① $p \leqslant 8$，5-5 以上低花，问叫以后停在 3♣*/3♦*；② $p \geqslant 10$，5-4 以上低花，问叫以后试探进局或逼局探贯。

E. **低花转移 2NT***：包括两种情况：① $p \leqslant 8$，单套 6 张以上弱低花，转移以后停在 3♣*/3♦*；② $p \geqslant 12$，6 张以上低花；或 $p \geqslant 16$，5 张以上低花。转移后逼局探贯。

F. **建设性应叫 3♣*/3♦***：$p8\sim10$，6 张以上好套（见 5.4.1）。

G. **跳单张高花 3♥*/3♠***：$p \geqslant 12$，4441 或 5431 牌型，所叫高花单张，另一高花 4 张，低花 4-4 或 5-3，逼局探贯。

H. **封局止叫3NT**：$p12\sim16$均型，或$p10\sim15$有5张低花，要打。

I. **格伯问叫 4♣***：$p \geqslant 12$，有一个 7 张以上好套，赢张丰富，直接格伯问 A，寻求满贯（见 5.4.3）。

J. **德克萨斯高花转移 4♦*/4♥***：6 张以上高花，10 点以下，转移后停叫；或 15 点以上，转移后探贯。

K. **低花选局 4♠***：$p8\sim10$，5-5 以上低花，让同伴选低花局 5♣/5♦ 停叫，没有满贯意图。

L. **均型满贯叫法**：$p \geqslant 17$，均型，没有 4 张高花，也没有 5 张低花，进行直接的满贯邀请。

① 4NT：$p17\sim18$，示量加叫，小满贯邀请。

② 6NT：$p19\sim21$，止叫。

③ 5NT：$p22\sim23$，逼叫小满贯，邀请大满贯。

④ 7NT：$p \geqslant 24$。

6.2　高花转移叫

6.2.1　雅各比高花转移

雅各比转移叫（Jacoby Transfer）是最基本的转移叫法。应叫人有 5 张以上高花套，无论牌点高低，通常都从雅各比高花转移叫开始。

　　A. 应叫 2◆*：任意牌点，5 张以上 ♥，要求开叫人转移叫 2♥。

　　B. 应叫 2♥*：任意牌点，5 张以上 ♠，要求开叫人转移叫 2♠。

　　雅各比高花转移应叫是逼叫，开叫人应无条件接受转移而叫出 2♥ 或 2♠，哪怕只有两张小牌也必须接受转移。

　　应叫人如果有 5-4 或 6-4 两门高花，为了不错过高花 4-4 配合的机会，不用转移叫，而是从斯台曼问叫开始；另外，如果有单套 6 张高花，某些情况下我们可以直接在四阶转移（详见 6.2.4）。

6.2.2　转移到 2♥ 后的再叫

　　应叫人有 5 张以上♥套，如果牌点很低（8 点以下），应叫 2◆*，开叫人转移叫2♥后Pass，将定约停在比较安全的二阶高花。

　　如果应叫人有邀局或逼局以上的实力，转移后再进行邀请或逼叫。

　　A. 应叫人 Pass：$p \leqslant 8$，没有特殊牌型，停在 2♥ 定约。

　　B. 应叫人叫2NT：$p9\sim11$，5张♥，5332/5422（4张为弱低花）等牌型，不逼叫。

　　C. 应叫人叫 3♣/3◆：$p9\sim11$，4 张以上低花，邀请。

　　D. 应叫人叫 3♥：$p8\sim10$，6 张以上 ♥，邀请。

　　E. 应叫人叫 3NT：$p12\sim15$，5332 牌型，让开叫人选局。

　　F. 应叫人跳叫 4♥：6 张以上 ♥，$p12\sim15$，微弱的满贯兴趣，不反对同伴高限好控制时探贯。

　　以上各种再叫均为自然，不逼叫。下面两种叫法是人为约定叫，均为逼局探贯。

　　G. 跳叫新花 3♠*/4♣*/4◆*：约定叫，$p12\sim15$，6 张以上 ♥，所跳花色单缺（自爆裂），希望同伴 3 张配合且单缺花色上没有大牌时上 6♥，不满足上 6♥ 条件时叫 4♥ 止叫。

H. 应叫人叫 2♠*：约定叫，具有逼局以上牌力（有满贯兴趣）。开叫人**无条件二次转移** 2NT* 接力。然后：

①应叫人叫 3♣/3♦：$p \geqslant 12$，5–4 以上套，满贯意图。

②应叫人叫 3♥：$p \geqslant 15$，6 张以上 ♥，满贯意图。

③应叫人叫 3♠：$p \geqslant 11$，5–5 以上双高套，满贯意图。

④应叫人叫 3NT：$p15\sim17$，5332 牌型，轻微的满贯兴趣。

6.2.3 转移到 2♠ 后的叫法

应叫人有 5 张以上 ♠ 套，如果牌点很低（8 点以下），应叫 2♥* 转移到 2♠ 后直接 Pass。

2♥*转移到2♠后应叫人再叫2NT*，我们不作为自然邀请[注]，而留作**二次转移**用。除了2NT以外，其他叫品与转移2♥后相仿。

A. 应叫人 Pass：$p \leqslant 8$，没有特殊牌型，停在 2♠。

B. 应叫人叫 3♣/3♦：$p9\sim11$，5–4 以上两套，邀请。

C. 应叫人叫 3♥：$p8\sim10$，5–5 以上两套高花，邀请。

D. 应叫人叫 3♠：$p8\sim10$，6 张以上 ♠，邀请。

E. 应叫人叫 3NT：$p12\sim15$，5332 牌型，让开叫人选局。

F. 跳叫转移花色到4♠：6 张以上♠，$p12\sim15$，微弱的满贯兴趣，不反对同伴高限好控制时探贯。

G. 跳叫新花 4♣*/4♦*/4♥*：6 张以上 ♠，$p12\sim14$，所跳花色单缺（自爆裂），希望同伴 3 张 ♠ 配合且单缺花色上没有大牌时上 6♠。

对于不适合以上叫法又有逼局以上实力的牌，用 2NT* 约定叫进行二次转移。

H. 应叫人叫 2NT*：具有逼局以上牌力（有满贯兴趣），要求开叫人**无条件二次转移** 3♣* 接力。然后：

注：$p9\sim11$有5张♠的5332牌型的牌，不用雅各比转移叫，而从2♣*应叫起步，然后再叫2NT。

① 3♦：第二套，$p \geq 12$，5-4 以上套，逼局探贯。

② 3♥*：$p \geq 12$，4 张以上 ♣，（注意这里不是表示两套高花，而是以 ♥ 代替 ♣），逼局探贯。

③ 3♠：$p \geq 15$，6 张以上 ♠，逼局探贯。

④ 3NT：p15~17，5332 牌型，轻微的满贯兴趣。

转移到 2♠ 叫后，邀局或选局的牌，直接自然叫出，不逼叫；逼局特别是有满贯兴趣的牌，一般都通过 2NT* 二次转移来实现。二次转移后再叫 3♥*，不是表示双高套，而是表示 ♠♣ 两套。

例 6-1

♠ Q J 8 6 4

♥ K 4 2

♦ A 4

♣ K 10 6

同伴开叫 1NT，这牌 13 点，加上同伴 1NT 开叫的低限也足够进局，但牌型没有特色，没有满贯的可能。应叫 2♥* 转移到 2♠ 后，叫 3NT，让开叫人选择打 3NT 还是 4♠。

例 6-2

♠ 4

♥ K Q 10 8 6

♦ 10 8 2

♣ A J 6 4

同伴开叫 1NT，这牌具有邀局实力。先应叫 2♦*，同伴接受转移叫 2♥ 后，再叫 3♣，第二套，邀请进局。

例 6-3

♠ 9 4

♥ K J 10 8 6

♦ A 10

♣ A Q 6 4

同伴开叫1NT，这牌具有逼局实力。先应叫2♦*，同伴接受转移叫2♥后，再叫2♠*，二次转移到2NT。然后再叫3♣，逼局探贯。

例 6-4

♠ K Q 9 8 4

♥ 4 2

♦ A K 10 6

♣ K 4

同伴开叫 1NT，这牌有逼叫进局以上的实力，应叫 2♥* 转移到 2♠后，叫 2NT* 进行二次转移，表示 5 张 ♠ 以上非均型，开叫人 3♣* 接力后，再叫 3♦，表示 5 张 ♠，4 张以上 ♦，满贯兴趣。

应叫人再叫 3♦ 后，如果开叫人叫 3NT，表示没有 3 张 ♠，同时也不是 4 张 ♦ 高限的牌，就应该满足 3NT；如果开叫人再叫 4♠，通常是 3 张 ♠ 低限或控制较差，这牌也不值得进一步试探；如果开叫人再叫 3♥，那一定是满贯兴趣的扣叫，至少配合一门花色，应叫人可以继续扣 4♣，等待同伴明确将牌后叫 4NT 问关键张；如果开叫人再叫 3♠ 或 4♦，明确表示配合后，可以直接 4NT 问关键张。

例 6-5

♠ K 8 7

♥ K Q 10 5 4 2

♦ 6

♣ A J 5

应叫 2♦*，同伴转移到 2♥ 后跳叫 4♦*（自爆裂），表示 6 张以上 ♥ 套，♦ 单缺，其他三门花色 12~15 点，满贯意图。

例 6-6

♠ K J 8

♥ K Q 10 5 4 2

♦ 6 5

♣ A 7

应叫 2♦*，同伴转移到 2♥ 后跳叫 4♥，表示 6 张以上 ♥ 套，

12~15 点，没有单缺。不逼叫但也不是简单止叫，意犹未尽，不反对同伴高限好配合、控制较多时探讨满贯。

6.2.4 德克萨斯高花转移叫

应叫人如果有一个 6 张以上高花套，牌点较低（8~11 点），有好牌型，可以直接在四阶进行**德克萨斯**（Texas）转移叫：

A. 应叫 4♦*：10 点左右，至少有 6 张 ♥，要求开叫人转移叫 4♥；

B. 应叫 4♥*：10 点左右，至少有 6 张 ♠，要求开叫人转移叫 4♠。

德克萨斯四阶高花转移叫通常带有关煞性，其牌力比二阶转移后跳叫到局要低。开叫人必须无条件接受转移。

另外，持有 6 张以上高花和 15 点以上，也可以先进行德克萨斯转移叫，开叫人无条件接受转移后，应叫人再叫 4NT 进行关键张问叫，进行满贯探讨。

注意这里的德克萨斯转移叫与 6.2.2F 的区别。这样可以很方便地区分关煞性转移（10 点左右，四阶转移后 Pass）、成局实力（12~15 点，二阶转移后跳到四阶，意犹未尽）、试探满贯（15 点以上，四阶转移后问叫）的牌。

例 6-7

♠ K Q J 8 6 4

♥ 6 2

♦ 8 4

♣ K 10 6

同伴开叫 1NT，应叫 4♥*，转移到 4♠ 后 Pass，满足 4♠ 定约。

例 6-8

♠ K J 10 8 6 4

♥ K 2

♦ A 4

♣ K Q 10

同伴开叫 1NT，应叫 4♥*，转移到 4♠ 后再叫 4NT，罗马关键张问叫。

6.2.5 超转移

开叫1NT，同伴应叫2♦表示♥长套后，开叫人持有类似如下的牌：

（a）♠ A Q 10   （b）♠ Q 10 5
    ♥ A Q 9 2   ♥ K J 5 2
    ♦ K J 5   ♦ A 9
    ♣ 9 6 5   ♣ A Q 7 6

（c）♠ A Q 10 5   （d）♠ 6 3
    ♥ K J 5 2   ♥ Q J 5 2
    ♦ A Q 9   ♦ A K 7
    ♣ 7 6   ♣ A Q 10 7

如果简单接受转移叫2♥，当应叫人只有6~8点可能会直接Pass而错过成局的机会。为了避免这种情况，对于好配合、多控制的高限牌，可以进行**超转移**——超过同伴转移的花色2♥叫牌。

超转移要求一定有**4张将牌支持，5个以上控制**，并表达如下意思：①如果应叫人不是绝对的弱牌，希望有关键的大牌或有用的单缺花色时叫到局；②如果应叫人具有逼叫成局的实力，则作为满贯试探的前奏；③即使应叫人牌力很弱，根据总墩数定律，也愿意打三阶高花定约。

常用的超转移的叫法有如下几种。

（1）开叫人16点大牌，5个以上控制，4333或4432牌型（双张花色有大牌），直接跳叫转移花色到三阶，例如上述牌（a）（b），都可以跳叫3♥进行简单的"超转移"；

（2）开叫人16点，并且有一门花色为**弱双张**VD（Vacant Doubleton）。超过转移花色叫VD*花色，表示4432牌型，所叫花色为2张小牌。例如上述的牌（c）叫3♣*，牌（d）叫2♠*，表示所叫花色上没有大牌且有将吃能力。

（3）同伴用于转移的花色（这里是♦）为弱双张，例如下面的牌（e）。这里不叫3♦而是叫2NT*，代替♦花色VD，将3♦*留作二次转移。

（e）♠ K J 10

♥ A K 9 5

♦ 7 2

♣ A 9 6 5

在超转移以后，应叫人再叫原则如下：

A.再叫用于转移的花色3♦*：①极弱的牌，二次转移到3♥后停叫；②二次转移到3♥后叫其他花色为扣叫，逼局探贯。

B.应叫人叫4♦*：10点左右，牌型不好，缺乏控制，没有满贯兴趣，逼开叫人转移到4♥后停叫。

C.叫其他花色：扣叫，满贯兴趣。

在同伴应叫2♥表示♠长套后的超转移与以上相仿。

6.3 斯台曼问叫

我们的开叫1NT为13.5~15.5点，应叫人如果有9点以上，有4张高花套，或4-4、4-5、4-6两套高花，都从2♣*斯台曼问叫开始。另外，为了高花转移、二次转移和低花转移的需要，我们的斯台曼问叫还包括9~11点没有4张高花的均型牌，以及有5张♠的5332牌型的牌。

对斯台曼问叫，开叫人只能回答2♦/2♥/2♠三种叫品之一。

（1）开叫人再叫2♦*：无4张高花套。

应叫人再叫如下：

A.Pass：p8~9，♦不少于4张。

B.2♥：p8~10，通常为5张以上♥，4张♠，不逼叫。

C.2♠：p8~10，5张♠（不保证4张♥），不逼叫。

D.2NT：p10~11，邀3NT。

E.3♣/3♦：$p \geqslant 12$，$n \geqslant 5$（通常有4张高花），逼局。

开叫人叫新花为配合低花的扣叫；没有满贯兴趣叫 3NT。

F.3♥*/3♠*：$p \geqslant 12$，斯莫伦转移叫（Smolen Transfer），所叫高花4张，另一高花5张（或更多），进局逼叫。

开叫人叫 3NT 或 4♥/4♠（应叫人表示的 5 张花色）到局表示低限，没有满贯兴趣；叫其他花色表示高花 5-3 花配合，满贯兴趣的扣叫。

G.3NT：p11~15，满足 3NT 定约。

H.4♣：$p \geqslant 16$，6 张以上 ♥（另有 4 张 ♠），强烈的满贯兴趣。

I.4♦：$p \geqslant 16$，6 张以上 ♠（另有 4 张 ♥），强烈的满贯兴趣。

J.4♥/4♠：p11~15，所叫花色 6 张（另一高花 4 张），仅成局。

K.4NT：p17~18，通常 4-4 高花或 4-3 高花，邀请 6NT。

注意这里开叫人没有 4 张高花，同时也没有明确将牌，4NT 是"示量邀请"而不是黑木（关键张）问叫。

（2）开叫人再叫 2♥：$n = 4$，不排除还有 4 张 ♠。

A.Pass：p8~9，3~4 张 ♥，满足此定约。

B.2♠：p8~10，5 张 ♠，不逼叫。

C.2NT：p10~11，邀 3NT。

D.3NT：p 12~15，没有 4 张 ♥，止叫。

E.3♣/3♦：$p \geqslant 12$，$n \geqslant 5$（通常有 4 张 ♠），逼局。

开叫人叫新花为配合低花的扣叫；没有满贯兴趣叫 3NT。

F.3♥：p9~10，$n = 4$，邀 4♥。

G.4♥：p 10~15，$n \geqslant 4$，止叫。

H.3♠*（三阶叫另一高花）：约定叫，与 ♠ 无关，通常 $p \geqslant 16$，至少 4 张 ♥ 支持，强烈的满贯意图。

开叫人叫 4♥ 表示低限控制不足；有满贯兴趣开始扣叫低花，此后双方 4NT 都是以 ♥ 为将牌的罗马关键张问叫。

I.4♣*/4♦*：爆裂叫，p12~15，所叫低花单缺，5 张以上 ♥（同时有 4 张 ♠），满贯兴趣。

开叫人有满贯兴趣可以接着扣叫，或直接叫 4NT 作以 ♥ 为将牌的罗马关键张问叫。

J.4NT：p17~18，邀请 6NT。

注意这里应叫人没有 4 张 ♥ 配合（通常有 4 张 ♠），4NT 是"示量邀请"而不是黑木（关键张）问叫。

（3）开叫人再叫 2♠：$n = 4$，肯定没有 4 张 ♥。

A.Pass：p8~9，3~4 张 ♠，满足此定约。

B.2NT：p10~11，没有 4 张 ♠，邀 3NT。

C.3NT：p12~15，没有 4 张 ♠，止叫。

D.3♣/3♦：$p \geqslant 12$，$n \geqslant 5$（通常有 4 张 ♥），逼局。

E.3♠：p9~10，$n = 4$，邀 4♠。

F.4♠：p10~15，$n \geqslant 4$，止叫。

G.3♥*（三阶叫另一高花）：约定叫，与 ♥ 无关，通常 $p \geqslant 16$，至少有 4 张 ♠ 支持，强烈的满贯意图。

H.4♣*/4♦*：爆裂叫，p12~15，所叫花色单缺，5 张以上 ♠（同时有 4 张 ♥），满贯兴趣。

I.4NT：p17~18，邀请 6NT。

例 6-9

西家持牌 东家持牌

♠ J 8 5 ♠ K Q 9 7

♥ A 7 ♥ K J 10 6 4

♦ K 8 4 3 ♦ 6 5 2

♣ A Q 7 3 ♣ 4

叫牌过程：

西	东
1NT	2♣*（斯台曼问叫）
2♦*（无 4 张高花）	2♥（9~10 点，5 张 ♥，4 张 ♠）
Pass	

应叫人 9 点，5-4 两门高花，通过 2♣ 斯台曼问高花寻求高花成局定约。开叫人回答 2♦，没有 4 张高花，应叫人叫出 5 张

高花止叫。

例 6-10

西家持牌   东家持牌

♠ A Q 8 5   ♠ K 10 9 7

♥ A 7 3   ♥ K 4

♦ Q 9 4 3   ♦ A 10 5

♣ K 7   ♣ A Q 4 2

叫牌过程：

西	东
1NT	2♣*（斯台曼问叫）
2♠（4张♠）	3♥*（有4张♠支持，满贯兴趣）
4♣（响应满贯兴趣扣叫）	4NT*（罗马关键张问叫）
5♠*（2关键张+♠Q）	6♠

例 6-11

西家持牌   东家持牌

♠ A J 8   ♠ K Q 9 7 4

♥ A 3   ♥ K 8 4 2

♦ Q 9 4 3   ♦ A J

♣ K 9 7 5   ♣ 8 4

叫牌过程：

西	东
1NT	2♣*（斯台曼问叫）
2♦*（无4张高花）	3♥*（12点以上，4张♥，5张♠）
4♠（合理定约）	

例 6-12

西家持牌   东家持牌

♠ A Q 8 5   ♠ K 10 9 7

♥ J 7 4 3   ♥ 4

♦ Q J 3   ♦ A K 10 5

♣ K Q   ♣ A 10 4 2

这副牌西家开叫 1NT，东家若应叫 2♣* 问高花起步，则在西家回答 2♥ 后，东家没有其他手段，只好再叫 3NT，西家也只好 Pass。

对这样特殊的一门高花 4 张另一门单张的 4441（或低花 5 张的 5431）牌型，当应叫人的牌点超过 12 点时，可以不用斯台曼约定叫，而是跳叫 3♥*/3♠*，表示跳叫的高花单张，另一高花 4 张，低花 4-4 或 5-3，逼局探贯。

叫牌过程：

西	东
1NT	3♥*（单张）
3♠（4 张 ♠ 满贯意图）	4NT*（罗马关键张问叫）
5♣*（1 关键张）	5♦*（问将牌 Q）
6♣*（♠Q＋♣K）	6♠

东家 3♥* 表示♥单张和满贯兴趣以后，西家如果低限或在♥花色上的牌点太重，可以直接叫 4♠（没有 4 张♠叫 3NT）表示对满贯不感兴趣。而这副牌，西家高限且在♥中几乎没有大牌点，叫 3♠ 确认将牌，东家经过罗马关键张问叫，轻松叫到 6♠。

如果西家没有 4 张 ♠，也不适合叫 3NT，有 5 张低花可以叫 4♣/4♦，探讨低花满贯。

6.4 低花套的叫法

传统的叫牌体系，对高花套比较重视，往往忽视了低花套，致使有些低花长套非均型牌，在"无将优先"的观念下不当地叫到高阶的无将定约而没有找到更加安全的五阶或六阶低花定约。

我们的体系，充分注意低花长套的作用，对应叫人没有 4 张高花，而持有 5 张以上低花，是这样处理的：

A.$p \leqslant 8$，牌型平均，低花长度不超过 5 张，通常不叫。

B.$p \leqslant 8$，6 张以上单套低花，应叫 2NT* 转移 3♣ 后停或改 3♦ 停叫。

C.$p \leqslant 8$，5-5 以上两套低花，2♠* 问低花后停在 3♣/3♦。

D.$p8\sim10$，6 张好低花，建设性应叫 3♣/3♦。

E.$p9\sim10$，5 张低花，假借斯台曼 2♣* 问叫后 2NT 邀请。

F.$p \geqslant 9$，5-4 以上两套低花，2♠* 问低花后邀请或逼局探贯。

G.$p11\sim15$，单套低花准均型，叫 3NT 止叫。

H.$p \geqslant 12$，6 张以上单套低花，2NT 转移 3♣ 后，逼局探贯。

I.$p8\sim10$，5-5 以上两套低花，叫 4♠*，让同伴选择 5 阶低花。

6.4.1　单套低花转移

6张以上单套低花的弱牌，花色套的质量不符合"弱牌好套"（缺少两个顶张大牌）时，就不能采取建设性应叫。这样的牌，要么不叫，要么进行低花转移后停叫。

应叫人叫 2NT*：通常表示有 6 张以上低花套。可能是 8 点以下的弱牌，也可能是 12 点以上的强牌。

开叫人无条件转移到 3♣。

应叫人如果是弱牌（$p0\sim8$）♣ 套，直接 Pass；如果是弱牌 ♦ 套，改叫 3♦，开叫人 Pass。

例 6-13

♠ 10 7 5

♥ 9

♦ K J 9 6 5 2

♣ J 6 4

这牌应叫 2NT*，开叫人无条件转移 3♣ 后，应叫人改叫 3♦。这样叫牌可以有效阻击对方的高花。

低花转移叫不仅用于弱牌，当应叫人持有 12 点以上的强牌时，也可以通过低花转移。

开叫人	应叫人
1NT	2NT*（低花转移）
3♣（接受转移）	应叫人再叫——

如果应叫人不是 Pass 或叫 3♦ 而叫其他的牌，则一定是 12 点以上，单套低花，逼局。

A. 应叫人 Pass：$p \leqslant 8$，6 张以上♣弱套，止叫；

B. 应叫人叫 3♦：$p \leqslant 8$，6 张以上♦弱套，止叫；

C. 应叫人再叫 3♥*：$p \geqslant 12$，6 张以上♣套，逼局；

D. 应叫人再叫 3♠*：$p \geqslant 12$，6 张以上♦套，逼局。

这里分别用级别较低的♥表示♣套，用级别较高的♠表示♦套。

开叫人如果没有满贯兴趣（低限或双张），叫 3NT；如果叫应叫人表示的花色，则是确定将牌且有满贯兴趣；叫其他花色也是同意应叫人低花为将牌的扣叫。

例 6–14

♠ A 6

♥ K 5

♦ K Q 9 6 5 2

♣ A 10 6

同伴开叫 1NT，这样的牌也是应叫 2NT* 转移 3♣。然后再叫 3♠* 表示 6 张以上♦套，逼局探贯。

6.4.2　2♠* 低花问叫

应叫人有 5–5 或 5–4 以上两套低花，可以通过 2♠* 约定叫问开叫人的低花。

应叫 2♠*：通常是 5-5 或 5-4 以上两套低花，问开叫人的低花。应叫人牌点不同，问叫的目的也不同，主要包括以下三种情形：

①$p \leqslant 8$，5–5 以上两套低花，2♠* 问低花后停在 3♣/3♦；

②$p9\text{~}11$，5–4 以上两套低花，2♠* 问低花后停叫或邀局；

③$p \geqslant 12$，5–4 以上两套低花，2♠* 问低花后逼局探贯。

开叫人没有 4 张低花叫 2NT，有 4 张以上低花叫 3♣/3♦。

（1）开叫人叫 2NT：没有 4 张低花。

A. 应叫人 Pass：$p9\text{~}10$，5-4 低花，停在相对安全的 2NT。

B. 应叫人叫 3♣：情形① $p \leqslant 8$，5-5 以上两套低花。

开叫人有 3 张 ♣ Pass，没有 3 张 ♣ 改 3♦ 止叫。

C. 应叫人叫 3♦*：$p \geqslant 12$，询问高花止张，逼局。

D. 应叫人叫 3♥*/3♠*，$p \geqslant 12$，所叫高花单张，逼局探贯。

E. 应叫人叫 3NT：$p11\sim15$，止叫。

F. 应叫人叫 4♣/4♦：$p \geqslant 12$，所叫花色6张（另一低花5张），强烈的满贯兴趣。

G. 应叫人叫 4♥*/4♠* :$p \geqslant 12$,所叫高花缺门，低花 5-5 以上，强烈的满贯兴趣。

（2）开叫人叫 3♣：4 张以上 ♣。

A. 应叫人 Pass：情形① $p \leqslant 8$，5-5 以上两套低花或 $p9\sim10$，5-4 低花，停在 3♣。

B. 应叫人叫 3♥*/3♠* : $p \geqslant 12$，所叫高花单张，逼局探贯。

C. 应叫人叫 4♥*/4♠* : $p \geqslant 12$，所叫高花缺门，以 ♣ 为将牌的排除关键张问叫。

D. 应叫人叫 4♣：$p \geqslant 12$，以 ♣ 为将牌的罗马关键张问叫。

E. 应叫人叫 5♣：$p10\sim11$，5 张以上 ♣，要打。

（3）开叫人叫 3♦：4 张以上 ♦。

A. 应叫人 Pass：情形① $p \leqslant 8$，5-5 以上两套低花或 $p9\sim10$，5-4 低花，停在 3♦。

B. 应叫人叫 3♥*/3♠* : $p \geqslant 12$，所叫高花单张，逼局探贯。

C. 应叫人叫 4♥*/4♠* : $p \geqslant 12$，所叫高花缺门，以 ♦ 为将牌的排除关键张问叫。

D. 应叫人叫 4♦：$p \geqslant 12$，以 ♦ 为将牌的罗马关键张问叫。

E. 应叫人叫 5♦：$p10\sim11$，5 张以上 ♦，要打。

例 6–15

西家持牌 东家持牌

♠ Q 7 5　　　　　　　　♠ 3

♥ A 7 6　　　　　　　　♥ K 5

♦ K J 8 3　　　　　　　♦ A Q 10 7 2

♣ A J 3　　　　　　　　♣ K Q 8 7 4

叫牌过程:

西　　　　　　　　　　东

1NT　　　　　　　　　2♣*（低花问叫）

3♦（4张以上♦）　　　3♠*（单缺，满贯兴趣）

4♣（扣叫）　　　　　4♦*（♦为将牌的关键张问叫）

4♠*（3关键张）　　　6♦

例 6–16

西家持牌 东家持牌

♠ 9 7 5 3　　　　　　　♠ 2

♥ A K J 6　　　　　　　♥ Q 10 5

♦ K J 8　　　　　　　　♦ A Q 7 2

♣ Q 3　　　　　　　　　♣ A J 8 7 4

叫牌过程:

西　　　　　　　　　　东

1NT　　　　　　　　　2♣*（低花问叫）

2NT（无4张低花）　　3♠*（单缺）

4♥（深思熟虑后的叫品）　Pass（有3张♥）

西家♠没有止张，两门低花的长度不够，不宜打五阶低花。还好，东家有 3 张♥，打 4–3 配合的 4♥，明手的 3 张将牌可以控制短门♠花色。

例 6-17

西家持牌   东家持牌

♠ 9 7 5 3   ♠ 2

♥ A K Q 6   ♥ 10 5

♦ K J 8   ♦ A Q 7 5 2

♣ Q 3   ♣ A K J 8 7

叫牌过程：

西   东

1NT   2♠*（低花问叫）

2NT（没有 4 张低花）   3♠（单缺）

4♥（准备打 4-3 配合）   4♠（请叫出 3 张低花）

5♦（3 张 ♦）   6♦！

6.4.3 低花选局

应叫人 8~10 点，有 5-5 以上两套低花，5521、5530 或 6511 等牌型，完成 3NT 比较难，最好的定约应该是 5♣ 或 5♦。

应叫 4♠*：*p*8~10，5-5 以上两套低花。

开叫人无条件叫 5♣ 或 5♦ 止叫，如果叫 4NT，不是问叫，而是让同伴选择低花。

例 6-18

西家持牌   东家持牌

♠ Q 7 5 3   ♠ 2

♥ A K 6   ♥ 10

♦ K J 8   ♦ Q 10 9 7 5 2

♣ K 5 3   ♣ A J 8 7 2

叫牌过程：

西   东

1NT   4♠*（低花选局）

4NT（低花 3-3）   5♦

东家虽然只有7个大牌点，但有6–5两个低花套叫4♠，让同伴选低花。西家低花3–3，叫4NT，东家选择6–3配合的♦将牌。

6.5 加叫无将

本体系对 1NT 开叫应叫 2NT* 不再是传统的邀请 3NT，而是约定为**低花转移叫**。原本自然应叫 2NT 的牌，则假借 2♣ 斯台曼后再邀请。

对1NT应叫3NT，一般没有4张高花，可能有5张或6张低花，不超过15点的准均型牌，开叫人一般没有必要再叫。

对1NT开叫直接应叫4NT：p17~18的均型牌，没有4张高花，也没有5张低花。通常是4333牌型或两门低花的4432牌型。

这是**示量加叫**，邀请小满贯。

开叫人如果只有13~14点，应该停在4NT；15点有5张低花可以直接叫到六阶；15~16点若有4–4两门低花，应争取找4–4配合的低花小满贯；如果是16点，则可以直接叫6NT。具体叫法如下：

（1）Pass：p13~14，停在 4NT；

（2）5♣：p15~16，4432 型，有包括 ♣ 在内的两个 4 张套；

（3）5♦：p15~16，4432 型，有 4 张 ♦ 和任一 4 张高花套；

（4）5♥：p15~16，4432 型，两套高花；

（5）5NT：p=15，4333 牌型；

（6）6♣/6♦：p=15，所叫低花 5 张；

（7）6NT：p=16，4333 牌型。

由于无论花色小满贯还是无将小满贯，都需要 12 墩牌，没有花色级别之差。开叫人 5 张低花时应优先选择低花满贯。开叫人持有 4432 牌型的机会是相当多的，我们这里的叫法可以把两个 4 张套表示出来，以使应叫人判断是否有选 4–4 低花满贯的机会。这里显示两套牌的方法是：**明确表示有这一门花色和一门级别较高的花色**。具体来讲就是，叫 ♣ 表示有包括 ♣ 在内的任意两套；叫 ♦ 表示有 ♦ 和任一门高花；叫 ♥ 表示两套高花。

这种显示两套牌的约定主要是为了探讨低花满贯服务的，以后我们还会用到，而且是贯穿全书的。

例 6-19

西家持牌   东家持牌

♠ Q 7 5   ♠ A K

♥ A K 7 6   ♥ J 5 3

♦ K Q 8 3   ♦ A 10 7 2

♣ J 3   ♣ K Q 8 4

叫牌过程：

西   东

1NT   4NT

5♦（♦+♥/♠）   6♦！

西家开叫 1NT，东家持分散的 17 点，牌型很平均且没有 4 张高花，也没有 5 张低花，应叫 4NT 作示量加叫。西家如果只有 13 或 14 点，应该 Pass。现在西家 15 点，两门红花色均为 4 张，叫出较低的 5♦，表示 4 张 ♦ 和一门 4 张高花，东家遂叫出 6♦。由于双方都有双张，6♦ 应该比 6NT 容易完成。

对 1NT 开叫直接应叫 5NT，一定是 22~23 点的均型牌，通常没有 4 张高花。5NT 应叫是逼叫而非简单的邀叫，开叫人只有 13~14 点也必须叫到小满贯；有 15 点有 5 张低花套或 16 点则直接叫到大满贯：

（1）6♣/6♦：p=13，5 张低花；

（2）6NT：p14~15，4333 或 4432 牌型；

（3）7♣/7♦：p14~15，所叫低花 5 张；

（4）7NT：p15~16。

对 1NT 开叫直接应叫 6NT/7NT，都是凭实力的自然叫，通常是非常平均的牌型。

第 7 章　1NT 开叫遭遇干扰后的叫牌

现代桥牌的竞叫越来越激烈，1NT 开叫后也经常被干扰，特别是对精确制的 1NT 开叫，遭加倍或遇争叫的情况更是常见。

7.1　1NT 开叫遭加倍后的叫牌

7.1.1　直接位置加倍

对精确 1NT 的加倍通常为 15 点左右或者更高。多数情况下应叫人是弱牌，这时应叫的主要目的是"逃叫"——找一个相对比较安全的部分定约。

关于开叫1NT被加倍后的逃叫有多种约定，我们结合本体系 1NT开叫的特点，采用如下比较流行的以最常见的4-4（以上）两套逃叫为核心的叫法。

A. 应叫人 Pass：有以下两种涵义：① $p \leqslant 6$，4333 牌型，弱牌无套；② $p \geqslant 7$，牌型较平均（可能有 5 张低花套）准备打防守反击。

这个 Pass 是**逼叫**。如果第四家也 Pass（放罚），开叫人有 5 张套**直接叫出**；没有 5 张套，叫**再加倍**，这是 SOS **求救信号**。再加倍后如果第二家不叫，应叫人是②可放过，迫使第四家去跑路；为①时叫 4 张套^{（注）}，直到在二阶找到 4–3 以上配合或对方不再叫加倍为止。

在以上过程中，对方如果叫牌，应叫人情形①（弱牌无套）就解除了危机，不必再叫牌；是情形②可以加倍惩罚对方或进一步竞叫。

B. 应叫人再加倍 *：$p \leqslant 6$，有 5 张以上单套（花色不确定）。

开叫人必须叫 2♣ 接力。然后，应叫人 Pass（♣套）或改正止叫。

C. 应叫人叫 2♣*/2♦*/2♥*：4 张以上，另有一个级别较高的 4 张花色。

开叫人有3张可以Pass，否则叫最低的4张套，找到4–3（或4–4）配合即可Pass。这个两套叫法是"逃叫"的核心。

D. 应叫人叫 2♠*：$p \geqslant 10$，任意 5 张以上套（不限花色），这是少见的情形之一，逼叫到局。

开叫人必须叫 2NT，然后，应叫人叫出 5 张套逼局。

E. 应叫人叫 2NT：$p \geqslant 10$，任意 5-5 以上两套，这更是少见情形，逼叫到局。

开叫人必须叫 3♣*，然后应叫人叫出最近的 5 张套，逼局。

F. 应叫人跳叫 3♣/3♦/3♥/3♠：$p8\sim10$，6 张以上好套，相当于没有加倍时的低花建设性应叫。开叫人可根据情况 Pass 或叫进局。

G. 应叫人跳叫 4♥/4♠/5♣/5♦：要打。

7.1.2　1NT—Pass—Pass—加倍

同伴开叫 1NT，第二家没有争叫，应叫人 7 点以下弱牌且没有长套也只有 Pass，第四家平衡位置作出加倍。这个加倍不

注：开叫人再加倍后，应叫人如果4张♣/♦/♥时直接叫2♣/2♦/2♥，当开叫人该花色双张时，可以叫4张套，从而保证4–3配合；但如果应叫人4333牌型唯一的4张花色是♠时，建议叫最低的3张2♣，以避免叫到可能的4–2配合的2♠。

一定有直接位置加倍那么高的点力，但肯定是均型牌，是一种保护性的加倍（第二家可能有较多的牌点）。

这种情况下，开叫人若有 5 张低花，就立即叫出来；如果没有 5 张低花，Pass，交给应叫人处理。

如果第二家也Pass（放罚），应叫人在平衡位置掌握主动权：7点或更多，就放过，让同伴愉快地完成这个1NT×；如果不到7点，要主动逃叫，具体方法是：

A.应叫人叫2♣/2♦：$p\leq6$，$n\geq5$张，要求开叫人无条件停叫。

B. 应叫人叫再加倍：求救信号，没有 5 张套，要求开叫人叫最低的 4 张花色，在二阶找到 4–3 以上配合的花色就停叫。

例 7–1

♠ 10 9 5

♥ 9 2

♦ K J 9 7 5

♣ 7 6 4

同伴开叫1NT，如果上家加倍，叫"再加倍"（表示有5张套），开叫人必须叫2♣，然后叫出2♦停叫。

如果上家 Pass，这样的牌没有必要主动应叫，先 Pass，准备打不加倍的 1NT 定约。但如果下家加倍，同伴和上家都 Pass，则直接叫 2♦ 止叫。

例 7–2

♠ 10 9 5

♥ 9 2

♦ K 10 9 7

♣ 10 6 5 4

同伴开叫 1NT，上家 Pass，你也 Pass。第四家平衡加倍，然后又是两个 Pass。

应叫人持这样的弱牌，不能"见死不救"！叫再加倍作为求救信号 SOS。

再加倍后如果第四家不叫，开叫人叫出最低的 4 张花色，直到在二阶找到 4-4 或 4-3 配合或对方不加倍为止。

7.2　1NT 遇争叫后叫牌

7.2.1　1NT—争叫 2♣/2♦/2♥/2♠—应叫

我们首先假设对方的争叫是自然意义，所叫的花色为实套。

1NT 遇到争叫后，不存在 2♣ 作为斯台曼问叫的空间了，同时转移叫也难以实施，这种进程后，应叫人叫花色为**自然叫**。

A. 应叫人 Pass：$p \leqslant 6$，没有 5 张套；或者 $p \geqslant 7$，准备打防守。

B. 叫二阶花色 2♦/2♥/2♠：$p \leqslant 7$，5 张以上套，止叫。

C. 叫三阶花色 3♣/3♦/3♥/3♠：自然实叫（无论是否跳叫）$p \geqslant 11$，$n \geqslant 5$，进局逼叫。

D. 叫 3NT*：牌型平均，$p \geqslant 12$，牌力足够成局，无 4 张未叫高花；或者 p10~11，有一个 6 张以上低花长套（最多缺 1 个顶张大牌）。这个 3NT 不保证对方争叫花色有止张（止张依赖于同伴的 1NT 开叫）。

E. 叫加倍：p9~11，通常不够逼局的竞叫，对方花色单缺（最多双张），对低花加倍通常有 4-4 高花，对高花加倍保证另一高花 4 张。

另外，p12~15，对方争叫花色有止张同时有未叫 4 张高花，也可以先加倍，下轮加叫同伴高花进局或叫 3NT。

开叫人认为合适可以将加倍转化为惩罚性。

F. 扣叫对方花色：$p \geqslant 12$，对方所叫花色通常较短（没有止张），扣叫对方低花，至少有一套未叫 4 张高花；扣叫对方高花保证另一高花 4 张。问开叫人高花或止张情况，进局逼叫。

G. 叫 2NT*：**莱本索尔**(Lebensohl) 约定叫：通常表示弱牌，有一个低于争叫花色的 6 张以上长套，转移到 3♣。

应叫 2NT 以后，开叫人无条件叫 3♣*。如果应叫人正好是

♣套，停在 3♣；否则改正后停叫。

如果应叫人在上家争叫的花色中有大牌，牌力足够打 3NT，也可以先"技术性"地叫 2NT*（逼到 3♣），待同伴转移到 3♣后再叫 3NT，表示对方争叫花色有止张，愿意打 3NT 定约。

7.2.2　莱本索尔约定叫

7.2.2.1　莱本索尔约定的基本含义

莱本索尔约定叫的基本含义是：在同伴 1NT 开叫，上家争叫二阶较高级别花色后，应叫人如果有一个较低级别的长套，则技术性地应叫 2NT，开叫人必须转移到 3♣。如果应叫人是♣套则停叫，否则修正到自己的长套停。这是一种同伴开叫 1NT 后争夺部分定约的有效手段。例如东家持牌：

（a）♠ J 2

　　♥ 9 7

　　♦ 8 3 2

　　♣ K 9 8 7 5 2

叫牌过程：

西	北	东	南
1NT	2♥	2NT	—
3♣			

东家的这个 2NT 便是莱本索尔约定叫，西必须无条件转移到 3♣。

（b）♠ Q 2

　　♥ 9 5

　　♦ K J 9 8 7 2

　　♣ 7 3 2

这样的牌则在同伴 3♣ 后修正为 3♦。

在这个基本约定的基础上，可以派生出许多其他的含义。

7.2.2.2　弱牌直接二阶止叫

应叫人如果有高于对方争叫花色的 5 张套，而且是弱牌，则直接在二阶叫出，是弱牌止叫。

（c）♠ 8 2

　　♥ K J 9 7 5 2

　　♦ 9 2

　　♣ J 7 3

在同伴1NT开叫，上家争叫2♣/2♦后，可以叫2♥，这是弱牌止叫。但如果上家争叫的是2♠，可以叫2NT，同伴义务性地"转移"到3♣后，你再叫3♥，止叫。

7.2.2.3　直接在三阶叫花色进局逼叫

如果有 5 张以上套和 11 点以上，具有进局逼叫实力，则直接在三阶叫自己的长套。

（d）♠ A 7 2

　　♥ K Q 9 7 2

　　♦ 9 5

　　♣ K 3 2

在同伴 1NT 开叫，上家争叫 2♣/2♦ 后，跳叫 3♥，逼叫到局。同伴可以在 3NT 和 4♥ 中选择一个叫品。

如果对方争叫的是 2♠，牌 (d) 直接在三阶叫 3♥ 也是进局逼叫，而牌 (c) 不能在上家 2♠ 争叫后直接叫 3♥，可以先叫 2NT，待开叫人转移到 3♣ 后再叫 3♥ 止叫。

7.2.2.4　间接的邀叫

持有 5 张高花邀叫实力的牌，例如：

（e）♠ J 7 2

　　♥ K Q 10 7 2

　　♦ 9 5

　　♣ A 3 2

在同伴1NT开叫，上家争叫2◆后，这牌不够跳叫3♥；简单应叫2♥又怕丢局。对于这样的有高花长套且有邀请实力牌，可以拐个弯——先技术性地应叫2NT，同伴义务叫出3♣后，再超过对方争叫花色叫出3♥，表示10点左右5张以上高花邀叫实力。

开叫人可以根据情况 Pass、叫 4♥ 或 3NT。

7.2.2.5　准备打 3NT 谁有止张

在对方争叫花色后，一个重要的问题是我们能否打 3NT，如果准备打 3NT，谁手里有止张？

如果应叫人没有止张，但有未叫的高花和逼局的实力，可以扣叫对方花色，同时问高花和止张。开叫人优先报 4 张高花，如果开叫人没有 4 张高花而且对方花色有止张，自然叫出 3NT。

但是，如果应叫人有成局实力，但却没有 4 张高花。例如持：

（f）♠ A Q 2

　　♥ K J 7

　　◆ 9 7 5

　　♣ K 9 3 2

在同伴 1NT 开叫，上家 2◆ 争叫后怎么办？由于没有 4 张高花，不适合加倍或扣叫；叫 3♣ 不仅严重歪曲牌型，有可能误导同伴试探满贯而超过 3NT。

使用莱本索尔约定叫的牌手，持这样的牌会直接叫3NT*，表示没有4张未叫高花，对方花色也没有止张的成局实力牌。通常来说，开叫人有对方争叫花色的止张，应该满足于3NT定约。万一开叫人也没有止张，就可以考虑选择4-3配合的高花或者低花定约了。

那么，应叫人持有：

（g）♠ A 7 2

　　♥ K 9 5

　　◆ K J 9

　　♣ Q 7 3 2

在 1NT 开叫，2◆ 争叫后就不能直接封 3NT 了，而是绕个弯：先叫 2NT*，开叫人转移 3♣* 后，应叫人再叫出 3NT*，表示对方花色有止张。

凡是约定叫都会牺牲一个自然叫品，莱本索尔约定叫的代价是牺牲了 2NT 这个自然叫品。这点牺牲是值得的，因为 2NT 定约本身就是一个食之无肉、弃之有味的"鸡肋"，做无将定约在防守方有长套花色时，主要看对方的花色能否守住，如能守住的话往往可以取得 9 墩以上（丢了 3NT），如果守不住，往往完不成 2NT 定约。

那么，持有 9 点左右，牌型平均，在对方花色中有赢墩，就要选择防守了。

7.2.3 对两套争叫的约定

许多搭档约定对 1NT 开叫后争叫 2♣ 为兰迪约定叫，表示有 4-5 两套高花。

对付这样的特殊争叫，我们采用与新睿类似的约定。

A. pass：$p \leqslant 7$，且没有 6 张以上低花。

B. 加倍：$p \geqslant 9$，至少能惩罚一门高花，准备惩罚对方或探讨 3NT。

C. 叫 2◆：$p \leqslant 7$，$n \geqslant 5$，弱牌。

D. 扣叫 2♥：p5~10，5-5 两套低花，竞叫，请同伴选低花。

E. 扣叫 2♠：$p \geqslant 11$，5-5 以上两套低花，逼局。

F. 叫 2NT：莱本索尔，单套 ♣，转移 3♣。

G. 叫 3♣/3◆：$p \geqslant 11$，$n \geqslant 5$，逼局。

H. 跳扣叫 3♥/3♠：$p \geqslant 11$，通常 5431 或 5440，所叫高花单缺，另一高花有大牌，低花 5-4。

对抗其他两套争叫的约定，也可以参考这里的原则：

二阶叫非对方表示的花色为弱牌止叫；2NT 为转移 3♣（无论对方是否表示有 4 张以上 ♣）；三阶（无论是否跳叫）非对方

表示的花色为逼局；扣叫对方单套花色逼局；扣叫对方两套中的级别较低的为两套竞叫（另外两套5-5以上的弱牌）；扣叫对方两套中级别较高的花色为两套逼局；跳扣叫对方一门花色为类似5431牌型扣单缺。

如果对方争叫2NT表示两套低花，我们扣叫3♣表示5-4以上高花的竞叫（请同伴选叫三阶高花）；扣叫3♦逼局；而叫3♥/3♠为单套邀请（不逼叫）；叫3NT或叫4♥/4♠为封局止叫。对2NT加倍则是可以惩罚三阶低花。

7.2.4 1NT—争叫 3♣ 以上—应叫

对方三阶以上争叫后，已经没有弱牌竞叫的空间。三阶叫花色通常是邀请进局；3NT或直接叫四阶高花进局为止叫；对三阶花色的加倍，不得已而为之的叫品，通常应保证有未叫高花。加倍的阶数越高，开叫人放罚的可能性越大。有逼局实力的4441一类牌，可以扣叫对方花色逼局。

第8章　2NT 开叫后的叫牌

现代叫牌体系，开叫无将的牌点范围有变小的趋势，传统 2NT 开叫牌点范围是 22~24 点，现代无论自然或精确体系，基本上都统一到 20~21 点了。我们也采取这个标准，不过对一些特殊牌型的 22 点，我们也列入 2NT 开叫。

开叫 2NT 的条件：$p20$~21，任意 4333、4432 或 5332 牌型。

作为特殊情况，恰好 22 点，4333 牌型或单张顶张大牌（A、K 或 Q）的 4441 牌型，我们也作开叫 2NT 处理。

8.1　第一轮应叫

A. **均型弱牌 Pass**：$p \leqslant 3$，牌型比较平均，通常没有 5 张以上高花或 6 张以上低花。

B. **高花转移**叫 3♦*/3♥*：牌点不限，保证 5 张以上 ♥/♠ 套。绝大多数单套 5 张高花、5-5 两套高花，以及 5 高 -4 低以上两套，都从高花转移叫开始。

6 张以上单套高花，也可以直接用德克萨斯在四阶转移。

C. **低花转移**叫 3NT*/4♣*：单套 6 张以上 ♣/♦，但不适合打 3NT 的牌。

这里我们约定：单套 6 张以上低花的极弱牌（$p \leqslant 3$），或超过 3NT 实力（$p \geqslant 9$）的牌，从低花转移起步。

注意这里的 3NT 不是自然"要打"的意思；4♣* 也不是传统的"问 A"。事实上，2NT 开叫后几乎没有适合直接格伯问 A

的情况，过去 2NT 开叫后 4♣ 问 A 这个叫品实际上长期被闲置。这里我们采用专业牌手的约定，分别用 3NT 和 4♣ 表示转移 4♣和 4♦。相应地，自然加叫 3NT 的牌则通过傀儡斯台曼 3♣ 的进程实现。

D. **傀儡斯台曼 3♣***：$p \geqslant 4$，主要包括有 3 或 4 张高花、5~6 张低花均型或准均型、4-5 两套高花、4 高 5 低花等牌型；不包括 5-5 两套高花、5 高 -4/5 低两套，以及成局以上实力的单套低花或 5-4 以上两套低花等牌型。问开叫人的高花情况。

E. **低花问叫 3♠***：$p \geqslant 9$，5-4 以上低花，逼局探贯。

F. **低花选局 4♠***：$p4\text{~}7$，5-5 以上低花，让同伴选择 5♣/5♦停叫。

G. **均型满贯叫法**：$p \geqslant 11$，4 张低花的 4333 或 4432 牌型。

①4NT：$p11\text{~}12$，示量加叫，小满贯邀请。

②6NT 止叫：$p13\text{~}14$。

③5NT：$p15\text{~}16$，逼叫到小满贯，邀请大满贯。

④7NT：$p \geqslant 17$。

直接应叫 4NT、5NT，通常为 4333 牌型或两套低花的 4432牌型，开叫人的再叫要尽可能地寻找 4-4 或 5-3 配合的低花满贯定约。

8.2 高花转移叫

8.2.1 3♦* 转移 3♥ 后的叫牌

应叫人叫 3♦*：5 张以上♥，牌点不限，转移后可以停叫或逼局。

开叫人必须接受转移叫 3♥。

A. 应叫人 Pass：$p \leqslant 4$，停叫。

B. 应叫人叫 3NT：$p5\text{~}10$，5 张 ♥，让开叫人选局。

C. 应叫人叫 3♠*；$\geqslant 10$，5-4 以上高花，满贯兴趣。

D. 应叫人叫 4♣*/4♦*：$p \geqslant 11$，4 张以上，逼局探贯。

E. 应叫人叫 4♥* ; *p*6~9，6 张以上 ♥，意犹未尽。

F. 应叫人叫 4NT : *p*11~12，5332 牌型，邀请满贯。

8.2.2　3♥* 转移 3♠ 后的叫牌

应叫人叫 3♥* :5 张以上 ♠,牌点不限,转移后可以停叫或逼局。

开叫人必须接受转移叫 3♠。

A. 应叫人 Pass : *p* ≤ 4，停叫。

B. 应叫人叫 3NT : *p*5~10，5 张 ♠，让开叫人选局。

C. 应叫人叫 4♥* ; *p*5~10，5-5 以上高花，让开叫人选局。

D. 应叫人叫 4♣*/4♦* : *p* ≥ 11，4 张以上，逼局探贯。

E. 应叫人叫 4♠ ; *p*6~9，6 张以上 ♠，意犹未尽，微弱的满贯意图。

F. 应叫人叫 4NT : *p*11~12，5332 牌型，邀请满贯。

注意: 5-5 两套高花选局的牌，先转移 3♠ 再叫 4♥ 不逼叫；而先转移 3♥ 再叫 3♠ 则是逼局探贯。

另外，与 1NT 开叫后二阶高花转移相似，三阶转移叫后直接加叫到四阶，是介于德克萨斯两种情形之间的叫法，表示牌点充足（一般 6~9 点），当开叫人配合好控制足时可以探讨满贯。

例 8-1

西家持牌　　　　　　东家持牌

♠ K J　　　　　　　♠ Q 7 4 3 2

♥ A Q 6　　　　　　♥ K 9 8 7 5

♦ K 10 9　　　　　　♦ 7 4

♣ A K 9 8 2　　　　♣ 7

叫牌过程：

西　　　　　　　　东

2NT　　　　　　　3♥*（转移 ♠）

3♠（无条件接受）　4♥（5-5 高花，选局）

Pass（同意 ♥ 将牌）

东家只有高花选局的实力，叫 3♥ 转移到 3♠ 后再叫 4♥，让同伴选择。如果西家 2 张 ♥，3 张以上 ♠，自然会改成 4♠。

例 8-2

西家持牌	东家持牌
♠ K J	♠ A 3 2
♥ A Q 6	♥ K 9 8 7 5
♦ K 10 9	♦ A J 7 4
♣ A K 9 8 2	♣ 7

叫牌过程：

西	东
2NT	3♦*（转移 ♥）
3♥（无条件接受）	4♦（第二套，满贯兴趣）
4♥（同意 ♥ 将牌）	4NT（问关键张）
5♠（2 关键张 +Q）	6♥

8.2.3 德克萨斯高花转移叫

应叫人如果 6 张以上单套高花，牌点较低（一般不超过 6 点）或牌型较差，直接用四阶德克萨斯转移后 Pass；有满贯意图的牌（10 点以上），也可以四阶转移后直接 4NT 问关键张。

例 8-3

西家持牌	东家持牌
♠ A 9 8	♠ K 10 2
♥ A Q 6	♥ K 10 9 8 7 5 4
♦ A Q J 8	♦ 7
♣ K J 9	♣ A 8

叫牌过程：

西	东
2NT	4♦*（转移 ♥）
4♥（无条件接受）	4NT *（问关键张）
5♦（3 个）	5♥（问将牌 Q）
6♣（♥Q+♣ K）	7♥ ！

8.3　傀儡斯台曼

应叫人叫 3♣* 问高花，保证 5 点以上，问叫以后必须进局（2NT 开叫后没有邀请的叫品）。开叫人回答可以区分有 5 张高花、4 张高花或没有高花等情况。

（1）开叫人叫 3♦*：没有 5 张高花，有 4 张（或 4-4 两套）高花。

对 3♣ 问叫，回答 3♦ 表示有 4 张高花或 4-4 两套高花。为了让开叫人成为庄家（避免强牌成为明手），应叫人采取如下转移叫法：

A. 应叫人叫 3♥*：有 4 张 ♠ 套（没有 4 张 ♥），要求开叫人没有 4 张 ♠ 时叫 3NT，有 4 张 ♠ 叫 3♠。

开叫人叫 3♠ 后，应叫人没有满贯兴趣叫 4♠ 止叫；有满贯兴趣叫新花扣叫或直接 4NT 问叫。

B. 应叫人叫 3♠*：有 4 张 ♥ 套（没有 4 张 ♠），要求开叫人没有 4 张 ♥ 时叫 3NT，有 4 张 ♥ 时叫 4♥ 或顺路扣叫低花控制。

开叫人扣叫低花或叫 4♥ 后，应叫人没有满贯兴趣停在 4♥ 定约；有满贯兴趣继续扣叫或直接 4NT 问叫。

C. 应叫人叫 3NT：没有 4 张高花（可以有 5~6 张低花），止叫。

D. 应叫人叫 4♣*：p≥11，4-4 或 4-5 高花，进入满贯叫牌（开叫人叫 4 张高花确认将牌）。

E. 应叫人叫 4♦*：p ≤ 10，4-4 或 4-5 高花，没有满贯兴趣，要求开叫人叫出 4 张高花止叫。

这样问答和再叫，保证了在通常情况下，开叫人都能成为庄家（避免强牌当明手），因此称为**傀儡斯台曼**（Puppet Stayman）。

（2）开叫人叫3♥/3♠：所叫花色为5张套。

A. 应叫人叫 3NT：$p \leqslant 10$，没有 3 张高花配合（可以有 5~6 张低花）。

B. 应叫人加叫 4♥/4♠：$p \leqslant 10$，配合高花，止叫。

C. 应叫人其他花色：$p \geqslant 10$，至少 3 张配合高花，满贯兴趣。

（3）开叫人叫 3NT：无 4 张高花套。

A. 应叫人 Pass：$p \leqslant 10$，牌型比较平均（包括 10 点以下两门高花 4432/5422 或 5~6 张低花准均型）。

B. 应叫人叫 4♣：$p \geqslant 11$，5 张以上♣，自然叫，逼局探贯。

开叫人叫 4♦：5 张♦，3 张♣，满贯兴趣；

开叫人叫 4♥/4♠：3 张以上♣，扣叫，满贯兴趣；

开叫人叫 4NT：2 张♣（5 张♦）或 4333 牌型，不逼叫；

开叫人叫 6♣/6NT：要打。

C. 应叫人叫 4♦：$p \geqslant 11$，5 张以上♦，自然叫，逼局探贯。

开叫人叫 4♥/4♠：3 张以上♦，扣叫，满贯兴趣；

开叫人叫 4NT：4333 牌型或 2 张♦（5 张♣），不逼叫。

D. 应叫人叫 4♥：$p10\sim11$，6 张♥，4 张♠，不逼叫。

E. 应叫人叫 4♠：$p10\sim11$，6 张♠，4 张♥，不逼叫。

F. 应叫人叫 4NT：$p11\sim12$，示量邀请，牌型较平均（可以有 4-5 双高花）。

G. 应叫人叫 6♥/6♠：$p13\sim15$，6 张♥/♠（另一高花 4 张）。

H. 应叫人叫 6NT：$p13\sim16$，牌型较平均（可以有 4-5 双高花）。

例 8-4

西家持牌　　　　　　　　东家持牌

♠ A J　　　　　　　　　♠ 8 2

♥ A K 9 6　　　　　　　♥ Q 10 8 5

♦ K J 10 8　　　　　　　♦ 9 7 2

♣ K Q 3　　　　　　　　♣ A J 7 4

叫牌过程：

西　　　　　　　　　　　东

2NT　　　　　　　　　　3♣（傀儡斯台曼）

3♦（有 4 张高花）　　　　3♠（4 张 ♥）

4♥　　　　　　　　　　　Pass

例 8-5

西家持牌　　　　　　　　东家持牌

♠ A 9 8　　　　　　　　♠ K J 10 2

♥ A Q 6　　　　　　　　♥ K 9 8 7 5 4

♦ K Q J 8　　　　　　　♦ 7

♣ K J 9　　　　　　　　♣ A 8

叫牌过程：

西　　　　　　　　　　　东

2NT　　　　　　　　　　3♣*（傀儡斯台曼）

3NT（没有 4 张高花）　　4♥*（6 张 ♥）

4♠（3 张 ♥，扣叫）　　　4NT（问关键张）

5♠（2+Q）　　　　　　　6♥

例 8-6

西家持牌　　　　　　　　东家持牌

♠ A J　　　　　　　　　♠ 8

♥ A K 6　　　　　　　　♥ Q 10 9 5

♦ K 9 8　　　　　　　　♦ A Q 10 7 3

♣ A J 9 3 2　　　　　　♣ K Q 8

155 ·

叫牌过程：

西	东
2NT	3♣*（傀儡斯台曼）
3NT（没有 4 张高花）	4♦*（5 张以上 ♦）
4♥（扣叫，支持 ♦）	4NT（问关键张）
5♣*（4 关键张）	5NT（大满贯逼叫）
6♥（♥K，可承受 6NT）	7♦！

8.4   低花套叫法 **

8.4.1   单套低花转移的叫法

应叫人有 5 张低花的均型或准均型牌，不超过 10 点时，通常假借 3♣* 傀儡斯台曼问叫。如果找到高花 5-3 配合，应叫人的低花可以隐蔽起来；如果没有找到配合的高花，再叫 3NT。

除了适合 3NT 的牌以外，应叫人有 6 张以上单套低花的弱牌或强牌，**我们用低花转移叫。**

A. 应叫人叫 3NT*：6 张以上 ♣，$p \leqslant 3$ 或 $p \geqslant 9$，强制转移 4♣。

开叫人无条件叫 4♣。

然后，应叫人极弱的牌可以 Pass；9 点以上叫新花扣叫探贯。

B. 应叫人叫 4♣*：6 张以上 ♦，$p \leqslant 3$ 或 $p \geqslant 9$，强制转移 4♦。

开叫人无条件叫 4♦。

然后，应叫人极弱的牌可以 Pass；9 点以上叫新花扣叫探贯。

8.4.2   5-5 以上两套低花选局

应叫人牌点 7 点以下，有 5-5 以上两套低花，打 3NT 把握不大，但五阶低花应该是合理定约，这样的牌我们采用约定叫 4♠* 逼开叫人选择五阶低花。

应叫人叫 4♠*：$p4\sim7$，5-5 以上两套低花。

开叫人无条件选择最长的低花，叫 5♣/5♦ 停叫。

8.4.3　5-4 以上两套低花满贯

应叫人有 9 点以上，而且有 5-4 以上两套低花时，可以用约定叫 3♠* 进行低花问叫。询问开叫人的 4 张低花，探讨低花满贯。

开叫人回答如下：

（1）开叫人叫 3NT：没有 4 张低花。

A. 应叫人 Pass：p9~10，止叫。

B. 应叫人再叫 4♣*：$p \geqslant 11$，5 张以上♣（4 张以上♦），满贯兴趣。

开叫人叫 4♦/4♥/4♠：有 3 张♣支持，响应♣满贯，扣叫控制。

开叫人叫 4NT：p20~21，2 张♣，不逼叫。

开叫人叫 6NT：p=22，4333 牌型。

C. 应叫人再叫 4♦*：$p \geqslant 11$，5 张以上♦，（4 张♣），强烈的满贯兴趣。

开叫人叫高花为响应♦满贯兴趣的扣叫，保证 3 张♦支持；如果没有 3 张♦，叫 4NT 不逼叫。

（2）开叫人再叫 4♣/4♦：所叫花色 4 张以上。

应叫人直接 4NT 为关键张问叫。

（3）开叫人再叫 4♥/4♠，低花 4-4，有满贯兴趣，扣叫。

例 8-7

西家持牌

♠ A K J
♥ A K Q 6
♦ Q 10 8 3
♣ Q 3

东家持牌

♠ 8 2
♥ 8 4
♦ K J 9 2
♣ A K J 7 4

叫牌过程：

西	东
2NT	3♠（问低花）
4♦（4张♦）	4NT（♦将牌问关键张）
5♠（2关键张+将牌Q）	6♦

例 8-8

西家持牌 东家持牌

♠ A K Q 8 ♠ 6

♥ A Q 9 2 ♥ 8 6 4

♦ J 9 ♦ K Q 3 2

♣ K J 6 ♣ A Q 9 7 4

叫牌过程：

西	东
2NT	3♠（问低花）
3NT（无4张低花）	4♣（5张以上♣，4张以上♦）
4♥（配合♣，扣叫）	4NT（♣将牌问关键张）
5♦（3关键张）	6♣

例 8-9

西家持牌 东家持牌

♠ A K 10 ♠ J 8 2

♥ A Q J 8 ♥ K 2

♦ A J 9 ♦ 3 2

♣ Q 6 2 ♣ A K 8 7 4 3

叫牌过程：

西	东
2NT	3NT*（转移4♣）
4♣（接受转移）	4♥（扣叫）
4♠（扣叫）	4NT*（♣将牌问关键张）
5♦（3关键张）	7♣

第9章 2♣开叫后的叫牌

开叫 2♣ 的条件：$p11\sim15$，$n \geq 6$；或 $n=5$，另有 4 张高花。

第三家 $p11\sim15$，$n=5$ 即可开叫 2♣，不再要求有 4 张高花。

9.1 加叫

对 2♣ 开叫直接加叫，都是限制性的，不逼叫，牌点一般不超过 12 点，而且没有 4 张高花。

A.加叫3♣：$p8\sim10$，3张以上♣支持，没有4张高花，不逼叫。

开叫人通常不叫，高限 6 张以上 ♣ 可考虑叫 3NT；或好牌型还可考虑叫 5♣。

B.加叫5♣：关煞叫，通常不超过12点，4张以上支持，好牌型。

对 2♣ 开叫应叫 4♣*，我们不作为阻击叫，而作为以 ♣ 为将牌的罗马关键张问叫，这是本体系的特殊约定叫（详见 9.5）。

9.2 应叫无将

无将应叫都否认有 4 张高花，且都不逼叫。

A. 应叫 2NT：$p11\sim12$，牌力分散，没有 4 张高花，邀 3NT。

2NT 应叫后，开叫人低限可以 Pass 或再叫 3♣ 止叫；高限加叫到 3NT；再叫其他花色，高限并逼叫到局。

B. 应叫 3NT：$p13\sim15$，牌力分散，牌型平均，没有 4 张高花。

3NT 应叫后，开叫人一般不叫，叫新花则是♣满贯兴趣的扣叫，希望应叫人响应作出扣叫。

9.3 应叫高花

由于2♣开叫后成局以下应叫的空间小了，应叫高花的含义与一阶花色开叫后不同。

高花"二盖二"应叫2♥/2♠不是逼叫，而是表示8~11点，所叫花色5~6张套，仅仅作微弱的进局试探；而跳应叫3♦/3♥/ 3♠是兴趣较高的邀请，表示10~12点，所叫花色是6张以上好套，强烈的进局邀请。

开叫人根据自己的持牌情况可以Pass或加叫到局；如果开叫人叫3NT，那一定是♣为7张以上坚强套，其他两门都有止张；如果开叫人叫其他花色，则是配合高花的扣叫，进局逼叫。

例 9-1

西家持牌	东家持牌
♠ J 6	♠ 4
♥ K 10 8 4	♥ A Q 7 5 2
♦ 7 6	♦ K 9 5 3
♣ A K J 7 5	♣ 10 4 3

叫牌过程：

西	东
2♣	2♥（不逼叫）
3♥（邀请）	4♥（值得一试）

例 9-2

西家持牌	东家持牌
♠ K 6	♠ A Q J 7 5 4
♥ A 10 4	♥ 8
♦ 7 4	♦ K 8 5 3
♣ A Q J 7 6 5	♣ 10 4

叫牌过程：

西	东
2♣	3♠（邀请）
4♠	

9.4 2♦* 问叫

精确制 2♣ 开叫占用了较大的叫牌空间，仍然通过自然叫很难在 3NT 以下充分交换信息，因此，除了上述几种比较明确的限制性自然描述叫牌外，统统从约定叫 2♦* 问叫起步，询问开叫人的详细牌情。

2♦* 问叫的条件：具有逼局以上的实力，通常 $p \geqslant 13$（或好的 12 点）。当应叫人牌型合适（有 4 张高花，♣ 不少于 3 张时），大牌点可以低至 9 点。

对 2♦ 问叫，开叫人再叫总是进行自然描述。

（1）开叫人叫 2♥：有 4 张 ♥，不区分高低限。

A. 应叫人叫新花 2♠/3♦：$p \geqslant 13$，$n \geqslant 5$ 自然叫，逼局。

B. 应叫人叫 3♣：$p9{\sim}12$，没有 4 张 ♥（有 4 张 ♠），不逼叫。

C. 应叫人加叫 3♥：$p9{\sim}10$，4 张 ♥，邀请。

D. 应叫人加叫 4♥：$p9{\sim}12$，4 张以上 ♥，止叫。

E. 应叫人跳叫 3♠*/4♦*：$p \geqslant 13$，5 张以上 ♥ 支持，所跳花色单缺，满贯意图。

F. 应叫人叫 3NT：$p13{\sim}15$，没有 4 张 ♥，止叫。

G. 应叫人叫 4♣**：以 ♣ 为将牌的罗马关键张问叫。

H. 应叫人叫 2NT*：约定叫，$p \geqslant 13$，配合 ♥ 或 ♣，继续问叫（逼局），等待开叫人进一步描述。

①开叫人再叫 3♣：低限，6 张以上 ♣；

②开叫人再叫 3♦/3♠：3 或 4 张 ♦/♠，另一花色单缺；

③开叫人再叫 3♥：低限 5422 牌型；

④开叫人再叫 3NT：高限 5422 牌型；

⑤开叫人再叫 4♣：高限 6 张以上 ♣。

（2）开叫人叫 2♠：有 4 张 ♠，不区分高低限。

应叫人再叫原则同上：叫 3♣/3NT/4♠ 不逼叫；加叫 3♠ 为邀请；叫新花为 13 点以上自然叫，逼局；跳叫新花 4♦*/4♥* 为爆裂单缺（5 张以上 ♠）；2NT* 为约定叫，等待开叫人进一步描述。

（3）开叫人叫 2NT：高限 $p14\sim15$，6 张以上 ♣，没有 4 张高花。

A. 应叫人叫 3♣：$p9\sim10$，2 张以上 ♣，不逼叫。

B. 应叫人叫 3♦/3♥/3♠：$p \geqslant 11$，$n \geqslant 5$，逼局。

C. 应叫人再叫 3NT；$p10\sim15$，止叫。

D. 应叫人跳叫 4♦*/4♥*/4♠*：$p \geqslant 13$，4 张 ♣ 或 3 张有大牌，所跳花色单缺，满贯意图。

E. 应叫人叫 4♣**：以 ♣ 为将牌的罗马关键张问叫。

（4）开叫人叫 3♣：低限 $p11\sim13$，6 张以上 ♣，没有 4 张高花。

A. 应叫人 Pass：无进局实力。

B. 应叫人叫 3♥/3♠：$p \geqslant 13$，$n \geqslant 5$ 自然叫，逼局。

C. 应叫人叫 3NT：$p13\sim16$，保证止张，止叫。

D. 应叫人再叫 3♦*：$p \geqslant 13$ 重询高花止张情况。

①开叫人叫 3♥：♥ 有止张，♠ 无止张。

②开叫人叫 3♠：♠ 有止张，♥ 无止张。

③开叫人叫 3NT：两门高花均有止张

④开叫人叫 4♣：双高花无止张。

E. 应叫人跳叫 4♦*/4♥*/4♠*：$p \geqslant 14$，4 张 ♣ 或 3 张有大牌，所跳花色单缺，满贯意图。

F. 应叫人叫 4♣**：以 ♣ 为将牌的罗马关键张问叫。

（5）开叫人叫 3♦：高限 $p14\sim15$，6 张以上 ♣，4 张 ♦，无 4 张高花。

（6）开叫人叫 3NT：♣AKQ 领头的 6 张以上坚固套，没有 4 张高花，没有缺门。

A.Pass：低限控制差。

B. 应叫人叫 4♣**：以 ♣ 为将牌的罗马关键张问叫。

C. 应叫人叫 4♦/4♥：扣叫，希望开叫人能继续扣叫。

D. 应叫人叫4NT：邀请开叫人7张♣叫6NT，6张♣停叫。

E. 应叫人叫 5♣：p9~10，其他花色有单缺。

例 9-3

西家持牌

♠ 6

♥ K J 10 8

♦ Q 7 6

♣ A Q J 7 5

东家持牌

♠ K J 5 2

♥ A Q 9 7 3

♦ 4

♣ 10 4 3

叫牌过程：

西	东
2♣	2♦
2♥	4♥

应叫人只有 10 点，但由于有 5-4 两套高花并有 3 张 ♣ 作保障，有恃无恐，用 2♦ 问叫，找到 5-4 配合，叫到的 4♥。

例 9-4

西家持牌

♠ Q 8 6

♥ 8

♦ Q 7 6

♣ A K J 7 5 2

东家持牌

♠ K J 5 2

♥ A Q 9 7 3

♦ 4

♣ 10 4 3

叫牌过程：

西	东
2♣	2♦
3♣	Pass

西家的回答3♣（低限没有4张高花）后，东家可以及时停叫。

例 9–5

西家持牌

♠ 6 2
♥ A 10 4
♦ Q 4
♣ A Q J 7 6 5

东家持牌

♠ K Q 5 4 3
♥ K Q 8
♦ K J 5
♣ 10 4

叫牌过程：

西	东
2♣	2♦（问叫）
3♣（低限 6 张 ♣）	3♠（5 张以上，逼叫）
3NT	

东家经过 2♦ 问叫后再叫 3♠，表示 5 张以上高花，逼局以上实力，西家没有 3 张 ♠ 配合，选择 3NT 定约。

例 9–6

西家持牌

♠ Q 8 6
♥ 10 8
♦ K Q
♣ A K J 7 5 2

东家持牌

♠ A 10 5 2
♥ Q J 7 3
♦ 4
♣ Q 9 5 4

叫牌过程：

西	东
2♣	2♦
2NT	3♣（不逼叫）
Pass	

东家虽然只有 9 点大牌，但 4441 牌型，只要找到高花配合，就可能进局。在西家回答 2NT 表示高限没有 4 张高花以后，东家叫回 3♣。西家虽有 ♦ K Q，但缺乏护张，及时止叫。

例 9-7

西家持牌　　　　　　　　东家持牌

♠ J 6 2　　　　　　　　♠

♥ J 8　　　　　　　　　♥ A 10 6 2

♦ Q 7　　　　　　　　　♦ A K J 5 2

♣ A K 10 7 6 5　　　　♣ Q 9 4 2

叫牌过程：

西　　　　　　　　　　东

2♣　　　　　　　　　　2♦（问叫）

3♣（低限 6 张）　　　　3♦（接力问高花止张）

4♣（双高花均无止张）　　7♣（！）

这是笔者早年在一场大型双人赛中打过的一副牌（当时曾发表在《棋牌周报》上）。笔者持这里东家的牌，通过 2♦ 问叫和 3♦ 重询，当同伴回答"双高花无止张"后，直接 7♣ 一锤定音！这是当时全场 11 桌中唯一叫到 7♣ 的一桌。

9.5　以 ♣ 为将牌的罗马关键张问叫 **

对 2♣ 开叫直接应叫 4♣*，或通过 2♦ 问叫后，应叫人叫 4♣，作为以 ♣ 为将牌的罗马关键张问叫，可以避免使用 4NT 问叫。当然，通过高花扣叫的进程以后，如有必要，仍然可以用 4NT 进行关键张问叫。

例 9-7

西家持牌　　　　　　　　东家持牌

♠ J 6 2　　　　　　　　♠ 9

♥ A 8　　　　　　　　　♥ K Q 6 2

♦ Q 7　　　　　　　　　♦ A K J 5 2

♣ A J 10 7 6 5　　　　♣ Q 9 4

叫牌过程：

西	东
2♣	2♦（问叫）
3♣（低限6张）	4♣*（♣将牌问关键张）
4♠（2关键张）	5♣（安全停叫）

例 9-8

西家持牌	东家持牌
♠ A Q 6 2	♠ 9
♥ 8 5	♥ K Q 6 2
♦ 7	♦ A K J 5 2
♣ A Q 10 7 6 5	♣ K 9 4

叫牌过程：

西	东
2♣	2♦（问叫）
2♠（4张）	2NT*（等待）
3♣（6张）	4♣*（♣将牌问关键张）
4NT（2关键张+♣Q）	6♣

9.6　对方干扰后的应叫原则

同伴 2♣ 开叫，如果上家加倍，我们同样使用"强自由"。这时叫 2♦/2♥/2♠ 都表示 11 点以上和 5 张以上套（2♦ 不再是问叫），原则上逼局（成局以下停叫的权力属于应叫人）；加叫 ♣ 为阻击性；叫无将为配合的实力加叫（邀局）；再加倍为 11 点以上，其他三套都有长度，准备惩罚对方。10 点以下有一个长套没有必要立即叫出来。

如果上家争叫 2♦/2♥/2♠，采取自然叫：叫 2NT 表示有止张，邀请；加叫为阻击，加倍为否定性，另两门花色有长度；叫新花为进局逼叫；扣叫问止张，邀请 3NT（保证配合）。10 点以下单套同样没有必要急着叫牌。

第 10 章 2♦ 开叫后的叫牌

开叫 2♦ 的条件:

① 4-4-1-4 牌型, $p12\sim15$, ♦ 为单张小牌;

② 4-4-1-4 牌型, $p13\sim15$, ♦ 为单张大牌;

③ 4-4-0-5 牌型, $p11\sim15$。

10.1 非逼叫性应叫

由于开叫人的牌型牌力已经十分明确, 应叫人看到最后定约时可采用速达原则一次叫足。甚至, 在局况有利时还可以提前牺牲。

A.Pass: $p \leqslant 10$, 6 张以上 ♦, 没有 3 张高花或 4 张 ♣, 决定打 2♦。

B. 应叫 2♥/2♠/3♣: $p \leqslant 10$, 牌型和牌点分布不理想 (如 ♦ 上有大牌), 所叫花色可以是 3 张套, 止叫。

C. 应叫 2NT: $p11\sim12$, 无 4 张高花, ♦ 花色至少 2 止张, 邀请 3NT。

D. 应叫 3NT: $p13\sim15$, 无 4 张高花, ♦ 有止张, 封局止叫。

E. 应叫 3♥/3♠/4♣: $p9\sim11$, 所叫花色至少 4 张, 进局邀请, 要求开叫人高限或 ♦ 无大牌时加叫到局。

D. 应叫 4♥/4♠/5♣: 封局止叫。

E. 应叫 5♥/5♠: $p13\sim15$, 5 张以上 ♥/♠, 小满贯邀请。

F. 应叫 6♣/6♥/6♠ :4 张以上，除 ♦ 外三门花色不少于 15 点。

10.2　3♦* 约定叫

如果应叫人是普通的13~15点，♦有大牌点，通常直接叫到成局定约止叫。如果应叫人有13点以上，特别是在♦没有大牌，存在满贯的前景，可以通过约定问叫来进一步了解开叫人的牌情。

对 2♦ 开叫应叫 3♦*，是唯一的逼叫性叫品，通常有效牌点 13 点以上，逼叫到局，满贯兴趣，进一步询问开叫人的具体牌情。

开叫人回答如下：

（1）3♥：4414 牌型，低限，♦ 为单张小牌（低限单小叫红心）；

（2）3♠：4414 牌型，高限，♦ 为单张小牌（高限单小叫黑桃）；

（3）3NT：4414 牌型，p13~15，♦ 为单张 A、K 或 Q（单大叫无将）；

（4）4♣：4405 牌型，11~13 点（低限缺门 4 梅花）；

（5）4♦：4405 牌型，14~15 点（高限缺门 4 方块）。

经过以上问叫和回答后，应叫人可以采取如下原则叫牌：

A. 直接叫 4♥/4♠/5♣/5♦ 或满贯停叫，或对 3NT 停叫。

B. 直接叫 4NT 为原始黑木问叫，同伴仅回答 A 的个数。

C. 如果准备打 ♥ 将牌探讨小满贯，应叫人可以再叫 4♦，开叫人必须叫 4♥ 接力，然后应叫人叫 4NT 以 ♥ 为将牌的罗马关键张问叫。

D. 如果准备打 ♠ 将牌探讨小满贯，应叫人可以再叫 4♦，开叫人必须叫 4♥ 接力，然后应叫人叫 4♠。开叫人 3 个以上关键张可以直接叫 6♠；不超过 2 个关键张时可以 Pass 或用 4NT 作以 ♠ 为将牌的罗马关键张问叫。

例 10-1

西家持牌	东家持牌
♠ A K 6 2	♠ J 5
♥ K J 8 5	♥ 9 6 3
♦ 7	♦ Q 10 9 4 2
♣ K J 6 5	♣ Q 4 2

叫牌过程：

西	东
2♦	2♥
Pass	

西家开叫 2♦，东家只能选择 2♥ 停叫。

例 10-2

西家持牌	东家持牌
♠ A K 6 2	♠ J 5
♥ K J 8 5	♥ Q 6
♦ 7	♦ A Q 10 4 2
♣ K J 6 5	♣ Q 9 4 2

叫牌过程：

西	东
2♦	2NT
3NT	

东家分散的 11 点，5 张 ♦ 有 2 张大牌，止张良好，叫 2NT 进行邀请，西家高限 15 点，欣然接受邀请加叫 3NT。

例 10-3

西家持牌	东家持牌
♠ A Q 6 2	♠ K 8
♥ A Q 8 5	♥ K J 6 3
♦ 7	♦ A J 4
♣ Q 6 5 2	♣ A J 9 4

叫牌过程：

西	东
2♦	3♦（问叫）
3♠（高限，♦单张小牌）	4♦（转移4♥）
4♥（遵命）	4NT（以♥为将牌 RKCB）
5♠（2关键张+♥Q）	6♥

例 10–4

西家持牌	东家持牌
♠ A K 6 2	♠ Q 10 8 5
♥ A Q 8 5	♥ K
♦ 7	♦ K 10 4
♣ Q 6 5 2	♣ A K 9 4 3

叫牌过程：

西	东
2♦	3♦（问叫）
3♠（高限，♦单张小牌）	4♦（转移4♥）
4♥（遵命）	4♠（确定将牌，满贯兴趣）
6♠（不用问了）	

东家如果没有满贯兴趣，应该直接叫4♠止叫。现在东家经过3♦问叫4♦接力后再叫出4♠，显示满贯兴趣。西家高限牌力，♦单张（有1个输墩），响应同伴的满贯兴趣，直接叫到6♠定约（必要时西家可以通过关键张问叫核查关键张）。

在2♦开叫后，对方若加倍，通常表示有♦套的"实加倍"，我们可以完全不理会这一加倍而叫出2♥/2♠/3♣作示弱止叫或直接跳叫进局止叫；也可以叫2NT/3♥/3♠/4♣邀叫。没有4张高花的弱牌可以 Pass。

在对方争叫花色（包括争叫♦）后，我们通常采取"一嘴到位"的方式直接叫出最后定约。

第 11 章　阻击性开叫后的叫牌

　　有些叫牌体系的阻击开叫比较随意，只要不够正常一阶开叫的牌力，有 6~10 个大牌点和 6 张以上花色，不管牌点分布如何，也不管套的质量如何，都要进行"阻击开叫"。

　　我们的阻击性开叫对主花色的质量要求较高，牌点应该主要集中在长套上，必须是"弱牌好套"才进行阻击开叫。

　　一般来说，我们要求，开叫二阶或三阶高花，主套至少要有 K J 两张大牌以上；而开叫三阶低花，我们要求主套至少要有两个顶张大牌 A K、A Q 或 K Q 领头；只有 K J 两张大牌领头的低花套，不符合我们第一、第二家阻击开叫的要求。另外，阻击开叫一般没有另外的 4 张高花套，其他花色通常也没有 A。

　　不过，在同伴已经 Pass 过的情况下，第三家的阻击叫不再讲究花色套的质量。

　　我们本章的讨论主要是对针第一、第二家阻击开叫的。

11.1　2♥/2♠ 开叫后的叫牌

　　开叫 2♥/2♠ 的条件：通常 p4~10，至少 K J × × × × 以上 6 张套。

　　二阶高花开叫，无局时最低可以低至 4 点，即除主套上 K J 两张大牌以外，其他花色可以"一无所有"。

　　对 2♥ 开叫，应叫人如果不超过 15 点，与同伴开叫花色又不配合，没有成局的可能时，就不要作出"改善定约"的尝试，而应 Pass；如果与开叫花色配合，牌型有一定的优势，可以进行阻击性加叫。

当持有 16 点以上并有配合时，成局应该问题不大，如果牌型较好、控制较多还可以试探满贯。

16 点以上并有一个好套时才可以（并不是一定）叫新花，希望得到同伴的帮助；无需同伴帮助可独立成局的牌可以直接跳叫到局。

A. 应叫人 Pass：配合不好，且没有其他成局的可能，无论牌点多高，都应该 Pass。

B. 应叫人加叫开叫花色到 3♥：进一步阻击，通常不超过 12 点，至少 3 张 ♥，牌型有一定优势。

C. 应叫人加叫 4♥：关熬叫。p10~15 点，3 张以上 ♥；也可能牌点更低，牌型更好。

D. 应叫人叫新花 2♠/3♣/3♦：16 点以上，6 张以上套；或 p13~15，♥ 有好配合，所叫新花 4 张以上好套。逼叫一轮。

①开叫人叫 2NT 或 3♥：8 点以下，同伴花色 2 张小牌以下。

②开叫人叫 3NT：9~10 点，无单缺，♥K Q J ×××以上。

③开叫人加叫同伴花色叫 3♠/4♣/4♦：3 张或 Q× 双张以上支持，8~10 点，无单缺。

④开叫人叫新花 *：同伴花色有 3 张或 Q× 以上支持，所叫花色单缺，支持同伴花色进局。

E. 应叫人叫 2NT*：约定叫，16 点以上，♥ 配合，问开叫人单缺。

①开叫人叫三阶低花新花 3♣/3♦：所叫花色单张；

②开叫人叫三阶原花 3♥：无单缺或 ♠ 单缺但主套较弱；

③开叫人叫 3♠：♠ 单缺，主套至少 K Q ××××；

④开叫人叫 3NT：无单缺，主套至少 K Q J ×××；

⑤开叫人叫四阶新花 4♣/4♦：主套至少 K Q ××××，报缺门。

经 2NT 问叫以后，应叫人通常直接叫出最后定约。或者用

4NT 进行罗马关键张问叫。

F. 4NT：以 ♥ 为将牌的罗马关键张黑木问叫。

G. 加叫到 5♥：小满贯邀叫，有 3 张小牌或大小两张支持，其他花色都有第一控制，针对将牌的满贯邀请。

开叫人只有 K J 以下时停叫，两个顶张叫到 6♥。

H. 5NT：逼叫到小满贯，邀请大满贯。至少 Q×× 支持，其他花色都有第一控制并有足够的赢张，针对将牌的大满贯逼叫。

开叫人主套大牌不超过 K J 时叫 6♥；两个顶张大牌时叫 7♥。

除了以上各种叫法外，应叫人直接叫 3NT 或叫其他花色到局（贯）都是不需要开叫人任何帮助的 To Play（要打）。

2♠ 开叫后的叫法与上述完全相同。

以上叫法也适用于 1♣ 开叫 2♥/2♠ 建设性应叫以后。

例 11-1

西家持牌　　　　　　　东家持牌

♠ J 6 2　　　　　　　♠ A K 5

♥ K Q 8 5 4 2　　　　♥ A 6 3

♦ Q 6 2　　　　　　　♦ J 10 8 4

♣ 6　　　　　　　　　♣ A K 9

叫牌过程：

西　　　　　　　　　　东

2♥　　　　　　　　　　2NT（问单缺）

3♣（♣ 单缺）　　　　　4♥（♣ 大牌浪费了）

例 11-2

西家持牌　　　　　　　东家持牌

♠ 10 6 4　　　　　　　♠ A K 8 5 3 2

♥ K Q 8 5 4 2　　　　♥ 6

♦ 2　　　　　　　　　♦ A 8 4

♣ J 8 6　　　　　　　♣ A K 9

叫牌过程：

西	东
2♥	2♠
3♦（配合♠扣叫）	6♠（值得一试）

11.2　3♣/3♦ 开叫后的叫牌

开叫 3♣/3♦ 的条件：通常 5~10 大牌点，有两个顶张大牌的 7 张以上套。

我们的体系中，三阶低花开叫不是单纯的阻击性开叫，而是具有一定的**建设性**，开叫的花色保证有 2 个顶张大牌，至少为 K Q × × × × 以上 7 张套，目的是当同伴牌力合适时可以叫成低点力的 3NT。这一点与同伴 1NT 开叫后的低花建设性应叫完全相同。

对 3♣ 开叫，应叫如下：

A. Pass：没有成局的实力。

B. 3NT：有 X X 两张或 × × × 三张配合，其他三门花色都有止张（允许一门花色为 Q10× 或 J×××），止叫。

C. 3♦*：接力叫，配合开叫花色♣，问单缺探讨满贯。

　①开叫人叫 3♥/3♠：所叫花色单缺。

　②开叫人叫 3NT：无单缺。

　③开叫人叫 4♣*：♦单缺（注意这里以 4♣ 表示♦单缺）。

D. 加叫 5♣ 及以上：止叫。

E. 4NT：以开叫花色♣为将牌的罗马关键张问叫。

F. 5NT：逼叫到小满贯，邀请大满贯。要求开叫低花有 AK 就叫到七阶，只有 AQ 或 KQ 时叫到六阶。

G. 直接叫 4♥*/4♠*/5♦* 或满贯定约：8 张以上套，坚持打自己的花色。

3♦ 阻击开叫后的叫法基本相同，只是改用 3♥* 接力问单缺。用 3♠/4♣/4♦* 表示♠/♣/♥ 单缺。

以上叫法也适用于1♣或1NT开叫,建设性应叫3♣/3♦以后。

例11-3

西家持牌   东家持牌

♠ 6 4   ♠ J 10 8 5

♥ 4   ♥ A J 6

♦ J 8 6   ♦ A Q 8 4

♣ A Q 10 8 6 5 3   ♣ K 9

叫牌过程:

西	东
3♣	3NT

东家虽然只有15点大牌,但每门花色都有止张,更重要的是有♣K 9可以不脱手将同伴的♣树立,完成3NT定约十分容易。

例11-4

西家持牌   东家持牌

♠ J 6 4   ♠ 5

♥ A Q 3   ♥ J 10 8

♦ K 9   ♦ A Q 10 8 6 5 4

♣ A K Q 6 4   ♣ 10 8

叫牌过程:

西	东
1♣	3♦
3♥	3♠
6♦	

西家开叫精确1♣,东家建设性3♦应叫。西家3♥接力问单缺,东家报出♠单缺后,西家叫到把握十足的6♦。

上例中,假如东家不是叫3♠表示♠单缺,而是叫3NT表示没有单缺,或4♣表示♣单缺,或4♦表示♥单缺,西家就不会试探满贯了。

另外,如果这副牌是东家开叫3♦,西家也是3♥接力问单

缺。我们的体系中，阻击开叫后的叫牌，跟1♣开叫，建设性应叫后的叫牌基本上一样。

11.3　3♥/3♠ 开叫后的叫牌

三阶高花开叫一般也是 7 张以上套，但并不一定要求有 2 个顶张大牌，通常有 4~10 大牌点，K J ×××× 以上就行了。如果没有完成四阶高花成局的可能，应叫人一般没有必要作以其他花色成局或打 3NT 成局的尝试。因此三阶高花开叫以后不存在成局以下新花自然叫，也不存在 3NT 止叫的自然叫品。如果没有成局的可能，应叫人一般不叫。

与三阶低花开叫相似，我们也用上一级叫牌作为接力问单缺。

对 3♥ 阻击开叫，应叫如下：

A.Pass：无进局实力。

B. 加到局或满贯止叫；加到五阶邀小满贯；5NT 逼叫到小满贯，邀请大满贯。

C.3♠*：约定叫，问单缺，有完成 4♥ 实力，寻求满贯。

①开叫人叫 3NT：没有单缺。

②开叫人叫 4♣/4♦：所叫花色单缺。

③开叫人叫回 4♥*：♠ 单缺（注意这里以 4♥ 表示 ♠ 单缺）。

E. 4NT：以开叫花色为将牌的罗马关键张问叫。

F. 直接叫其他花色到局（或满贯）：很罕见的情况，应叫人有一个 8 张以上独立套，同伴开叫花色单缺。

对 3♠ 阻击开叫，用 3NT 接力问单缺（4♣/4♦/4♥ 回答单缺），其他叫法不变。

以上叫法也适用于 1♣ 开叫，建设性应叫 3♥/3♠ 以后。

11.4　3NT 开叫后的叫牌

我们的体系开叫 3NT 是"赌博性"的，有一个 AKQ 领头的

7 张或 8 张坚固低花套，不超过 12 点，其他花色连一张 K 都不会有（没有 A、K 或缺门，允许有一两个 Q、J 或单张）。

同伴 3NT 开叫后，应叫人没有足够的把握，不应将定约摆在 3NT。

A.Pass：没有缺门，两门高花及一门低花有止张（或长度），但没有满贯的可能，3NT 可能是最好的定约。

B.4♣*：弱牌，要求开叫人是 ♣ 套时停叫；是 ♦ 套时改 4♦（即便明知是 ♦ 套，也要从 4♣ 应叫开始）。

C.4♦*：问单张，准备上满贯。

开叫人 4♥/4♠ 报单张，4NT= 没有单张，5♣/5♦ 叫出实际花色，另一低花单张。

D.5♣*：要求停在 5♣ 或改 5♦。

E.5♦*：♦ 单张，2 张以上小 ♣，两门高花均有第一控制，希望同伴是 ♦ 套停叫，是 ♣ 套叫 6♣。

F.4NT：小满贯邀叫。有一门低花是若干张小牌（非缺门），其他三门花色至少 2 个 A 和 1 个 K，足以完成五阶低花定约。要求开叫人仅有 7 张开叫花色停在 4NT；如果有 8 张，直接叫小满贯。

G.5NT：逼叫到小满贯，邀请大满贯。第一控制齐全（包括缺门），有 5 个铁赢墩，要求开叫人 7 张时叫到低花小满贯，8 张时直接叫低花大满贯。

H.6♣/6♦/6NT/7♣/7♦/7NT：足够的控制和赢张，止叫。

例 11–5

西家持牌　　　　　　　东家持牌

♠ Q 4　　　　　　　　♠ A 10 8 5

♥ 10 6 3　　　　　　　♥ J 5 2

♦ A K Q 10 9 6 5　　　♦ 8 4 2

♣ 6　　　　　　　　　♣ Q J 2

叫牌过程：

西	东
3NT	4♣
4♦	Pass

西家开叫 3NT，东家明知其是 ♦ 套，但仍需从 4♣ 开始逃叫。

例 11-6

西家持牌

♠ A K 10

♥ A K Q J 5

♦ 8 4

♣ Q 9 8

东家持牌

♠ Q 4

♥ 10 6 3

♦ A K Q 10 9 6 5

♣ 6

叫牌过程：

西	东
1♣	3NT
4♦（接力问单缺叫）	5♦（♣单缺）
6♦	

11.5　4♣ 及以上开叫后的叫牌

四阶低花开叫通常是 10 点以下 8 张以上普通套，四阶高花或五阶低花开叫由于是成局叫品，允许牌点稍高（通常不超过 15 点），但总的要求是，大牌多数在长套花色中，其他三门花色中允许有一两个 Q，但最多不超过 1 个 K，不应该有其他花色的 A。最后定约一般只能是开叫人的花色或无将。

　A. Pass：无力加叫。

　B. 加到局或满贯：有足够赢张和控制，止叫。

　C. 叫上一级新花＊：接力，满贯兴趣，希望开叫人扣叫单缺。

　D. 4NT：罗马关键张问叫，主要关心同伴是否有将牌 AK。

　E. 5NT：要求同伴开叫花色1输张叫到六阶，无输张叫到七阶。

F. 6NT/7NT：保证开叫花色通吃，有足够的控制。

对于 5♣/5♦ 阻击开叫，已经没有 4NT 问关键张的空间了，应叫人只能根据自己持牌的情况 Pass 或者加叫到满贯。

第 12 章　1♣ 开叫后叫牌

1♣ 开叫是精确制的核心，也是精确体系唯一逼叫性开叫。

开叫 1♣* 的条件：16 点以上，除了满足开叫 1NT 和 2NT 开叫条件以外的牌，都开叫 1♣。

我们的体系，只有 16 点时，开叫 1♣* 必须 5 张以上套（或 4441），17 点以上可以没有 5 张套。

1♣* 开叫是虚叫，是绝对逼叫，只表示 16 点以上，而与 ♣ 花色无任何关系。开叫人的 ♣ 可能很短，也可能持一手可以以其他花色成局的极强牌。因此，应叫人即使一个大牌点都没有且持有 ♣ 长套，也有应叫一轮的义务而不能 Pass。

12.1　第一轮应叫

12.1.1　示弱应叫

如果应叫人的牌力不足 8 点大牌，应该首先**示弱**。精确制是通过虚叫 1♦* 来示弱的，这也是约定叫，与所叫的 ♦ 花色没有任何关系。

应叫 1♦* 的条件：不超过 7 个大牌点，又没有 6 张以上好套（不满足下面建设性应叫的牌），一般都应叫 1♦ 示弱。

12.1.2　建设性应叫

如果只有 5~7 点大牌，但有一个 6 张以上长套，当牌点比较分散时，可以示弱应叫 1♦。不过，如果有限的几点大牌多数都在长套上，直接采取"弱牌好套"叫法，跳叫该花色，作为建设性应叫，效果会更好。建议开叫人有一定的配合和其他花色的控制时，打该花色成局或者满贯定约；否则，就停在建设性应叫的叫品上。

A. 应叫 2♥/2♠：p4~7，至少 KJ 领头的 6 张或 7 张套。

B. 应叫 3♣/3♦：p5~8，至少 KQ 领头的 7 张以上套。

C. 应叫 3♥/3♠：p5~8，至少 KJ 领头的 7 张套。

D. 应叫 4♥/4♠：p5~8，至少 KJ 领头的 8 张以上套。

这种弱牌好套的应叫跟本书其他章节一样，主套的要求与阻击开叫一样，可以有 A 或（和）K，但其他牌花色上肯定没有 A 或 K。高花的建设性应叫对套的质量要求较低（可以是 KJ 领头）。根据不同的张数分别叫到二阶、三阶、四阶；低花建设性应叫只有 3♣/3♦，而且要求所叫花色为 KQ、AQ 或 AK 领头的 7 张以上套，这主要是为便于开叫人牌力合适时再叫 3NT 考虑的，与三阶低花阻击开叫以及 1NT 开叫后三阶低花建设性应叫的要求是一致的。

开叫人如果只有 16~18 点，而且与同伴建设性应叫的花色配合差，应该 Pass；如果有一定配合、控制较好，可以简单叫到局；如果有成局以上的实力，特别是有满贯兴趣，可以通过接力问叫来探讨满贯。具体叫法详见第 11 章。

12.1.3　示强花色应叫

应叫人如果有 8 点以上，联手至少 24 大牌点，基本达到成局的要求，后续叫牌的目的主要是寻求配合，并探讨是成局还是寻求满贯的问题。

应叫人在有 8 点以上大牌的同时，如果有 5 张以上高级花色，则直接在一阶叫该花色 1♥/1♠；如果是低级花色，则应叫 2♣/2♦。注意这里的 2♣ 不是对 1♣ 开叫的加叫，因为 1♣ 开叫是虚叫。同样也不把 2♦ 应叫看成跳叫新花，而是正常出套，因为 1♦ 应叫已经作为示弱的虚叫了，出 ♦ 套就必须在二阶。

示强应叫 1♥/1♠/2♣/2♦ 的牌力没有上限。示强应叫后，通常至少要叫到局。

12.1.4　应叫无将

如果应叫人 8 点以上，但没有 5 张以上花色，就叫无将。与一阶高花开叫应叫无将不同的是，这里不是邀叫成局，而是探讨什么样的成局定约更好，以及是否有满贯的问题。因而应叫无将的牌力较宽。

12.1.4.1　应叫 1NT

我们采用杨小燕推荐的叫法，应叫人 8~13 大牌点，应叫 1NT。这样约定的好处是，如果开叫人是低限（16~18 点）平均型，基本上就只是一个成局定约。如果开叫人不是低限，应叫人又是 11~13 点，通过本体系表示两套牌的叫法，可以方便地寻找 4-4 配合的满贯定约。

12.1.4.2　应叫 2NT

在我们的体系中，应叫人 14 点以上（无上限）的均型牌，统统应叫 2NT。这时联手牌力达到 30 点以上，进入满贯区间。

12.1.4.3　应叫 3NT

如果应叫人有一个 A K Q × × × × 这样的坚固 7 张低花套，其他花色没有 A、K，也没有缺门，我们建议应叫 3NT。3NT 应叫的牌与赌博性 3NT 开叫完全相同。

如果开叫人对 3NT 停叫，则强牌成为明手，庄位可能不利，这是这种 3NT 应叫（以及赌博性 3NT 开叫的瑕疵）。但瑕不掩瑜，其优点更加突出：明确地告诉同伴，有一个可以立即取得 7

墩的低花套（只要开叫人不是缺门），其他花色没有控制，是停在 3NT 还是叫到满贯或该花色五阶定约或满贯，由开叫人决定。

另外，3NT 应叫不应该有缺门。如果有缺门，应进行正常的示强花色应叫，以免错过满贯定约。

12.1.5　强牌 4441 型应叫问题

在上述各种应叫中，有一种情况没有包括，这就是 8 点以上的 4441 牌型。对于这种不常见的特殊牌型的强牌，不同版本的精确体系采取不同的约定叫法。但是不管那种约定，其"性价比"都不高（记忆量与使用频率相比效率太低，而且稍有疏忽就会出错）。

我们推荐一种非常适合普通爱好者使用的简化叫法。

A. 如果单张是一张 Q 以上的顶张大牌，当成 4432 看待。8~13 点应叫 1NT，14 点以上应叫 2NT。

B. 单张不是大牌时，应叫 4 张低花。低花 4-4 时应叫 2♣；单张 ♣ 时应叫 2♦。这与一阶花色开叫后的低花二盖一应叫相似，主要是强调逼局实力，不保证是 5 张套。

这样的约定，没有任何记忆负担，也不会产生任何误解，跟陌生的搭档也可以用，比赛中也不用向对方作出提示与解释，非常适合普通爱好者使用。

12.2　示弱应叫 1♦ 以后的叫牌

1♦* 示弱应叫与 ♦ 花色没有关系，开叫人必须根据牌情作出再叫。

12.2.1　开叫人再叫 1♥/1♠

开叫人所作的一阶高花再叫通常是 5 张套，特殊情况下也可能只有 4 张，原则上逼叫一轮。

（1）通常为5张以上套，大牌点不超过21点，不足9个赢张；

（2）如果16~18点有较强的4张高花和5张较弱低花套，或4441牌型，可以叫4张较好的高花[注]。

下面各例均为开叫 1♣，同伴应叫 1♦ 后的叫法。

（a）♠ A 7 3　　　　　　　　再叫 1♥，并放过同伴的任

　　♥ K Q 10 9 3　　　　　　何叫牌。

　　♦ K Q 4

　　♣ K 8

（b）♠ K J 3　　　　　　　　再叫 1♥，这是卡纳佩叫法，

　　♥ A K J 8　　　　　　　便于寻找高花成局定约。如果

　　♦ 4　　　　　　　　　　同伴再叫 1♠，可以 Pass，如果

　　♣ K J 8 7 3　　　　　　同伴再叫 1NT，可以叫出 5 张

　　　　　　　　　　　　　　低花 2♣（不逼叫）。

由于开叫人的牌点不超过 21 点，而且没有 9 个赢张，应叫人 4 点以下又不配合可以 Pass ；5~7 点就要尽可能地再应叫一次。

开叫人再叫 1♥/1♠ 后，应叫人再叫如下：

A. 应叫人 Pass：4 点以下，且没有 4 张支持。

B. 在 1♥ 后叫 1♠：5~7 点，4 张以上，不逼叫。

C. 叫 1NT：5~7 点，配合不好。

D. 加叫 2♥/2♠：5~7 点 3 张支持，或 4 点以下 4 张支持。

E. 跳加叫 3♥/3♠：5~7 点，4 张支持。

F. 跳加叫 4♥/4♠：5~7 点，4 张支持，有好牌型。

G. 叫新花 2♣/2♦（2♥）：5~7 点，5 张以上，不逼叫。

此后开叫人的任何再叫均不逼叫。

注：当开叫人只有1♣开叫的低限时，先在一阶叫出4张较强的高级花色，次轮叫出5张的低级花色（非逼叫），不仅可以方便地找到4-4高花配合，而且还可以在配合较差时停在较安全的阶数上。这种叫法称为**卡纳佩**（Canape）叫法。

12.2.2　开叫人再叫 1NT

开叫人再叫 1NT，一般表示 17~19 点的平均牌型，如果只有 16 点，就一定有 5 张低花（5332 牌型）。再叫 1NT 不逼叫。

（c）♠ A 9 7 3　　　　　　　　17~19 点 4333/4432 牌 型，
　　♥ K Q 10 3　　　　　　　再叫 1NT。
　　♦ K Q 4
　　♣ K 8

（d）♠ A K 3　　　　　　　　16~19 点，5 张 低 花 的
　　♥ Q 3　　　　　　　　　 5332 牌型，通常再叫 1NT 而不
　　♦ K Q 4　　　　　　　　 叫 5 张低花。
　　♣ K 10 9 8 7

开叫人再叫 1NT 后，应叫人不超过 4 点大牌且没有特殊牌型可以 Pass；如果有 5~7 点或者有好牌型，可以仿照 1NT 开叫后的应叫再叫：

A. Pass：4 点以下，没有长套花色。

B. 2♣：斯台曼问叫，有一门 4 张高花或 4-4 以上两套高花。

C. 2♦/2♥：雅各比高花转移叫。

开叫人通常简单接受转移，如果有 18~19 点，且 4 张转移花色，可以参照 6.2 进行"超转移"来探讨成局。

D. 2♠：有 5-5 以上两套很弱的低花，问开叫人低花情况并准备停在三阶低花定约。

E.2NT：6~7 点，邀叫。

12.2.3　开叫人再叫 2♣/2♦

开叫人如果 16~19 点 5 张低花的 5332 牌型，通常再叫 1NT；有强 4 张高花和 5 张低花，通常用卡纳佩叫法先叫高花；因而再叫 2♣/2♦，通常为 6 张以上低花，或 5-4 以上两套（4 张弱高花）。

（e）♠ 3　　　　　　　　　　6 张以上 ♣ 再叫 2♣。

　　　♥ A K 3

　　　♦ K Q 4

　　　♣ K J 10 9 8 7

（f）♠ A K 7　　　　　　　　5 张 ♦ 非均型，再叫 2♦。

　　　♥ Q 8 7 3　　　　　　　此牌虽有 4 张高花，但太弱，

　　　♦ A Q J 10 4　　　　　　不宜用卡纳佩叫法。

　　　♣ 9

　　二阶低花再叫一般不超过 8 个赢张，不逼叫。应叫人 4 点以下通常不再叫，5~7 点可以按自然原则再叫。

12.2.4　开叫人再叫 2♥

　　我们跟新睿精确一样，采取**库克什**（Kokish）约定叫。开叫人再叫 2♥* 除了表示传统的 ♥ 套"强二"外，还可以表示 25 点以上的均型牌。具体有下面三种情况：

　　①18 点以上，6 张以上 ♥ 好套，9 个以上赢张；

　　②22 点以上，5 张 ♥ 和另一套 4 张以上非均型牌；

　　③25 点以上均型牌（可以有 5 张高花或 6 张低花，不保证♥ 套）。

　　这个 2♥* 是逼叫，但应叫人只能叫 2♠* 接力，然后开叫人再叫表示以上三种情况，并继续逼叫一轮：

　　（1）开叫人再叫 2NT：$p \geqslant 25$，逼局。

　　应叫人若对高花有兴趣，可以用高花转移叫或傀偏斯台曼。

　　（2）开叫人再叫 3♣/3♦/3♠：$p \geqslant 22$，5 张以上 ♥，4 张以上所叫花色，逼叫。

　　（3）开叫人再叫 3♥：仅有 9 个赢张，不逼叫。

　　（4）开叫人再叫 4♥：10 个赢张。

例 12-1

西家持牌	东家持牌
♠ 8 7	♠ Q J 9 3
♥ A K Q 10 8 6	♥ 4 2
♦ A K 10	♦ J 7 4
♣ A 7	♣ 9 7 4 2

叫牌过程：

西	东
1♣	1♦
2♥	2♠
3♥	3♠
3NT	

东家表示 ♠ 上有大牌后，西家叫出只需 9 墩的 3NT 定约。

例 12-2

西家持牌	东家持牌
♠ 8	♠ Q J 9 4
♥ A K 10 8 6	♥ 4
♦ A K J	♦ 7 3 2
♣ A Q J 7	♣ K 10 7 4 2

叫牌过程：

西	东
1♣	1♦
2♥	2♠
3♣（5♥ 张 4 张以上 ♣）	4♣（4 张以上 ♣）
4NT（♣ 将牌问关键张）	5♣（1 关键张）
6♣	

12.2.5　开叫人再叫 2♠

　　开叫人再叫 2♠，只有自然意义，19 点以上大牌，6 张以上好♠套或 5 张♠和另一门 4 张以上花色的非均型 9 个以上赢张。

应叫人采取如下比较自然的叫法：

A. 叫 2NT：$p0\sim4$ 支持差（两小张以下），二次示弱。

应叫人二次示弱以后，开叫人再叫新花继续逼叫，再叫原花色 3♠/4♠ 不再逼叫。

B. 叫新花：支持差，所叫花色比较厚实或有顶张大牌（但不保证是长套），希望对开叫人确定 3NT 定约有所帮助。

C. 加叫到 3♠：有 3 张小将牌或大小双张以上，其他花色至少还有一个 K 的实力，颠倒加叫，逼叫到局。

开叫人有满贯兴趣可以扣叫新花继续逼叫或直接问关键张，没有满贯兴趣叫到 4♠ 止叫。

D. 加叫到 4♠：有 3 张小将牌或大小双张以上，其他花色没有 A 或 K。

例 12-3

西家持牌	东家持牌
♠ A K Q 10 8 7	♠ 9
♥ 7 6	♥ Q 4 3 2
♦ A K	♦ 9 7 4
♣ A J 8	♣ 9 6 7 4 2

叫牌过程：

西	东
1♣	1♦
2♠	2NT
3♠	Pass

东家 2NT 二次示弱后，西家再叫 3♠ 不逼叫了。西家的牌如果再好些，可以自己叫 4♠ 进局。

12.2.6　开叫人再叫 2NT

开叫人再叫 2NT，为 22~24 点，牌型比较平均，可以有 5

张高花套（强度不够跳叫二阶高花，不超过 8 个赢张），非逼叫。

　　应叫人的再叫与开叫 2NT 后相仿（只是相应地降低 2 点）：有 5 张高花套采用转移叫；极弱的牌（0~2 点）且没有 5 张以上高花可以 Pass；3~7 点均型或有低花套加叫到 3NT；3 点以上且有 4 张高花（或非均型有 3 张高花）可以用 3♣ 作傀儡斯台曼问开叫人的高花情况或用 3♦ 问低花。

12.2.7　开叫人再叫 3♣/3♦

　　开叫人跳叫低花 3♣/3♦，通常为 6 张以上套，8 个以上赢张，原则上逼叫（非绝对逼叫）。应叫人应优先在三阶叫出一个比较厚实的较高级花色（哪怕只有 J 10××，Q10× 等），以便让开叫人决定是否叫 3NT。如果决定加叫开叫人的低花，也采取"颠倒加叫"：加叫到四阶表示配合，其他花色至少有一个大牌控制（旁花至少有 1 个 K），逼局；加叫到五阶是没有其他大牌实力，通常有单缺。当应叫人确实一无所有时，可以 Pass。

例 12-4

西家持牌	东家持牌
♠ 8 7	♠ Q 10 9 3
♥ A Q 10	♥ 9 4 2
♦ A Q J 10 8 6	♦ 7 4
♣ A K	♣ 10 9 6 7

叫牌过程：

西	东
1♣	1♦
3♦	3♠
3NT	Pass

东家虽然只有 2 点。但在西家跳叫 3♦ 后没有 Pass，而是叫出了 3♠，使西家下定叫 3NT 的决心。

12.2.8 开叫人再叫 3NT

20 点左右，有一坚固低花套，各门花色都有止张。例如：

♠ K Q

♥ Q J 3

♦ A

♣ A K Q 10 9 8 7

尽管只有 21 点，却可以开叫 1♣ 并在同伴 1♦ 示弱后跳叫 3NT。

12.2.9 开叫人双跳 3♥/3♠/4♣/4♦

在 12.2.4 中我们已经约定在 1♣ 开叫示弱应叫 1♦ 后，开叫人单跳花色表示 20 点以上和 9 个以上赢张的强牌。

这里我们进一步约定：在 1♣ 开叫示弱应叫 1♦ 后，开叫人双跳花色为**斯普林特自爆裂**：表示 22 点以上，4441 或 4450 牌型，所跳花色单缺，其他三门花色中至少有 6 个控制的强 3 套牌。同伴只要一门花色有 4 张配合，就可以进局。

应叫人再叫如下：

A. 选择一套配合的花色进局：三套花色中不足 4 点。

B. 直接叫到小满贯：有 5 张将牌，三门花色至少 1 个 K 和 1 个 Q。

C. 选择一门高花到五阶：有 5 张将牌，三门花色中有 1 个 K，小满贯邀叫。

D. "加叫"同伴单缺花色：该花色只有几张小牌，其他三门花色中 5~7 点，有 2 个 K 或 1 个 A（2 控制），大满贯逼叫。

开叫人叫级别最低的花色，缺门叫到七阶，单张叫到六阶。

应叫人 Pass 或修正到合适的花色。

E. 叫 3NT：同伴单缺花色（高花）上有两个止张或 6 张以上。

例 12-5

西家持牌　　　　　　　　东家持牌

♠ K Q J 7　　　　　　　♠ 9 8 4 3

♥ A Q J 3　　　　　　　♥ 10 4 2

♦ 8　　　　　　　　　　♦ 9 7 4

♣ A K Q 9　　　　　　　♣ 10 8 6

叫牌过程：

西　　　　　　　　　　东

1♣　　　　　　　　　　1♦

4♦　　　　　　　　　　4♠

Pass

尽管东家 4333 牌型，一点大牌都没有，却可以轻松完成 4♠定约。

12.2.10　开叫人跳叫 4♥/4♠/5♣/5♦ 到局

开叫人有 20 点左右，7 张以上套，能独立成局的牌，可以直接跳叫进局。

12.3　示强应叫后的简明叫法

在同伴 1♣ 开叫后，应叫人有 8 个大牌点以上，联手的牌点已经超过 24 点，只要找到配合，成局应该没有问题。不过，确实有这样的尴尬局面：开叫人只有 16 点而应叫人仅仅 8 点，又没有配合较好的花色而叫到 3NT，这是精确制的盲点之一。我们的体系已经基本上避开了这个盲点，因为只有 16 点 4333 或 4432 牌型我们是开叫 1NT 的，1NT 开叫后同伴 8 点均型牌通常是应该 Pass 的。

因此 1♣ 开叫示强应叫后，基本上不再探讨成局的问题，而是打什么样的成局定约好，以及是否有满贯和如何探讨满贯的问题。

本章我们介绍"第一轮精确，后续自然"的简明叫法，便于初学者学习和普通爱好者使用。

12.3.1　应叫 1♥ 后的叫牌

12.3.1.1　配合的叫法

对同伴的高花有 3 张以上高花配合时，本体系采用"颠倒加叫"叫法：

（1）加叫到 4♥：低限（16~18 点），通常不超过 4 个控制，3 张以上 ♥ 支持（可以是 3 张小牌），牌型没有特色，没有满贯兴趣。

加叫到 4♥ 后，应叫人通常 Pass。只有牌力很强 （超过13点）时，才可以扣叫新花或直接用 4NT 罗马关键张问叫试探满贯。

（2）跳加到 3♥：自然意义，18~19 点，5 个以上控制，Q×× 以上 3 张或任意 4 张 ♥ 支持，牌型没有特色（没有 5 张以上套，没有单缺），不主动探讨满贯，不反对同伴牌力合适时试探满贯。

应叫人低限（8~10 点）应简单叫到局止叫；叫新花为扣叫控制，显示满贯兴趣；4NT 为罗马关键张黑木问叫。

（3）双跳叫新花 3♠/4♣/4♦：爆裂叫，低限（16~18 点），对同伴应叫的花色 ♥ 有 4 张支持，所跳花色单缺。

对于这里的爆裂叫，应叫人如果只有 8~9 点，没有满贯兴趣，则简单叫 4♥ 止叫；否则，可以通过扣叫其他花色来表示满贯兴趣。

（4）加叫到 2♥：20 点以上，6 个以上控制，对开叫花色有 Q×× 以上 3 张或任意 4 张 ♥ 支持，强烈的满贯意图。

应叫人如果只有最低限 8~9 点或没有其他花色的控制，可以简单叫到 4♥，否则开始扣叫控制，进入满贯叫牌。

下面几手牌，为开叫 1♣ 同伴应叫 1♥ 后适合颠倒加叫的牌例。

（a）♠ K 8
　　♥ K 3 2
　　♦ A Q 8 3
　　♣ A J 9 6

再叫4♥，表示♥配合，低限或缺少控制，没有满贯欲望。这并不是"封局止叫"，应叫人如果有13点以上和好的控制，可以继续叫牌。

（b）♠ A J 10
　　♥ K 3 2
　　♦ A Q 8 3
　　♣ A 8 6

再叫3♥，表示3张以上好配合，有较多的控制（不少于5个），但还不够主动地发动满贯，鼓励同伴非低限时试探满贯。

（c）♠ 8
　　♥ K Q 3 2
　　♦ A Q 8 3
　　♣ A Q 10 6

跳叫3♠表示低限4张以上配合，斯普林特，是否上满贯，由应叫人决定。

（d）♠ A 9
　　♥ K 3 2
　　♦ A K Q J 8 3
　　♣ K 6

再叫 2♥，强烈的满贯兴趣。

12.3.1.2　开叫人叫新花

在示强应叫1♥后，开叫人再叫新花1♠/2♣/2♦，是5张以上套，牌力没有上限，同时不否认与开叫花色相配合。应叫人自然再叫：

A. 加叫开叫人花色：表示配合；

B. 再叫自己的花色2♥：6张以上；

C. 叫无将：不配且牌型较平均；

D. 叫新花：第二套；

E. 跳叫原应叫花色3♥：12点以上7张以上，强制定将，满贯兴趣（要求开叫人扣叫控制）；

F.跳叫新花：12 点以上，5-5 以上套，要求开叫人示选。

12.3.1.3　开叫人再叫 1NT

在示强应叫 1♥后，开叫人再叫 1NT，通常没有 5 张以上套，对同伴应叫花色也没有 Q×× 以上支持（可以有 3 张小牌或大小双张），牌点通常为 17~19 点，也可能是少见的 22 点以上。

应叫人可以按照自然再叫原则叫牌：叫新花通常是第二套，再叫原花色为 6 张套，加叫 2NT 表示平均牌型（无第二套），跳叫原花表示 7 张以上好套等。

12.3.1.4　开叫人跳叫新花

在示强应叫 1♥后，开叫人一般情况没有必要跳叫。但是如果开叫人是 20 点以上，有一门花色是一个最多缺一张大牌的 6 张以上套（即使同伴缺门，也可以独立作为将牌），有 9 个以上赢张，则可以跳叫该花色 2♠/3♣/3♦。这是一种"霸道叫法"，**强制定将牌**，要求应叫人扣叫控制，以后双方围绕所确定将牌试探满贯。

例 12-6

西家持牌

♠ A K 10 8 7 4 2

♥ 3

♦ A K J

♣ A 9

东家持牌

♠ Q 9

♥ Q J 10 4 2

♦ 9 7 4

♣ K J 10 8 6

叫牌过程：

西	东
1♣	1♥
2♠（强制定将）	3♣（满贯兴趣扣叫）
3♦（满贯兴趣扣叫）	3♠（没有 ♥ 控制）
6♠（！）	

西家虽然只有 19 点，但有 AK 领头的 7 张 ♠ 最多 1 输墩，跳叫 2♠ 强制定将。东家 ♠ Q 是打满贯的关键牌，虽然没有其他花色的 A，也可以扣叫 3♣（K 或单张）表示满贯兴趣。

此例中，东家如果没有 ♠ Q，也没有其他花色的 A，就只能叫 2NT 表示没有兴趣；如果在没有 ♠ 支持的情况下还主动扣叫，一定是扣 A。

12.3.2　应叫 1♠ 后的叫牌

1♠ 应叫的条件与 1♥ 应叫条件完全相同：8 点以上，5 张以上套。其后开叫人的再叫也与 1♥ 应叫后相似。

（1）将牌有配合时，进行颠倒加叫：加叫 4♠ 为 16~18 点不超过 4 控制；双跳 4♣/4♦/4♥ 为 16~18 点的爆裂叫（这里不用 3♥作爆裂）；加叫 3♠ 为 18~20 点好配合，5 控制以上；加叫 2♠ 为 20 点以上，满贯兴趣。

（2）叫新花 2♣/2♦/2♥：5 张以上套，不否认对 ♠ 的配合。

（3）单跳新花 3♣/3♦/3♥：20 点以上，所叫花色可以独立作为将牌的 6 张以上套（最多 1 输墩），强行定将，后续自然叫。

（4）再叫 1NT，通常没有好的 ♠ 配合（可以大小双张或有 3 张小牌），也没有 5 张以上好套，通常是 17~19 点均型牌，也可能 22 点以上均型。后续可以按自然原则再叫。

12.3.3　应叫 2♣ 后的叫牌

应叫 2♣，表示 8 点以上，所叫花色一般是 5 张以上套，但如果只有 8~9 点和 5332 牌型，5 张低花又不好，也可以应叫 1NT。

另外，在我们的体系中，如果应叫人是 8 点以上 4441 牌型，只要单张不是 ♣，也变通应叫 2♣（单张为 ♣ 时则应叫 2♦）。

对 2♣ 应叫，开叫人再叫如下：

（1）开叫人叫 2♥/2♠：5 张以上套，进局逼叫。

（2）开叫人叫 2♦*：没有 5 张高花（应该有 4 张高花），不保证是 ♦ 长套，进局逼叫，与 2♣ 开叫后的 2♦ 应叫相似，主要是询问高花情况。

　　A. 应叫人叫 2♥/2♠：所叫花色 4 张；

　　B. 应叫人叫 2NT：两门高花都有止张（不保证 4 张高花）；

　　C. 应叫人叫 3♣：5 张以上 ♣，至少一门高花没有止张；

　　D. 应叫人叫 3♦：5 张以上 ♣，4 张 ♦。

（3）开叫人叫 2NT*：通常没有 4 张高花（有 4 张以上 ♦），逼叫。

（4）开叫人叫 3♣：4 张以上 ♣，没有 4 张高花，自然逼叫。

（5）开叫人跳新花 3♦/3♥/3♠：20 点以上，所叫花色可以独立作为将牌的 6 张以上套（最多 1 输墩），强行定将，后续自然叫。

例 12-7

西家持牌	东家持牌
♠ A K 8 7	♠ Q 6 4 3
♥ A Q 3	♥ K 4 2
♦ K J 10 5	♦ 7
♣ 10 8	♣ K Q 9 7 4

叫牌过程：

西	东
1♣	2♣
2♦（询问高花）	2♠（4 张）
4♠（4 张低限）	Pass

12.3.4　应叫 2♦ 后的叫牌

与 2♣ 应叫一样，应叫 2♦ 也是表示 8 点以上，所叫花色一般是 5 张以上套（但只有 8 点 5332 牌型应叫 1NT）。另外，单张 ♣ 的 4441 牌型，也变通应叫 2♦。

应叫 2♦ 后，开叫人的再叫 2♥/2♠/3♣ 为 5 张以上套；再叫

2NT、3♦为自然叫，跳叫 3♥/3♠为"霸道叫法"。

例 12-8

西家持牌　　　　　　　东家持牌

♠ A K 8 7　　　　　　♠ Q 4

♥ A Q 3　　　　　　　♥ K 6 4 2

♦ 10 5　　　　　　　　♦ K J 8 7 3

♣ K Q 10 9　　　　　　♣ 7 4

叫牌过程：

西	东
1♣	2♦
2NT（17~19 点均型）	3♥（4 张）
3NT	Pass

12.3.5　应叫 1NT 后的叫牌

有的精确体系应叫 1NT 限制在 8~10 点，本体系用的是 8~13 点平均型，这是比较现代的约定。由于我们 16 点 4333 或 4432 牌型开叫 1NT 而不开叫 1♣，已经很大程度地避开了传统精确均型 16 点对 8 点均型的"盲点"，这里的 1NT 应叫及再叫均逼叫到局，双方不到局的任何叫品（包括 2NT）均为逼叫。

应叫 1NT 的条件：$p8$~13，4333 或 4432 牌型。只有 8~9 点和弱 5 张低花的 5332 牌型，也可以应叫 1NT；另外，$p8$~13，4441 牌型，单张为顶张大牌时，我们也应叫 1NT。

（1）开叫人再叫 2♦/2♥/2♠/3♣：$n \geq 5$，牌力无上限。

应叫人的再叫我们此处采用新睿精确中支持问叫的四级回答：

A. 加一级：$p8$~10，2~3 张小牌（低限支持差）；

B. 加二级：$p8$~10，4 张或 3 张有顶张大牌（低限好支持）；

C. 加三级：$p11$~13，2~3 张小牌（高限支持差）；

D. 加四级：$p11$~13，4 张或 3 张有顶张大牌（高限好支持）。

这里应叫人按"低低高高"四级回答后，开叫人按自然原则再叫。

（2）开叫人再叫 2♣：斯台曼问叫，通常为均型 16~19 点。偶尔也可能是 22 点以上均型牌（超过开叫 2NT 实力）。

A. 应叫人叫 2♦：p8~10，无 4 张高花。

开叫人如果是通常的 16~19 点，在应叫人回答 2♦ 后叫 3NT 止叫；如果是 22 点以上，采取如下手段逼叫：

①叫 2NT：逼局，请应叫人叫出 4 张低花。

②叫 4NT：p23~24，定量邀请（非黑木问叫）。

B. 应叫人叫 2♥：p8~10，4 张 ♥（不排除另有 4 张 ♠）。

C. 应叫人叫 2♠：p8~10，4 张 ♠（没有 4 张 ♥）。

应叫人牌点在 8~10 点之间，只有以上 3 种回答方式。

开叫人如果是 16~19 点，在回答 2♥/2♠ 后加到局或 3NT 止叫；开叫人叫其他花色为 20 点以上，同意将牌的扣叫，满贯意图。

D. 应叫人叫 2NT：p11~13，4333 型。

开叫人再叫 3♣：问哪门花色为 4 张。

应叫人 3♦/3♥/3♠/3NT 分别报 ♦/♥/♠/♣ 为 4 张。

E. 应叫人叫 3♣：p11~13，4 张 ♣，另有 4 张较高级别花色。

开叫人 3♦ 问第二套，应叫人 3♥/3♠/3NT 分别报 ♥/♠/♦ 为 4 张。

F. 应叫人叫 3♦：p11~13，4 张 ♦，并另有 4 高花。

开叫人 3♥ 问第二套，应叫人 3♠/3NT 分别报 ♠/♥ 为 4 张。

G. 应叫人叫 3♥：p11~13，♥/♠ 两套高花。

开叫人叫 3NT/4♥/4♠ 为止叫；再叫 3♠ 为确定将牌，此后可叫 4NT 作罗马关键张问叫；开叫人叫 4♣ 或 4♦，则是默认 ♥ 将牌的扣叫，以后任何一方叫 4NT，则为同意 ♥ 将牌的罗马关键张黑木问叫。

（3）开叫人再叫 3NT：16~17 点，没有 4 张高花，封局止叫。

（4）开叫人再叫 2NT*：18 点以上，5-4 以上两套低花，满贯意图，询问应叫人低花套。应叫人回答如下：

A. 应叫人叫 3♣/3♦：$p8\sim10$ 所叫花色 4（或 5）张；

B. 应叫人叫 4♣/4♦：$p11\sim13$ 所叫花色 4 张；

C. 应叫人叫 3♥：$p8\sim10$，低花 4-4；

D. 应叫人叫 3♠：$p11\sim13$，低花 4-4；

E. 应叫人叫 3NT：$p8\sim10$，没有 4 张低花；

F. 应叫人叫 4NT：$p11\sim13$，没有 4 张低花。

12.3.6　应叫 2NT 后的叫牌

应叫 2NT 的条件： 14 点以上大牌，4333 或 4432 牌型，也包括单张为顶张大牌的 4441 型。

2NT 应叫的牌力没有上限，联手牌力至少达到了 30 点，进入满贯叫牌领域。后续叫牌如下：

（1）开叫人再叫 3NT，$p16\sim17$，均型，没有 5 张高花或 6 张低花，不逼叫。

（2）开叫人再叫 4NT，$p18\sim19$，均型，示量邀请。

（3）开叫人再叫 3♦/3♥/3♠，$n \geq 5$，自然出套。

A. 应叫人叫 3NT：$p14\sim15$，同伴花色 2 张或 3 张小牌，不逼叫；

B. 应叫人加叫高花 4♥/4♠ 到局；$p14\sim15$，3 或 4 张支持，不逼叫；

C. 应叫人叫新花：配合同伴花色的扣叫，满贯兴趣；

D. 应叫人叫 4NT：以同伴花色为将牌的罗马关键张问叫。

（4）开叫人再叫 3♣：至少有一套 4 张高花，斯台曼问叫。

A. 应叫人叫 3♦：$p14\sim15$，无 4 张高花。

B. 应叫人叫 3♥/3♠：$p14\sim15$，$n = 4$。

C. 应叫人叫 3NT：$p \geq 16$，4333 型（不是止叫）。

开叫人叫 4♣：问哪门花色为 4 张。

应叫人 4♦/4♥/4♠/4NT 分别报 ♦/♥/♠/♣ 为 4 张。

D.4♣/4♦：$p \geq 16$，所叫低花 4 张，另有一个 4 张较高级花色。

E.4♥：$p \geqslant 16$，♥ ＋ ♠ 两套。

注意，这里 3NT 及以上的回答都表示应叫人也有 16 点以上，至少应该叫到小满贯。因此，开叫人叫四阶高花是选定将牌而不是止叫。

12.3.7　应叫 3NT 后的叫牌

应叫 3NT 的条件：有一门 AKQ 领头的 7~8 张坚固低花套，其他花色无 A、K，无缺门。

开叫人如果看不到满贯前景，应 Pass 或选五阶低花定约。

（1）Pass：无进贯实力，低花无缺门，其他三门均有止张。

（2）5♣/5♦：高花止张不足，选择五阶同伴花色成局。

（3）4♣：接力问同伴单张花色，满贯意图。

　A.4♦：低花单张（♣套♦单张，或♦套♣单张）；

　B.4♥/4♠：所叫高花单张；

　C.4NT：没有单张。

（4）4NT：小满贯邀叫，要求应叫人另有 1 个 Q 或 8 张叫到小满贯。

（5）5NT：逼叫到小满贯，邀请大满贯。要求应叫人另有 1 个 Q 或 8 张叫大满贯。

12.4　对方参与叫牌后的应叫

12.4.1　1♣—×—应叫

对方加倍 1♣，有的表示有开叫实力，有的表示双高套，还有的表示 ♣ 套等。如果其加倍表示特定花色（如两套高花或 ♣），则应叫时可以当作对方叫了该花色处理，此时应叫无将一定要在对方表示的花色中有止张。如果叫对方明确表示的花色，则相当于扣叫。

12.4.1.1 对方加倍表示开叫实力后的应叫

A. Pass：0~4 点，极弱牌，由于对方的加倍使得开叫人还有叫牌机会，因而极弱的牌可以放过去，而不必再应叫 1♦。

B. 再加倍：通常是 5~7 点（或差的 8 点），技术性，下轮可以根据情况 Pass、加叫或叫出自己的花色（或无将）不再逼叫。

C. 平叫花色 1♦/1♥/1♠/2♣：8 点以上，所叫花色 5 张以上。必要时可以在一阶叫 4 张高花或在二阶叫 4 张低花。

开叫人则自然出套或叫无将。

D. 叫 1NT：8 点以上均型。

E. 跳叫 2♦/2♥/2♠/3♣：4~7 点主要集中在 6~7 张以上套中。

F. 跳叫 4♥/4♠：5~8 点主要集中在 7 张以上套中。

对方加倍后我们多了两个叫品：Pass 表示 4 点以下弱牌；再加倍表示 5~7 点（或差的 8 点）的技术性示弱应叫。这样直接出套、叫 1NT 都表示好的 8 点以上逼局的好牌；跳叫（包括 2♦）为建设性应叫。

12.4.1.2 对方加倍表示 ♣ 套后的应叫

应叫人这时 Pass，仍然表示 0~4 点；叫 1NT，一定表示有 ♣ 止张；叫 2♣ 不是出套而是"扣叫"，可能 ♣ 只有几张小牌或 A×，对 3NT 感兴趣，希望开叫人有止张时叫无将；再加倍表示 5 点以上（没有上限），两套高花都为 4 张以上，强烈希望同伴叫高花；1♦/1♥/1♠ 仍然是 8 点以上和 5 张以上套。

12.4.1.3 对方加倍表示双高花后的应叫

对方加倍 1♣ 表示的双高花，并不见得会有多强，甚至有人两门高花都是 4 张小牌也加倍。

应叫人仍然用 Pass，表示 0~4 点，再加倍表示 5~7 点（或差的 8 点）；应叫 1NT 表示 8 点以上两门高花都有止张；而叫 1♥/1♠，表示所叫高花有止张（不保证 5 张），另一高花没有止张；2♣/2♦仍然是5张以上花色，8点以上大牌；2♥/2♠仍然可以作为建设性，只要同伴有大小两张支持就有成局的可能。

12.4.2 开叫1♣——争叫1♦/1♥/1♠——应叫

我们假设对方进行的是自然争叫。

A. Pass：0~4点，极弱牌可以放过去，对方的争叫使得开叫人还有叫牌机会。不过有时对方正好叫到你的长套上，可以陷阱式Pass，以后放过同伴的平衡加倍或主动叫3NT。当然，如果对方再叫该花色，就可以加倍惩罚了。

B. 叫1NT：8点以上，保证止张。

C. 加倍：技术性，5~7点，可能有长套，下轮出套不逼叫。

D. 叫花色：8点以上，5张以上套（可以叫4张低花），进局逼叫。

E. 扣叫对方花色：8点以上，对方争叫花色短，对其他花色均有支持。逼叫到局。

F. 跳叫2♥/2♠：仍然为建设性。

不少人在对方开叫1♣后采用约定性争叫表示特定的两套牌。这时应叫人叫无将，一定要求两套花色都有止张；加倍表示希望同伴叫另外两门花色之一；扣叫一门表示这一门有4张以上或有止张，希望同伴另一花色有止张时叫无将；直接叫非对方表示的花色，仍然是8点以上出套，扣叫或直接出套都逼叫到局。

我们又一次利用了对方的争叫把牌叫得更加清楚。

12.4.3 开叫1♣——争叫1NT——应叫

对方争叫1NT，一般表示有两套低花（不寻常1NT）。

A. Pass：0~4点的极弱牌，或者有惩罚对方任一门低花的实力，陷阱式Pass，准备放过同伴的平衡加倍，或下轮主动叫3NT。当然，如果对方再叫低花，就可以直接加倍了。

B. 加倍：5~7点，对高花感兴趣，或8点以上没有5张套。

C. 叫2♣/2♦：当对方表示出两套花色后叫其中一门，为显示止张的"扣叫"，表示8点以上，进局逼叫。"扣叫"的花色有4张以上或较好的止张，另一门没有止张，至少有一套未叫花色4张以上。

D. 叫2♥/2♠：直接出套仍然是8点以上，进局逼叫。

E. 叫2NT：自然叫，8点以上，两门低花都有止张，逼局。

12.4.4　开叫1♣——争叫2♣/2♦/2♥/2♠——应叫

对付对方的二阶争叫，我们采取类似于1NT开叫对方二阶争叫后的莱本索尔叫牌法。

A. Pass：无5以上张套，或者准备打防守。

B. 叫二阶较高花色：弱牌，$p \leqslant 7$，$n \geqslant 5$。

C. 叫三阶花色：$p \geqslant 8$，$n \geqslant 5$，进局逼叫。

D. 加倍：技术性，$p5\sim7$，保证有未叫高花。

E. 叫3NT：9~11点，牌型比较平均，保证对方花色止张（此处与1NT后的莱本索尔略有不同）。

F. 扣叫对方花色：$p \geqslant 8$，对其他花色均有支持，进局逼叫。

G. 叫2NT*：与1NT开叫对方二阶争叫后的莱本索尔约定叫相似，通常有6张以上较低的弱长套。

对于此处的莱本索尔约定叫，当开叫人20点以下时必须叫3♣并以停在同伴的长套上为止。开叫人如果持有几乎一手可以成局的强牌（至少9个赢张），可以叫出除3♣以外的叫品并逼叫到局。

12.4.5　开叫1♣——争叫3♣以上——应叫

对方跳叫到三阶，一般是凭7张以上套和有利的局况进行的阻击叫，简单地加倍惩罚是不可取的。

A. Pass：弱牌，无套可叫或者准备防守。

B. 叫3NT：$p8\sim11$，对方所叫花色有止张。

C. 叫花色：$p \geqslant 8$，$n \geqslant 5$，进局逼叫。

D. 扣叫对方花色：$p \geqslant 8$，对其他花色均有支持，进局逼叫。

E. 加倍：与 1NT 开叫对方三阶争叫后的加倍相似，是最后才考虑的"建设性加倍"，不承诺在对方花色中有赢墩，但保证有一定的实力（6 点以上）和至少一个 4 张未叫高花套。

在 1♣ 开叫对方加倍或争叫以后，我们可以利用对方的叫牌把自己的牌叫得更清楚：0~4 点的弱牌 Pass，5~7 点可以加倍或再加倍，8 点以上正常出套（或叫无将）且逼叫到局。

本章介绍的"第一轮精确，后续自然"的简明叫法，比较适合初学者和普通爱好者使用。下一章，我们将介绍"超级精确"中的意大利问叫，供经常参加比赛的搭档选用。

第 13 章　意大利问叫 **

上一章，我们在 1♣ 开叫同伴示强应叫以后，采取了简明的自然再叫。这种叫法多数情况下能够将成局定约或满贯定约叫出来，但有些特殊的"天仙配"（牌点不高控制和配合都到位）的满贯定约可能叫不到；而有时牌点较高，控制数不足或配合不够好的牌又可能会叫过头。使用意大利问叫可以较好地解决这些问题。

20 世纪 60 年代末 70 年代初，魏重庆先生带领年轻的中国台北队，使用精确叫牌法，连续两届进入百慕大杯决赛；杨小燕女士则更是使用精确叫牌法多次获得世界冠军，被誉为桥牌皇后。新生的精确叫牌法被世人刮目相看，就连当时全世界最著名的意大利蓝队，也改用精确叫牌法，并把精确叫牌制引入他们擅长的"意大利问叫"，形成了"超级精确叫牌法"。

使用意大利问叫，不仅能较好地解决"天仙配"的低点力多控制满贯叫牌问题，还可以在低阶上及时发现有没有满贯所需的将牌强度或控制总数，从而在不符合满贯条件时及时将定约停在安全的阶数，甚至可以发现双方低限极端不配时停在不成局定约。

13.1　配控问叫

1♣ 开叫，同伴示强应叫花色 1♥/1♠/2♣/2♦ 后开叫人叫出自己手中的 5 张以上花色，不仅仅是出套，而同时也询问应叫人对该花色的配合情况和控制数，因而称为配合与控制问叫，简称**配控问叫**（α 问叫）。

配控问叫亦可以用于 1NT 或 2NT 应叫后（取代 12.3.5 中支持问叫和 12.3.6 中的自然叫法，是否取代由搭档协商决定）。

应叫人的控制达到或超过 4 个为 "多"；3 个及以下为 "少"。用下列六级表示（五级加级和跳叫）：

A. 加一级：不配，$k \leqslant 3$（不配少控）；

B. 加二级：不配，$k \geqslant 4$（不配多控）；

C. 加三级：配合，$k \leqslant 3$（配合少控）；

D. 加四级：配合，$k \geqslant 4$（配合多控）；

E. 加五级（即加叫一阶）：极配，$k \geqslant 4$（极配多控），

F. 跳叫新花或跳叫原花色：4 个以上控制，反宾为主自然叫。

前五级回答可用口诀 "34344" 来记忆。α 问叫最高回答到加 5 级（加叫一阶），超过五级的跳叫是自然叫。

配控问叫的五级回答一般在 3NT 以下完成。通过问叫，开叫人立即知道了有没有满贯需要的控制和将牌配合。

一副牌有 12 个控制，一般来说，小满贯需要 10 个以上控制（允许缺 1 个 A 或 2 个 K），大满贯需要 11 个以上控制（允许缺 1 个 K）；小满贯定约允许缺少 1 个将牌顶张，大满贯不能缺少一个将牌顶张。如果不满足以上条件，开叫人立即叫双方的花色或 3NT 到局，甚至可以在一级回答（不配少控）的情况下开叫人最低限（16 点）停在部分定约上（这是传统精确体系的盲点之一）。

如果回答是二级以上，成局已经是肯定的，此后的叫牌主要是试探有无满贯的可能。特别是 "配合多控" 的情况下，开叫人后续可以通过定向的 "边花控制问叫"，问出最关心的某一门花色上有没有控制，从而在成局之前确定有没有满贯，不必像自然叫牌法那样通过 4NT 在高阶问叫，而叫到不必要的五阶定约。

使用 α 问叫应注意以下几种情况：

（1）当回答为"加一级"（不配少控）后，开叫人再叫双方叫过的花色、叫新花、无将均为**自然叫且不逼叫**，允许应叫人点力是最低限且严重失配（8点，同伴花色2张小牌以下）时，停在不成局定约。

（2）当回答为"加二级"（不配多控）后，必须进局。成局以下继续叫问叫花色（6张以上）、新花（第二套）或2NT，为自然叫，希望应叫人选择合适的定约进局；成局以下立即加叫一阶应叫人花色为 γ 问叫，同意打应叫人的花色进局并有满贯意图，这是**延迟的将牌问叫**；加叫应叫人花色或叫3NT到局为止叫。

（3）当回答为三级以上（表示配合）后，已经确定开叫人的花色为将牌，这时叫新花（包括应叫人花色）为**边花控制问叫**，主要关心这一门花色应叫人是否有控制。

（4）经配控问叫后，开叫人叫 3NT 及双方叫过的花色到局均为止叫。如有必要，可以用4NT核查关键张。

（5）如果应叫人对问叫花色配合不好（双张以下），但自己有5–5以上两套或7张以上单套，同时又有12点和4个控制以上，可以置同伴的问叫于不顾，**反宾为主**，超过加五级**跳叫**新花色（第二套）或跳叫原花色。在这样的叫牌以后，由于存在极端不配合的危险，要谨慎地采用自然叫。开叫人如能配合应叫方的一套，要及时表明；否则可以再叫自己的套（6张以上）或无将。

例 13–1

西家持牌

♠ A K 8 7 5
♥ A 6
♦ A Q 10 5
♣ 10 8

东家持牌

♠ 6 4 3
♥ K J 9 7 2
♦ 7 3
♣ K Q 4

叫牌过程：

西	东
1♣	1♥
1♠（配控问叫）	1NT（不配，$k \leq 3$）
2♦（自然，第二套）	2♠（3小张或大小双张）
4♠	Pass

例 13-2

西家持牌　　　　　　　　东家持牌

♠ K J 5　　　　　　　　♠ 6 4

♥ 6　　　　　　　　　　♥ K J 7 5 2

♦ A K 9 8 4　　　　　　♦ Q 7 3

♣ A Q 7 5　　　　　　　♣ K 6 4

叫牌过程：

西	东
1♣	1♥
2♦（配控问叫）	2NT（配合，$k \leq 3$）
3NT	

例 13-3

西家持牌　　　　　　　　东家持牌

♠ A K 9 7 5　　　　　　♠ 6 4

♥ 6 5　　　　　　　　　♥ K Q 8 7 2

♦ A K 8　　　　　　　　♦ 7 4 3

♣ Q 7 5　　　　　　　　♣ K 6 4

叫牌过程：

西	东
1♣	1♥
1♠（配控问叫）	1NT（不配，$k \leq 3$）
2NT（自然不逼叫）	Pass

这是示强应叫后少有的情况，经配控问叫后发现不配，双

方都是最低限，谨慎地停在不成局定约。

例 13-4

西家持牌

♠ A K 8 7 5
♥ A 6
♦ A 10
♣ Q 10 7 5

东家持牌

♠ 4
♥ K Q 8 7 5
♦ J 7
♣ A K 9 4 3

叫牌过程：

西	东
1♣	1♥
1♠（配控问叫）	3♣（反宾为主第二套）
4♣（支持 ♣ 确定将牌）	4NT（问关键张）
5♦（3 关键张）	5♥（问将牌 Q）
5♠（有将牌 Q 和 ♠K）	7♣（！）

西家 1♠ 进行配控问叫，东家不予回答，超过了最高的 5 级跳叫 3♣，这是反宾为主的自然叫，表示第二套且 4 个以上控制。西家加叫 4♣ 表示配合以后，通过关键张问叫，叫到了这个几乎可以摊牌的 7♣。

13.2 控制数问叫

我们的体系中，在 1♣ 开叫示强应叫 1♥/1♠ 后，开叫人如果对应叫花色没有好支持，自己也没有 5 张以上套，无论是常见的 17~19 点均型牌，还是少有的 22 点以上的均型牌，都可以再叫 1NT。

在意大利问叫体系中，再叫 1NT 不仅是显示均型牌，同时也是问叫，是控制数问叫（β 问叫）。应叫人再叫应首先回答控制数，以便使开叫人判断有没有上满贯需要的控制总数。

对控制数问叫，应叫人也是六级回答（五级加级和跳叫）：

A. 加一级 2♣：0~2 个控制；

B. 加二级 2♦：3 控制；

C. 加三级 2♥：4 控制；

D. 加四级 2♠：5 控制；

E. 加五级 2NT：6 个以上控制；

F. 跳叫新花或跳叫原花色：4 个以上控制，反宾为主自然叫。

经控制数问叫后，开叫人立即在成局以下加叫同伴应叫的高花为**延迟将牌问叫**；其他叫品一律为自然叫，特别是立即叫 3NT 或加叫应叫花色到局，是止叫。

控制数问叫的优点是在 3NT 以下就能问出有没有满贯需要的控制数，避免了用关键张问叫把定约叫到不安全的五阶高度。

例 13–5

西家持牌	东家持牌
♠ A Q 7	♠ 6 4
♥10 6 4	♥ K Q 8 7 5
♦ A K 8 6	♦ 7 4 3
♣ A Q 7	♣ K 9 4

叫牌过程：

西	东
1♣	1♥
1NT（控制数问叫）	2♣（0~2 控）
3NT（止叫）	

例 13–6

西家持牌	东家持牌
♠ A Q 7	♠ K 4
♥10 6	♥ A K 8 7 5
♦ K J 8 6	♦ A Q 9 4 3
♣ A Q J 5	♣ 6

叫牌过程：

西	东
1♣	1♥
1NT（控制数问叫）	3♦（第二套，满贯兴趣）
3♠（配合♦扣叫）	4NT（以♦为将牌 RKCB）
5♦（3 个关键张）	7♦（！）

在 1NT 问叫应叫人跳叫 3♦ 表示 4 个以上控制和 5–5 两套后，开叫人如果两套均不配合，应该叫 3NT；如果配合第一套♥，应立即叫 3♥ 表示。如果配合第二套（往往是低花）则没有必要立即加叫，扣叫其他花色，表达了配合第二套和满贯的愿望。

例 13–7

西家持牌	东家持牌
♠ A K 7	♠ 10 6 4
♥ 10 6	♥ K Q 8 7 5
♦ K 9 8 7 6	♦ 4 3
♣ A Q 7	♣ K 9 4

叫牌过程：

西	东
1♣	1♥
1NT（控制数问叫）	2♣（0~2 控）
2♦（低限 5 张）	2NT（自然不逼叫）
Pass（成局无望）	

西家的 5 张♦套很差，又是最低限的 16 点，再叫 1NT 作为控制数问叫。东家加一级回答 2♣ 表示不超过 2 控，然后双方通过 2♦—2NT 进一步交换信息，得知双方低限没有配合，及时地停在 2NT 定约。

13.3　将牌问叫

魏重庆先生早年在最初的精确制大纲中就引入了**将牌问叫**，

这也是意大利问叫之一（γ 问叫）。本体系中我们只在下列场合用以高花为将牌的将牌问叫（对低花不用将牌问叫）：

（1）开叫 1♣ 示强应叫 1♥/1♠ 后立即加一阶 2♥/2♠ ；

（2）开叫 1♣ 示强应叫 1♥，开叫人 1♠ 作配控问叫，二级回答 2♣（不配多控）之后，开叫人叫 2♥，为延迟将牌问叫；

（3）在 1♥/1♠ 应叫后，经 1NT 控制数问叫，在成局以下立即叫同伴高花也是延迟将牌问叫（加叫到局为止叫）。

通常情况下，问叫人应该有 20 点以上，6 个以上控制，并且对同伴的花色至少有 2 张支持。

对将牌问叫采用加级的方法回答，共连续六级：

A. 加一级：$n \geqslant 5$，无顶张（J××××…以下）；

B. 加二级：$n = 5$，一顶张（X××××）；

C. 加三级：$n = 5$，二顶张（XX×××）；

D. 加四级：$n \geqslant 6$，一顶张（X×××××…）；

E. 加五级（再加一阶）：$n \geqslant 6$，二顶张（XX××××…）；

F. 加六级：$n \geqslant 5$，三顶张（AKQ××…以上）。

这六级回答可用口诀"012123"来记忆。

将牌问叫以后再叫新花是"边花控制问叫"（注意不能再"扣叫"），必要时可以用 4NT 核查关键张。

例 13-8

西家持牌	东家持牌
♠ A K 5	♠ Q 4
♥ Q J 2	♥ A 9 8 7 5
♦ K 10	♦ Q 7 3
♣ A K Q 10 8	♣ 9 7 2

叫牌过程：

西	东
1♣	1♥
2♥（将牌问叫）	2NT（5 张 1 顶张）
3♦（边花控制问叫）	3♠（第三控制）
4♥（止叫）	

西家有 22 点且对同伴应叫的 ♥ 花色有 Q J 2 支持。但经过将牌问叫和边花控制问叫，知道将牌缺 1 个顶张大牌，♦ 也有一个输墩，遂停在 4♥ 定约。

1♣ 开叫二阶低花应叫 2♣/2♦，不绝对保证 5 张（如 4441 牌型），我们不用将牌问叫，加叫低花 3♣/3♦ 作为探讨低花满贯的自然叫（保证 4 张以上和 20 点以上），以后双方叫新花为扣叫，4NT 为罗马关键张问叫。

13.4　边花控制问叫

1♣ 开叫示强应叫，经配控问叫并回答配合，或经过将牌问叫后，问叫人立即叫出一门其他花色，是**边花控制问叫**（δ 问叫），问同伴对该花色的控制情况。但是，经配控问叫回答"不配"后，叫新花是自然叫。

边花控制问叫也用加级回答（连续五级）：

A. 加一级：无控制（3 小张以上）；

B. 加二级：第三轮控制（有 Q 或双张）；

C. 加三级：第二轮控制（K 或单张）；

D. 加四级：第一轮控制（有 A 或缺门）；

E. 加五级：有 AK。

边花控制问叫后，继续叫其他非既定将牌花色（包括应叫人的花色）仍然是边花控制问叫；叫回既定将牌或无将为止叫。

注意，边花控制问叫与"扣叫"相冲突，在连续的精确问叫中不再使用扣叫。经过边花控制问叫后，如有必要还可以用

罗马关键张问叫核实关键张。

例 13-9

西家持牌

♠ A K 8 7 5

♥ A 2

♦ A K Q 5

♣ 10 8

东家持牌

♠ Q 4 3

♥ K J 8 7 5

♦ 7 2

♣ A 9 7

叫牌过程：

西	东
1♣	1♥
1♠（配控问叫）	2♦（配合，3控以下）
2♥（边花控制问叫）	3♣（第二控制）
4♣（边花控制问叫）	4NT（第一控制）
6♠（满足）	

西家 1♠ 配控问叫，东家加三级回答 2♦，表示配合但不超过3 个控制。将牌已经确定，开叫人西家再叫应叫人的花色 2♥ 不是 "加叫"，而是边花控制问叫。应叫人回答第二控制（这里是 K）后，西家继续叫新花，仍然是边花控制问叫。经过两门花色的边花控制问叫，东家的回答出 ♥ K 和 ♣ A 这三个控制，西家满意地叫到 6♠ 定约。

第14章　常用满贯叫牌手段

　　本章介绍的内容是正文中有关内容的延伸和补充，主要是为探讨满贯定约服务的，供经常参加比赛的搭档选用。

14.1　扣叫控制

　　经过一两轮（少数情况下三轮）的叫牌，明确了将牌后，如果某一家（无论开叫人还是应叫人）**有多余的牌力**，确定联手实力成局绰绰有余，就可以主动叫其他**非既定将牌花色**进行**扣叫**，表示所叫花色有控制（A、K或单缺），有满贯意图。

　　例 14-1

西家持牌　　　　　　　东家持牌

♠ 5　　　　　　　　　♠ A K Q J 3 2

♥ A 10 9 2　　　　　　♥ 4

♦ A K Q J 3　　　　　　♦ 8 7 6

♣ K J 5　　　　　　　　♣ A 8 2

这是我们在第3章出现过的刘艳和卢燕的那副牌例。

西	东
	1♠
2♦（逼局）	2♠（6张以上）
2NT（等待）	3♦（3张）
3♥（扣叫）	3♠（扣叫）
4♣（扣叫）	4NT（问关键张）
5♦（3关键张）	5♥（问将牌Q）
6♣（有♦Q和♣K）	7♦

在东家1♠开叫后，西家持有18点大牌，先以2♦作逼局应叫，并在东家再叫2♠后以2NT过渡，等待一轮。当东家叫出3♦表示3张支持后，西家的3♥就是满贯兴趣的扣叫！此后通过进一步的扣叫和问叫，行云流水地叫到7♦。

扣叫过程总是遵循"经济原则"先叫最近的一门花色，可以是第一控制（A或缺门），也可以是第二控制（K或单张），如果越过一门花色，就说明该花色没有控制。

例14-2

西家持牌	东家持牌
♠ 7 4	♠ Q 8 2
♥ A Q J 9 8 5	♥ K 7 3 2
♦ 5	♦ A Q 8
♣ A K 10 9	♣ 8 6 2

叫牌过程：

西	东
1♥	3♦（伯根）
4♣（扣叫）	4♥（止叫）

本例中，西家越过♠扣叫4♣，表示满贯有愿望，同时表示没有♠控制。由于东家也没有♠控制，就没有必要扣4♦了，遂叫4♥结束叫牌。

14.2　格伯问叫与黑木问叫

14.2.1　格伯问叫

　　格伯（Gerber）问叫是一种核查 A 的方法，我们仅用在同伴开叫 1NT 后，应叫人有一门极长的花色，有大量的赢张，有强烈的满贯意图，但担心缺少 A。这时叫 4♣*，是格伯问 A，只需要知道同伴 A 的个数就能确定是否有满贯定约。其回答如下：

　　4♦：无 A（或 4 个 A）；

　　4♥：1 个 A；

　　4♠：2 个 A；

　　4NT：3 个 A。

　　经以上回答后，问叫人叫 4NT 为止叫，除了 5♣ 以外的任何叫品也为止叫。必要时（如果 4 个 A 齐全，小满贯有绝对把握，准备叫大满贯），可用 5♣ 继续问 K（回答仿上）。

　　应叫人至少应该有 1 个 A 和 7 张以上好套，通常还应该有单张（没有缺门）才能用格伯问 A，如果能问出同伴 2 个 A，就应该有小满贯的把握；即使开叫人一个 A 都没有，也应该保证完成四阶高花定约或 4NT，而不像黑木问叫必须叫到危险的五阶了。

　　我们的体系中，格伯问叫只有 1NT 开叫后直接叫 4♣ 这一种形式。在 2NT 开叫后，应叫人很难具备直接问 A 的条件，我们开叫 2NT 应叫 4♣ 作为转移 4♦ 的约定叫。

14.2.2　黑木问叫

　　黑木问叫是几乎被所有叫牌体系和牌手广泛采用的约定叫之一。在本体系中一般都是非限制性牌力的一方叫 4NT*，问限制性牌力一方有几个 A。

　　对黑木问叫的回答有多种方式，它们各有千秋。使用哪一种回答搭档之间必须明确。

　　这里我们介绍原始的回答方式和"罗马关键张"回答方式。

14.2.2.1 原始黑木问叫

根据手中 A 的数目多少加级回答。即：

5♣：无 A；

5♦：1 个 A；

5♥：2 个 A；

5♠：3 个 A。

即按 0、1、2、3 个 A 分别在 4NT 的基础上加一、二、三、四级回答。在精确制中，限制性开叫人持有 4 个 A 几乎是不可能的。如果一手牌没有一张 A，一般也不会使用黑木问叫，因此不存在 4 个 A 的回答问题。

经 4NT 问叫后，如果知道不缺少 A 而且小满贯定约十拿九稳时，为了知道有没有大满贯所必需的几个 K，问叫人还可以叫 5NT 继续问 K，回答方式仍然是加级表示 K 的数目。

在某些特殊情况下，例如开叫人持有 8 张以上单套或 7411、6511 等没有缺门的牌，有 10 个以上做牌赢张，只需知道同伴有没有 A，有几个 A 即能确定是否有满贯，可以直接开叫 4NT* 进行问 A，然后除了叫 5NT 为继续问 K 以外，所有其他叫品均为止叫。

14.2.2.2 罗马关键张黑木问叫

黑木问叫原始回答方式，只能表示出 A 或 K 的数目，不知道其位置，也不能知道同伴是否有满贯定约所需要的将牌 K、Q。

为了提高叫满贯的成功率，越来越多的牌手使用**罗马关键张黑木问叫**（Roman Key Card Blackwood，简称 RKCB）回答方式。该方式是把每门花色的 A 和已经明确的将牌花色 K 都作为一个"关键张"，一副牌共 5 个关键张。

所谓"明确的将牌花色"指：①经过加叫或用其他方法表示"配合"的花色；②如果仅实叫过一门花色，就指该花色；③双方各叫一门花色后，指被问叫人叫过的花色；④被问叫人实叫过两门长套花色，问叫人并未表示支持哪一套，将牌花色指被问叫人的第二套；⑤一方明确表示过一个6张以上套，将牌花色就是该花色。

罗马关键张回答方式也是用不同级别来表示关键张的数目：

A. 5♣：1或4个关键张；

B. 5♦：3或0个关键张；

当然，同伴回答5♣、5♦后，问叫人必须正确判断是几个关键张，这从前面的叫牌信息是不难作出的，这也是我们强调必须是非限制性牌力的一方问限制性牌力一方的道理。

为了便于记忆，坎特（Eddie Kantar）把以上回答用1430（完成高花小满贯定约的得分）来表示[注]。

如果有2个关键张，还可以区分有没有将牌Q。

C. 5♥：2个关键张，但没有将牌Q；

D. 5♠：2个关键张和将牌Q（或两手10张以上将牌）；

如果在持有小满贯所需要的关键张和将牌Q的同时（或两手10张以上将牌），还有一个未曾表示过的缺门，可以用下面的回答方法，这可能对同伴决定是否叫大满贯是至关重要的：

E. 5NT：偶数（2或4个）关键张和将牌Q，并有一个缺门；

F. 在六阶叫出低于将牌级别的花色：该花色缺门，另有奇数（1或3个）个关键张和将牌Q；

G. 直接叫六阶将牌花色：奇数（1或3个）个关键张和将牌Q，另有高于将牌花色的缺门。

一般来说，打小满贯定约，最多允许缺少一个关键张（即可以缺少一个A或者将牌K）。经过4NT问叫后，问叫人如果

注：过去，我国桥牌爱好者普遍采用0314回答方式，即5♣表示0或3个关键张，5♦表示1或4个关键张。但用坎特约定可以方便后续叫牌（问将牌Q），因而这种叫法被越来越多的牌手所采用。我们建议你与搭档协商一致使用1430回答方式，并争取多得到些1430分。

看到有小满贯而根本没有大满贯（例如缺少一个关键张），可以叫到六阶既定将牌花色止叫。如果连小满贯需要的关键张都不足，只能叫回五阶既定将牌满足于成局定约。

另外，RKCB 问叫必须在将牌明确后。有时，虽然问叫人心里清楚"将牌花色"，但却没有表示出来，只是主要关心同伴有几个 A，则一律用"原始方法"回答 A 的个数。例如在未实叫任何花色的情况下，同伴表示 4-4-1-4 型后，直接叫 4NT 进行"黑木问 A"。

罗马关键张回答比原始的单纯回答 A 的数目要好些，但同时，由于这种回答方式比较复杂，也使得其相对难以掌握。有的牌手，特别是职业牌手或常打比赛的爱好者，还用更复杂的后续叫牌，下面作简单介绍，供有志于提高的牌手（特别是打比赛的固定的搭档）参考。

14.2.2.3　将牌 Q 问叫

在 4NT 问叫回答 5♣（1 或 4 个关键张）后，如果既定将牌为高花，问叫人可以用 5♦ 继续问是否有将牌 Q，这样，在缺少一个关键张和将牌 Q 时，还可以停在比较安全的五阶高花定约上。同样，在回答 5♦（3 或 0 个关键张）后，如果既定将牌为♠，可以用 5♥ 问将牌 Q。

如果既定将牌花色是♥，而第一轮回答又是 5♦（3 或 0 关键张），则问叫人叫 5♥ 是要求应叫人无关键张时 Pass；有 3 个关键张时按将牌 Q 问叫回答。

同样，如果既定将牌为♦，在回答 5♣（1 或 4 个关键张）后，问叫人叫 5♦，是要求应叫人 1 个关键张时停叫，4 个关键张时按将牌 Q 问叫回答。

另外，如果既定将牌为低花，而第一轮答叫刚好是该花色的五阶叫品，如有必要，问叫人可以继续叫高一级的叫品作为将牌 Q 问叫。

对将牌 Q 问叫，采用如下回答方法：

A. 叫回最低将牌花色：没有将牌 Q（不排除有其他花色的 K）；

B. 叫 5NT：有将牌 Q，其他花色没有 K；

C. 叫新花：有将牌 Q，所叫花色有 K；

D. 叫六阶将牌花色：有将牌 Q，其他花色有至少 2 个 K。

如果答叫人能够确定联手有 10 张或者更多的将牌，即使不持有将牌 Q 也可以按"有将牌 Q"回答。因为这时将牌 Q 在防守方手中也等于判了死刑。

14.2.2.4　K 问叫

无论是否经过将牌 Q 问叫，如果问叫人知道 5 个关键张和将牌 Q 都齐全（或有 10 张以上将牌），小满贯定约已经十拿九稳，如有必要，可以叫 5NT 邀请大满贯（亦可同时作为 K 问叫）。

被问叫人如果没有前面叫牌表示过的多余的实力，无论是否有其他花色的 K，直接叫确定的将牌到小满贯停叫。如果有多余的实力，特别是有未表示过的花色的上有用的 K，按 K 问叫回答如下：

A. 六阶新花：该花色有 K；

B. 六阶将牌：没有非将牌花色的 K（或有一个可能无用的 K）；

C. 6NT：另有 2 个 K；

D. 大满贯：另有 3 个 K。

14.2.3 排除关键张问叫

如果定约方已经明确将牌高度配合（至少 5-4），有足够成局的实力，一家手中有一个缺门，另一家的控制张主要在另外两门花色上，满贯的希望就十分大；相反，如果一家是缺门，另一家该花色有 A 和（或）K，不仅是重复和浪费，而且其他花色上的控制可能不足，这时的牌力就要大打折扣。

排除关键张问叫（Exclusion Blackwood，俗称**缺门关键张问叫**）可以很好地解决这个问题。不过，这种问叫不是从 4NT 开始，而通常是明确高花将牌后，跳叫到五阶低于将牌级别的花色 5♣/5♦/5♥（♠ 将牌时），所跳叫的花色为缺门，问同伴除了该花色以外，其他三门花色中的"关键张"。

我们约定，如果已经明确的将牌是♣，跳叫 4♦/4♥/4♠ 作为排除关键张问叫；如果已经明确的将牌是♦，跳叫 4♥/4♠/5♣ 作为排除关键张问叫。

将牌已经明确，在没有跳叫的空间时，越过 4NT 叫新花也约定为排除关键张问叫。

在我们的体系中，开叫 1♥/1♠/2♣ 都保证 5 张，应叫人如果有 4 张以上将牌支持，有一个缺门和 2 个以上关键张及其他合适的大牌，也可以立即跳到五阶低于将牌花色或跳到四阶高于将牌花色，启用排除关键张问叫。

对于排性除关键张问叫，不再采取 1430 的回答方式（同伴一般不可能排除缺门花色外另有 3 或 4 个关键张），而是在问叫叫品上简单加级的办法回答关键张和将牌 Q：

A. 加一级：排除花色以外没有关键张（0 个）；

B. 加二级：排除花色以外有 1 个关键张，没有将牌 Q(1 个)；

C. 加三级：排除花色以外有 1 个关键张，有将牌 Q 或联手 10 张以上将牌（1.5 个）；

D. 加四极：排除花色以外有 2 个关键张，没有将牌 Q(2.0 个)；

E. 加五级：排除花色以外有 2 个关键张，有将牌 Q 或联手 10 张以上将牌（2.5 个）；

F. 直接叫大满贯：超过 E 的情况。

即分别用五级表示 0、1、1.5、2、2.5 个关键张（将牌 Q 算 0.5 个，如果没有关键张，无论是否有将牌 Q 都不再区别）。

如有必要，可以继续用 5NT 问边花的 K，仍然是回答 K 的位置。

提示：有缺门时打满贯一般需要多次将吃，只有将牌高度配合（至少 5-4）时，才可以使用排除关键张问叫。另外，问叫人通常不能少于 2 个关键张，否则只能使用扣叫而不宜用排除关键张问叫。

例 14-3

西家持牌   东家持牌

♠ Q J 9 8   ♠ A 10 7 5 4

♥ Q   ♥ A K 7 2

♦ Q 10 9 8 3   ♦ K J 5 2

♣ A K 9   ♣

叫牌过程：

西	东
1♦	1♠
2♠（保证 4 张）	5♣（排除关键张）
5♦（0 个关键张）	5♠（及时刹车）

如果西有 1 个关键张（♦ A 或 ♠ K），小满贯应该不成问题；如果两家的牌是：

例 14-4

西家持牌   东家持牌

♠ K Q 9 8   ♠ A 10 7 5 4

♥ 9   ♥ A K 7 2

♦ A Q J 9   ♦ K 10 5 2

♣ Q 10 7 3   ♣

叫牌过程：

西	东
1♦	1♠
2♠（保证 4 张）	5♣（排除关键张问叫）
6♣（2+Q）	7♠

例 14-5

西家持牌   东家持牌

♠   ♠ Q 3 2

♥ A 10 9 8 7 6   ♥ K 5 3 2

♦ K Q 8 2   ♦ A 7

♣ A Q 9   ♣ K 10 8 6

叫牌过程：

西   东

1♥   3♦（伯根）

4♠（排除关键张）   5♥（2个无♥Q）

5NT（问K）   6♣（♣K）

7♥

例 14-6

西家持牌   东家持牌

♠ K 8   ♠ A 3 2

♥ K J 10 8   ♥

♦ 8 6   ♦ K Q J 10 7

♣ A J 9 7 3   ♣ K 10 8 6 2

叫牌过程：

西   东

2♣   4♥（排除关键张问叫）

4NT（1关键张）   6♣

14.2.4 低花关键张问叫 **

低花开叫 1♦ 或 2♣，应叫人直接跳叫开叫花色 4♦ 或 4♣；或者表示过逼局以上牌力后，主动越过 3NT 叫 4♦ 或 4♣，是以开叫低花为将牌的罗马关键张问叫。回答方式仍然是按 1430 加级回答。

当回答是一级（1 或 4 个关键张）或二级（3 或 0 个关键

张）后，如有必要，可以接力问将牌 Q（兼问其他 K）方法与
14.2.2.3 所述相同。

低花关键张问叫不仅可以用于低花开叫，还可以用于其他
情况下明确低花将牌后用四阶低花问关键张。例如：

例 14-7

西家持牌　　　　　　　　东家持牌

♠ K J 9 7 5　　　　　　♠ A Q

♥ A 6　　　　　　　　　♥ K 8 7

♦ K 10 8 5　　　　　　♦ A Q 7 4 3

♣ Q 5　　　　　　　　　♣ K J 4

叫牌过程：

西　　　　　　　　　　　东

1♠　　　　　　　　　　　2♦（二盖一逼局）

3♦　　　　　　　　　　　4♦（将牌问关键张）

4NT（2 关键张）　　　　　6♦

14.3　问叫遇到干扰时的回答

格伯问叫、黑木问叫、意大利式问叫、边花控制问叫等，
多数都需要"加级回答"。如果问叫以后对方插入叫牌，则由于
空间受到限制，回答方法也需要调整。

14.3.1　对方争叫后

对方的争叫挤占了叫牌空间，但同时又有 Pass 和"加倍"
可以使用。我们约定：

Pass：相当于原一级回答；

加倍：相当于原二级回答；

在对方叫品上加一级：相当于原三级回答；

在对方叫品上加二级：相当于原四级回答。

以此类推。

例如，对于 4NT 问关键张，上家争叫 5♥，应叫人 Pass 相当于原一级回答，表示 1 个（或 4 个）关键张；加倍相当于原二级回答，表示 0（或 3）个关键张；叫 5♠ 相当于原三级回答，表示 2 个关键张但没有将牌 Q 等。

再如，叫牌过程：

西	北	东	南
1♣	—	1♥	—
2♥（将牌问叫）	3♣	？	

在北家 3♣ 干扰以后，东家可采取如下叫法：

Pass：相当于原一级回答，表示 ♥ 没有顶张大牌；

加倍：相当于原二级回答，表示有一个顶张大牌；

3♦：相当于原三级回答，表示有两张大牌；

……

14.3.2　对方加倍后

对方的"加倍"不仅没有挤占叫牌空间，反而多出了 Pass 和"再加倍"两个叫品可以使用。我们约定：

Pass：相当于原一级回答；

再加倍：相当于原二级回答；

在问叫叫品上加一级：相当于原三级回答；

在问叫叫品上加二级：相当于原四级回答；

……

无论对方加倍或争叫，我们统一用这样的方法和口诀：Pass = 1 级；加倍（再加倍）= 2 级：加 n 级 = 原 n + 2 级（口诀：P1，D2，n + 2）。

另外，对需要自然回答（不是加级回答）的问叫，如斯台曼问叫，问单缺等，仍按自然原则叫，无法在安全阶数回答时，可 Pass。如果对方所叫正是你的叫品，可加倍表示。

14.4 长门邀请

长门邀请主要用于高花开叫，同伴显示"配合"但"牌力有限"的叫品之后。作长门邀请一定要有5-4以上两套，牌点主要集中在这两门花色中，另两门花色通常一门为单缺另一门有A或K。长门邀请通常用于邀局。例如类似于下面牌型的高限牌：

♠ K 4

♥ A J 10 9 6

♦ A Q 9 7 5

♣ 2

在开叫1♥，同伴应叫2♥后，可以叫3♦，要求同伴有♥X××和一张♦顶张大牌（不要求♦张数）时直接叫到4♦；否则，如果应叫人有限的几点却多数在♠和♣上，就叫回3♥停叫。

长门邀请完全可以用于邀叫满贯。例如同样是上述开叫1♥的牌，在同伴应叫3♦（强伯根）邀局时，你看到成局是肯定的了，如果同伴的大牌长对位置，6♥应该有希望。但如果贸然用4NT问叫，同伴回答1个关键张（♥K）就不得不做危险的5♥定约了。即使同伴回答2个甚至3个关键张，你能确定6♥一定有吗？

但是，如果你叫出4♦，表示两套牌，需要同伴对第二套的大牌支持和其他花色的第一控制后，同伴就可以采取如下叫法：

①4♥：第二套没有顶张或虽有一顶张，但其他花色控制差。

②4♠/5♣：至少有一张♦顶张，有满贯兴趣，扣A。

③5♦：两套配合很好(如有♥K××× 和♦XX×或X×××)，另两门花色没有A。

④6♥：完全具备小满贯需要的条件，例如持：

♠ A 8 4

♥ K 7 5 2

♦ K 8

♣ 9 8 7 5

可直接叫6♥。

14.5　直接的满贯邀请

有时可以不用任何的问叫和其他的邀叫手段而直接进行满贯邀请。主要有下列几种情况：

（1）在同伴实叫过 1NT、2NT、3NT 并明显准备打无将定约之后，加叫到 4NT，是小满贯邀叫，准备打 6NT 或六阶花色定约，要求同伴低限停叫；高限或有多余实力叫到满贯；中等实力还可以叫出一个未显示过的五张低花或按约定叫出 4–4 两套。

（2）高花将牌确定后，主动叫该花到五阶：表示只保证有最低要求的张数支持，除将牌以外都有第一轮控制和能够树立的长套，即使同伴将牌最弱的情况下，也能完成该花色五阶定约。要求同伴认为将牌有两个输张时停叫；认为只有一个输张时叫小满贯；认为无输张时叫到大满贯。这是针对将牌的邀请。

如果对方在低阶叫过一门花色，但你仍然主动（非被迫或作为牺牲叫）自愿叫出自己一方的高花到五阶，表示将牌和其他花色的控制张都不成问题，但对方表示的花色为两张小牌，如果同伴能够控制该花色，就可以叫到满贯。这是针对对方花色控制的邀请。

（3）将牌明确（或明确为无将）后主动叫 5NT：大满贯逼叫。要求同伴将牌有余力——比显示过的最低要求高时直接叫大满贯；否则叫小满贯。注意 5NT 是逼叫，不能停在 5NT 上。

（4）将牌明确后主动叫出比小满贯级别低的六阶新花，为大满贯逼叫：要求同伴有多余实力，如显示过单缺实为缺门，有价值较高的 Q 等直接叫大满贯；否则叫到小满贯停叫。

附录 1　体系结构表

　　本体系的开叫与传统精确体系基本相同，仅仅有两点调整：

　　①一阶花色开叫严格遵守20法则（首家11点均型不开叫）；

　　②1NT开叫的条件由传统的13~15点提高为"好的13点到差的16点"。其中13点开叫1NT要求有5张低花套5332牌型，16点开叫1NT限4333和4432牌型）。

　　应叫则是围绕"二盖一逼局"设计的，与传统精确有较大区别。

　　一阶高花的应叫部分与新睿桥牌平台现行的"新睿精确"基本一致，同属限制性5张高花开叫和二盖一逼局应叫。

　　本体系对1◆开叫应叫2♣和2◆，都属于"二盖一逼局"，同时也是问叫，菜单式回答。

　　1NT开叫的应叫分别使用两种结构，普通版用传统的双路斯台曼；超级版用现代转移结构，包括高花转移、低花转移、二次转移、高花问叫、低花问叫等内容。2NT开叫后也充分使用这些现代叫牌手段。

　　1♣开叫以后的应叫和再叫部分，普通版根据"第一轮精确，后续自然"的原则再叫；超级版则以意大利蓝队的"超级精确"为基础，示强应叫后广泛使用意大利问叫。

　　我们以表格的形式给出基本结构表，更详细更深层的结构可以通过叫牌机器人辅助叫牌系统查询（详见附录2）。

T1　二盖一逼局精确体系开叫一览表

开叫叫品	牌点 p	张数 n	说明及后续	
1♣*	≥ 16	—	除了满足 1NT 和 2NT 开叫条件的所有牌	①
1♦	11~15	≥ 4	非均型（11~12 点应满足 20 法则）	
	12~13	≥ 2	4432 或 4333 牌型	②
1♥/1♠	12~15	≥ 5	牌点集中 10~11 点符合 20 法则也可开叫	
1NT	14~15	均型	含 13 点低花 5332 和 16 点 4333、4432	①
2NT	20~21	均型	含 22 点 4333 或 4441 单张大牌	
2♣	11~15	≥ 6	或 n=5，另有 4 张高花（第三家不要求）	
2♦*	12~15	1	♦ 单张的 4414	③
	11~15	0	♦ 缺门 4405 型	
2♥/2♠	6~10	≥ 6	牌点主要集中在长套，阻击性	
3♥/3♠	6~11	≥ 7	牌点主要集中在长套，阻击性	
3♣/3♦	5~11	≥ 7	2 个顶张大牌 7 张以上好套，建设性	④
3NT*	9~12	≥ 7	7 张以上坚固低花套，赌博性	④
4♣/4♦/ 4♥/4♠/ 5♣/5♦	6~12	≥ 8	单纯阻击叫	
4NT	10~15	≥ 7	10 个以上赢墩，没有缺门	

① 16 点 4333 或 4432 牌型叫 1NT 不开叫 1♣

② 11 点 4432 或 12 点 4333 第一、二家不开叫，第三家可以开叫 1♦

③ 12 点，单张大牌不开叫

④ 有 3 个顶张的 7 张低花套开叫 3NT；缺 1 个顶张开叫 3♣/3♦，缺 2 个顶张第一二家不开叫。高花阻击叫不受此限制，第三家开叫不受此限制

与新睿精确开叫的差异：

① 新睿精确 16 点 4333 和 4432 牌型开叫 1♣

② 新睿精确 11~12 点均型开叫 1♦

T2 二盖一逼局精确体系（普通版）基本结构

开叫	应叫	开叫人再叫	说明及后续
1♣* =16+P 除了 1NT/ 2NT	1♦*=0–7P	1♥/1♠/1NT/2♣/2♦=16–19P	NF
		2NT=22–24P，含 4441 单顶张	NF
		2♥/2♠=20+ P，8+ 赢墩	2NT 二次示弱
		3♣/3♦=20+，8+ 赢墩	叫有大牌的花色，没牌点可以 Pass
		3♥*/3♠*/4♣*/4♦*=22+ 爆裂 GF	最长花色进局
		3NT= 坚固低花或 25–27 均型	NF
		4♥/4♠/5♣/5♦=8 张以上要打	
	1♥=8+P，5+ 张 （1♠ 类似）	2♥/3♥/4♥= 颠倒加叫	
		1♠/2♣/2♦/1NT= 自然逼叫	后续自然
		2♠/3♣/3♦=20+P，6+ 强套定将	要求扣叫
		3♠*/4♣*/4♦*= 16–18P，爆裂	新花扣叫
	2♣=8+P，5+ 张 （含 4441）	2♦*= 问高花情况	与开叫 2♣ 相似
		2♥/2♠/3♣= 自然	
		2NT*=4 张以上 ♦	
	2♦=8+P，5+ 张 （含 4441）	2♥/2♠/3♣/3♦= 自然	
		2NT= 没有 5 张套	
	1NT=8–13 GF	2♣*= 问高花	
		2♦/2♥/2♠/3♣= 支持问叫	四级回答
		2NT*=18+P，低花问叫	有 5-4 以上低花
		3NT =16–17，止叫	
	2NT=14+	3♣*= 问高花，3♦/3♥/3♠= 自然	
	2♥/2♠= 建设性	2NT= 问单缺，新花 F1	
	3♣/3♦= 建设性	3♦/3♥= 接力问单缺，3NT= 要打	
	3♥/3♠=8–P，7+	3♠*/3NT*= 问单缺	
	3NT= 坚固低花	4♣*= 接力问单缺	
	4♥/4♠=8 张以上	4NT=RKCB；高一阶新花 = 接力	

续 表

开叫	应叫	开叫人再叫	说明及后续
1♦= 12-15P 2+ 张	1♥=4+ 张，8+P， （1♠ 应叫类似）	1♠=12-13，4 张 ♠	后续双路重询
		1NT=12-13P 均型	后续双路重询
		2♣=5-4 以上低花	第四花色逼局
		2♦=12-15，6+ 张　　　　NF	
		2♥=12-14，保证 4 张　　NF	
		2♠=14-15，5-4 两好套　NF	
		2NT*=15P，强 6+♦，3 张 ♥ 有大牌	广谱邀请
		3♣=14-15P，5-4　　　　NF	
		3♦=14-15P，6+♦　　　　NF	
		3♥=14-15P，5+♦，4 张 ♥　邀请	
	2♣=13+P，4+ 张 问高花情况	2♦=5+ 张；2♥/2♠=4 张， 2NT=12-14P 均型；3♣= 双低花； 3♦= 高限单套；3♥/3♠= 单缺	
	2♦=13+P，4+ 张 或 10~12P，5+ 张	2♥/2♠=4 张；2NT=12-14P 均型； 3♣= 双低花；3♦=5+ 张； 3♥*/3♠*/4♣*= 单缺	下轮应叫人 3♦ 止叫
	1NT/2NT/3NT	自然	
	2♥/2♠/3♣=6+ 张		建设性阻击
	3♦/5♦= 阻击		
1♥=12- 15P 5+ 张（1♠ 开叫 相仿）	1♠=4+ 张，8+P	1NT=12-15P，5332	后续双路重询
	1NT=8-12	原则上 F1	
	2♣/2♦=13+	3NT 之前任何叫品均逼叫	GF
	2♥/3♥/4♥ 阻击性		
	2NT=13+ 4 张		雅各比（问单 缺）
	3♣=7-9P，4+♥		伯根弱邀
	3♦=10-12，4+♥		伯根强邀
	3NT=13-15P		4333 牌型
	3♠*/4♣*/ 4♦*=SPL		1♠ 开叫 3♥=SPL

续　表

开叫	应叫	开叫人再叫	说明及后续
1NT 14-15P （含 13 点低花 5332 16 点 4333 或 4432）	2♣*= 邀局斯台曼	2♦= 无高花；2♥/2♠=4 张　NF	含 9-11 点均型
	2♦*= 逼局斯台曼	2♥/2♠=4 张，3♣/3♦=5 张　GF	
	2NT*= 低花转移	转移 3♣（弱牌停 3♣ 或 3♦）	3♥/3♠ 逼局
	3♣/3♦= 建设性	不适合 3NT 的一律 Pass	
	3♥/3♠=6+，GF	新花 = 扣叫，满贯意图	
	3NT= 要打		
	4♥/4♠= 要打		
	4♣*= 格伯问 A		
	4NT= 限量邀请		
	5NT= 大满贯逼叫		
2NT= 20~21 均型 （含 22 点 4333 及 4441 单 大）	3♣*= 傀偏斯台曼		
	3♦*/3♥*= 高花转移	无条件接受	
	4♦/4♥= 德克萨斯	无条件接受	
	3NT= 止叫		
	4NT= 邀请		
	5NT= 大满贯逼叫		
2♣=12- 15,6 张或 5+4 高花	2♦*= 问叫	优先报 4 张高花	应叫人 3♣ 止叫
	3♣/5♣= 阻击		
	2♥/2♠/3♥/3♠/ 2NT= 邀请		
2♦=12- 15P 4441/4405	3♦= 问叫， 其余自然		

续　表

开叫	应叫	开叫人再叫	说明及后续
2♥=6–10P KJ××××以上	2♠/3♣/3♦=F1		2♠ 开叫相仿
	2NT*= 问单缺		
	3♥= 加深阻击		
	4♥= 关煞		
	4NT*=RKCB		
3♣=6–11P KQ××××以上	3NT= 要打		3♦ 开叫后 3♥= 问单缺
	3♦*= 接力问单缺		
	4♥/4♠= 要打		
3♥=6–11P KJ××××以上	3♠*= 接力问单缺		3♠ 开叫后 3NT= 问单缺
	4♥/6♥= 要打		
	5♥= 邀请		
	4NT*=RKCB		
3NT= 坚固 7 张低花套	Pass= 要打		
	4♣*= 不叫或更正		
	4♦*= 问单缺		
	4NT= 邀 6		
	5♣*= 不叫或更正		
4♣=8+ 张 4♦/4♥/ 4♠/5♣/ 5♦ 相仿	4♦*= 接力问单缺		
	5♣*= 要打		
	4NT*=RKCB		
4NT 问 A	0123 加级回答		

T3 二盖一逼局精确体系（超级版）基本结构

开叫	应叫	开叫人再叫	说明及后续
1♣*=16+P 除了 1NT/2NT	1♦*=0-7P	1♥/1♠/1NT/2♣/2♦=16-19P	NF
		2NT=22-24P，含 4441 单顶张	NF
		2♥*=库可什约定叫	2♠* 接力
		2♠=20+ P，8+ 赢墩	2NT 二次示弱
		3♣/3♦=20+，8+ 赢墩	叫有大牌的花色
		3♥*/3♠*/4♣*/4♦*=22+ 爆裂 GF	最长花色进局
		3NT= 坚固低花	NF
		4♥/4♠/5♣/5♦=8 张以上要打	
	1♥=8+P，5+ 张 （1♠ 类似）	2♥*=20+p，6+k 将牌问叫	后续边花问叫
		3♥/4♥= 强 / 弱加叫	后续自然
		1♠/2♣/2♦= 配控问叫	少控不配自然， 多控延迟问将
		1NT= 控制数问叫	
		2♠/3♣/3♦=20+P，6+ 强套定将	要求扣叫
		3♣*/4♣*/4♦*= 16-18P，爆裂	新花扣叫
	2♣=8+P，5+ 张 （含 4441）	2♦/2♥/2♠= 配控问叫	
		2NT= 自然，3♣= 自然	
	2♦=8+P，5+ 张 （含 4441）	2♥/2♠/2♣= 配控问叫	
		2NT = 自然，3♦= 自然	
	1NT=8-13 GF	2♣*= 问高花	区别高低限
		2♦/2♥/2♠/3♣= 配控问叫	五级回答
		2NT*=18+P，低花问叫	有 5-4 以上低花
		3NT =16-17，止叫	
	2NT=14+	3♣*= 问高花，3♦/3♥/3♠= 自然	
	2♥/2♠= 建设性	2NT= 问单缺，新花 F1	
	3♣/3♦= 建设性	3♦/3♥= 接力问单缺，3NT= 要打	
	3♥/3♠=8-P，7+	3♠*/3NT*= 问单缺	
	3NT= 坚固低花	4♣*= 接力问单缺	
	4♥/4♠=8 张以上	4NT=RKCB；高一阶新花 = 接力	

续 表

开叫	应叫	开叫人再叫	说明及后续
1♦=12–15P 2+ 张	1♥=4+ 张, 8+P, (1♠ 应叫类似)	1♠=12–13, 4 张 ♠	双路重询
		1NT=12–14 均型	双路重询
		2♣=5–4 以上低花	第四花色逼局
		2♦=12-15, 6+ 张　　　　　　　NF	
		2♥=12–14, 保证 4 张　　　　　NF	
		2♠=14–15, 5–4 两好套　　　　NF	
		2NT*=15P, 强 6+♦, 3 张 ♥ 有大牌	广谱邀请
		3♣=14–15P, 5–4　　　　　　　NF	
		3♦=14-15P, 6♦+　　　　　　　NF	
		3♥=14–15P, 5+♦, 4 张 ♥	邀请
	2♣=13+P, 4+ 张 问高花情况 应叫 2♦* 相仿	2♦= 无 4 张高花; 2♥/2♠=4 张, 2NT= 双高花有止张; 3♣= 双低花 3♦= 高限单套; 3♥/3♠= 单缺	
	2♦=13+P, 4+ 张 或 10~12P, 5+ 张	2♥/2♠=4 张; 2NT=12–14P 均型; 3♣= 双低花; 3♦=5+ 张; 3♥*/3♠*/4♣*= 单缺	下轮应叫人 3♦ 止叫
	1NT/2NT/3NT	自然	
	2♥/2♠/3♣=6+ 张		建设性阻击
	3♦/4♦/5♦=5+ 张		阻击
1♥=12–15P5+ 张 (1♠ 开叫 相仿)	1♠=4+ 张, 8+P	1NT=12–15P, 5332	后续双路重询
	1NT=8–12	原则上 F1	
	2♣/2♦=13+	3NT 之前任何叫品均逼叫	GF
	2♥/3♥/4♥ 阻击性		
	2NT=13+, 4 张		雅各比(问单缺)
	3♣=7–9P, 4+♥		伯根弱邀
	3♦=10–12, 4+♥		伯根强邀
	3NT=13–15P		4333 牌型
	3♥*/4♣*/4♦* =SPL		1♠ 开叫 3♥=SPL

续　表

开叫	应叫	开叫人再叫	说明及后续
1NT 14-15P（含 13 点低花 5332 16 点 4333/ 或 4432）	2♣*= 斯台曼	2♦= 无高花；2♥/2♠=4 张	三阶新花逼局
	2♦*= 转移 2♥	2♠*= 二次转移 2NT 后逼局	其余不逼叫
	2♥*= 转移 2♠	2NT*= 二次转移 3♣ 后逼局	其余不逼叫
	2♠*= 问低花	2NT*= 无 4 张低花；3♣/3♦=4+	
	2NT*= 低花转移	转移 3♣（弱牌停 3♣ 或 3♦）	3♥/3♠ 逼局
	3♣/3♦= 建设性	不适合 3NT 的一律 Pass	
	3♥*=12+P，单张	3NT 或 4♠ 无兴趣，其余探贯	
	3♠*=12+P，单张	3NT 或 4♥ 无兴趣，其余探贯	
	3NT= 要打		
	4♣*= 格伯问 A		
	4♦*=10–P，双低花	5–5 以上低花，要求选局 5♣/5♦	
	4NT= 限量邀请		
	5NT= 大满贯逼叫		
2NT =20~21 均型（含 22 点 4333 及 4441 单大）	3♣*= 傀儡斯台曼	3♦= 有 4 张高花，3♥/3♠=5 张，	
	3♦*/3♥*= 高花转	无条件接受	
	3♠*= 问低花		
	4♦/4♥= 德克萨斯	无条件接受	
	3NT*= 转移 4♣	无条件接受转移	
	4♣*= 转移 4♦	无条件接受转移	
	4♠*= 低花选局	5–5 以上低花，要求选局 5♣/5♦	
	4NT= 邀请		
	5NT=	大满贯逼叫	
2♣=12–15，6 张或 5+4 高花	2♦*= 问叫	优先报 4 张高花	应叫人 3♣ 止叫
	3♣/4♣/5♣= 阻击		
	2♥/2♠/3♥/3♠/ 2NT= 邀请		
2♦=12–15P 4414/4405	3♦= 问叫其余自然		

续 表

开叫	应叫	开叫人再叫	说明及后续
2♥=6–10P KJ×××× 以上 （2♠相仿）	2♠/3♣/3♦=F1		
	2NT*= 问单缺		
	3♥= 加深阻击		
	4♥= 关煞		
	4NT*=RKCB		
3♣=6–11P KQ××××× 以上 （3♦相仿）	3NT= 要打		3♦ 开叫后 3♥*= 问单缺
	3♦*= 接力问单缺		
	4♥/4♠= 要打		
3♥=6–11P KJ×××× 以上 （3♠相仿）	3♠*= 接力问单缺		3♠ 开叫后 3NT*= 问单缺
	4♥/6♣= 要打		
	5♥= 邀请		
	4NT*=RKCB		
3NT= 坚固 7 张 低花套	4♣*= 不叫或更正		
	4♦*= 问单缺		
	4NT= 邀 6		
	5♣= 不叫或更正		
4♣=8+ 张 4♦/4♥/ 4♠/5♣/ 5♦ 相仿	4♦*= 接力问单缺		
	5♣*= 要打		
	4NT*=RKCB		

说明： 本表中斜体字部分是超级版与普通版的主要区别。

T4   1♣ 开叫后的应叫

应叫叫品	牌点 p	张数 n	说明	后续
1♦	≤ 7	—	7点以下且没特殊牌型，示弱等待	T4-1
1♥/1♠	≥ 8	≥ 5	8点以上，5 张以上套	T4-2
1NT	8~13	均型	包括单张顶张大牌的 4441 型	T4-3
2♣	≥ 8	≥ 5	包括 4441 单张小牌不是 ♣	T4-4
2♦	≥ 8	≥ 5	包括 4441 单张小牌为 ♣	T4-5
2♥/2♠	4~7	6	牌点集中在长套上，建设性	①
3♥/3♠	5~8	7	牌点集中在长套上，建设性	①
3♣/3♦	5~8	7	两个顶张大牌领头的 7 张套，建设性	①
2NT	≥ 14	均型	包括单张顶张大牌的 4441 型	
3NT	9~11	≥ 7	AKQ 领头的 7 张以上低花套	②
4♥/4♠	5~8	≥ 8	KJ 以上领头的 8 张以上套	
①建设性应叫后再叫与阻击开叫后相仿				
② 3NT 应叫后的再叫与赌博性 3NT 开叫后相仿				

T4-1   开叫 1♣ 应叫 1♦ 后的叫牌

开叫人 1♣			应叫人 1♦：7点以下且没有特殊牌型，示弱等待	
开叫人再叫	牌点 p	张数 n	说明	后续
1♥	16~21	≥ 5	偶尔 4 张（4441 或有 5 张低花），不逼叫	①
1♠	16~21	≥ 5	偶尔 4 张 ♠（另有 5 张低花），不逼叫	
1NT	16~19	均型	可以有 5 张低花 5332 牌型，不逼叫	②
2♣/2♦	16~21	≥ 6	6 张或 5-4 低花，不适合叫 NT，不逼叫	
2♥* （库克什）	≥ 18	≥ 6	单套 9 个以上赢张	T4-1-1
	≥ 22	≥ 5	5-4 以上双套	
	≥ 25	均型	可以有 5 张套，不限 ♥	
2♠	≥ 18	≥ 6	6 张以上，9 赢张以上，逼叫一轮	③
3♣/3♦	≥ 18	≥ 6	8~9 赢张，原则上逼叫	④
2NT	22~24	均型	可有高花 5332 或低花 6322，不逼叫	⑤
3♥/3♠/4♣/4♦	≥ 22	0~1	自爆裂，4450 或 4441 牌型，逼叫到局	

续 表

开叫人 1♣			应叫人 1♦：7点以下且没有特殊牌型，示弱等待	
开叫人再叫	牌点 p	张数 n	说明	后续
3NT	20~24	≥ 6	6张以上坚固低花，其余三门均有止张	
	25~27	均型	通常没有5张高花或6张低花	
4NT	28~30	均型	一手有10个赢张，邀小满贯	
4♥及以上	≥ 18	≥ 7	可独立完成	
①在1♥/1♠后，应叫人5点以下除非有好配合一般不叫，5~7点按自然原则再叫 ②在1NT后，应叫人再叫与1NT开叫相仿，可以用高花转移、斯台曼问叫等 ③应叫人叫2NT二次示弱，叫新花表示有大牌 ④应叫人无任何实力可以Pass，叫新花表示有大牌 ⑤在2NT后，应叫人再叫与2NT开叫相仿，可以用高花转移、傻偶斯台曼等				

T4-1-1　开叫1♣应叫1♦，开叫人2♥再后（库克什）后的叫牌

开叫人 1♣ 2♥*：库克什约定叫			应叫人 1♦ 2♠*：接力问叫	
开叫人再叫	牌点 p	张数 n	说明	后续
2NT	≥ 25	均型	逼局，后续用高花转移和傻偶斯台曼	
3♣	≥ 22	5-4	5张以上♥，4张以上♣	自然
3♦	≥ 22	5-4	5张以上♥，4张以上♦	自然
3♠	≥ 22	5-4	5张以上♥，4张以上♠	自然
3♥	≥ 18	≥ 6	仅仅9赢墩，不逼叫	
4♥	≥ 18	≥ 6	10赢墩	

T4-2　开叫1♣应叫1♥后的叫牌（超级版意大利问叫①）

开叫人 1♣			应叫人 1♥：p ≥ 8, n ≥ 5	
开叫人再叫	牌点 p	张数 n	说明	后续
1♠/2♣/2♦	≥ 16	≥ 5	配控问叫（α问叫）	T4-2-1
1NT	≥ 16		控制问叫（β问叫）	T4-2-2
2♥	≥ 20	≥ 2	将牌问叫（γ问叫）	T4-2-3

续　表

开叫人 1♣			应叫人 1♦: $p \geqslant 8$, $n \geqslant 5$	
开叫人再叫	牌点 p	张数 n	说明	后续
3♥	18–20	≥ 3	将牌配合至少有一张大牌， 5 个以上控制	
4♥	16–18	≥ 3	低限无特色，4 个以下控制， 无满贯兴趣	
2♠/3♣/3♦	≥ 20	≥ 6	6 张以上套强套，强制定将，后续扣叫	②
3♠/4♣/4♦	16~18	0~1	反爆裂	③
①普通版不用意大利问叫，按自然原则再叫（略） ②后续自然叫，新花为扣叫控制 ③反爆裂后应叫人直接进局是止叫，叫新花为满贯兴趣的扣叫				
应叫 1♠ 后，开叫人的再叫与本表相仿				

T4-2-1　开叫 1♣ 应叫 1♥，开叫人再叫 1♠（配控问叫）后的叫牌

开叫人 1♣ 1♠: $p \geqslant 16$, $n \geqslant 5$, 配控问叫			应叫人 1♥ 应叫人再叫——	
应叫人再叫	控制 k	张数 n	说　明	后续
1NT	0~3	0~2	加一级: 不配少控	①
2♣	≥ 4	0~2	加二级: 不配多控	②
2♦	0~3	≥ 3	加三级: 配合少控	③
2♥	≥ 4	≥ 3	加四级: 配合多控	③
2♠	≥ 4	≥ 4	加五级: 极配多控	③
通常不超过以上 5 级回答；特殊情况用以下两种自然叫（超过 5 级）				④
3♣/3♦	≥ 4	5–5 以上	跳新花: 不配多控，5–5 以上两套	⑤
3♥	≥ 4	≥ 7	跳原花: 不配多控，7 张以上单套	⑤
记忆口诀: 34, 344（前两级为"不配"后三级为"配合"）。"配合"指有 Q × × 或 4 张以上支持; 这里 3 张小牌及以下属"不配"				

续　表

开叫人 1♣ 1♠：$p \geqslant 16$，$n \geqslant 5$，配控问叫			应叫人 1♥ 应叫人再叫——	
应叫人再叫	控制 k	张数 n	说　明	后续
①当回答为"加一级"（不配少控）后，开叫人再叫双方叫过的花色、新花、无将均为自然叫且不逼叫 ②当回答为"加二级"（不配多控）后必须进局。成局以下继续叫问叫花色（6张以上）、新花（第二套）或 2NT，为自然叫；成局以下加叫应叫人花色为 γ 问叫，同意打应叫人的花色进局并有满贯意图，问将牌质量 ③当回答为三级以上（配合）后，将牌已经确定，叫新花为"边花控制问叫" ④经配控问叫后，开叫人叫 3NT 及双方叫过的花色 4♥/4♠ 到局均为止叫 ⑤超过 5 级跳叫新花或原花为"不配多控"，自然叫				
开叫 1♣ 应叫 1♠/2♣/2♦ 后，开叫人再叫 2♣/2♦/2♥ 与此表相仿				

T4-2-2　开叫 1♣ 应叫 1♥/1♠，再叫 1NT（控制数问叫）后的叫牌

开叫人 1♣ 1NT：牌力不限，控制问叫			应叫人 1♥/1♠ 应叫人再叫——	
应叫人再叫	控制 k	张数 n	说　明	后续
2♣	0~2		加一级：少于 2 控制	①
2♦	3		加二级：3 控制	
2♥	4		加三级：4 控制	
2♠	5		加四级：5 控制	
2NT	6		加五级：6 控制	
①在回答为"加一级"（少于 2 控制）后，再叫自然（不逼叫）：通常叫开叫人的花色到局、3NT 等。不到局的加叫或 2NT 为邀叫（允许停叫）。在其他二级以上回答后，到局的叫牌为止叫，不到局的"加叫"为将牌问叫，叫其他花色为同意同伴花色为将牌后的边花控制问叫				

T4-2-3　开叫1♣应叫1♥，加叫2♥（将牌问叫）后的叫牌

开叫人 1♣ 2♥：p ≥ 20，k ≥ 6，将牌问叫			应叫人 1♥ 应叫人再叫——	
应叫人再叫	顶张数	张数 n	说明	后续
2♠	0	≥5	加一级：5张以上无顶张（J×××…）	
2NT	1	=5	加二级：5张1顶张（X××××）	
3♣	2	=5	加三级：5张2顶张（XX×××）	
3♦	1	≥6	加四级：6张以上1顶张（X××××…）	
3♥	2	≥6	加五级：6张以上2顶张（X××××…）	
3♠	3	≥5	加六级：5张以上3顶张（AKQ××…）	
将牌问叫后，立即叫4NT是关键张问叫；立即叫其他花色是边花控制问叫				
应叫1♠后的将牌问叫回答与此表相仿（6级回答）				

T4-2-4　开叫1♣应叫1♥，将牌问叫后的叫牌

开叫人 1♣ 2♥：p ≥ 20，k ≥ 6，将牌问叫		应叫人 1♥ 2NT：5张1顶张	
开叫人再叫		说明	后续
3♣		边花控制问叫	T4-2-5
3♦		边花控制问叫	
3♠		边花控制问叫	
3NT		止叫	
4♥		止叫	
应叫1♠后的将牌问叫后的再叫与此表相仿			

T4-2-5 开叫 1♣ 应叫 1♥，将牌问叫后的边花控制问叫

开叫人		应叫人	
1♣		1♥	
2♥：$p \geqslant 20$，$k \geqslant 6$，将牌问叫		2NT：5 张 1 顶张	
3♣：问这门花色的控制		应叫人再叫——	

应叫人再叫	说明	后续
3♦	加一级：无控制（3 小张以上）	
3♥	加二级：第三轮控制（有 Q 或双张）	
3♠	加三级：第二轮控制（K 或单张）	
3NT	加四级：第一轮控制（有 A 或缺门）	
4♣	加五级：有 AK	
回答以后继续叫新花为第二门边花控制问叫		
其他进程中的边花控制问叫回答与本表相仿（5 级回答）		

T4-3 开叫 1♣ 应叫 1NT 后的叫牌

开叫人			应叫人	
1♣			1NT：$p8\sim13$，通常 4333 或 4432 牌型①	

开叫人再叫	牌点 p	张数 n	说明	后续
2♣	16~19	均型	斯台曼问叫	T4-3-1
	≥ 22			
2♦/2♥/2♠/3♣	≥ 16	≥ 5	出套，支持问叫	T4-3-2
2NT	≥ 18	均型	4-4 以上低花，低花问叫	T4-3-3
3NT	16~18	均型	没有 4 张高花，止叫	
①应叫人只有 8~9 点和一个弱 5 张低花套，5332 牌型可以应叫 1NT；但 10 点以上或好的 5 张低花套，应叫 2♣/2♦；8~13 点 4441 单张为顶张大牌也应叫 1NT				

T4-3-1 开叫 1♣ 应叫 1NT，开叫人 2♣ 问叫后的叫牌

开叫人			应叫人	
1♣			1NT	
2♣：$p16\sim19$ 或 $p \geqslant 23$，均型			应叫人再叫——	

应叫人再叫	牌点 p	张数 n	说明	后续
2♦	8~10	≥ 3	没有 4 张高花	①
2♥/2♠	8~10	4	所叫高花 4 张（4-4 两套叫 2♥）	②

续 表

开叫人			应叫人	
1♣			1NT	
2♣：p16~19 或 p ≥ 23，均型			应叫人再叫——	
应叫人再叫	牌点 p	张数 n	说明	后续
2NT	11~13	4333	任意 4333	③
3♣/3♦/3♥	11~13	4432	所叫 4 张，另有较高级别 4 张	

①开叫人如果是通常的 16~19 点，在应叫人回答 2♦ 叫 3NT 止叫；如果是 22 点以上，叫 2NT 问低花；叫 4NT 为 23~24 点的定量邀请

②开叫人如果是通常的 16~19 点，在应叫人回答 2♥/2♠ 后加到局或 3NT 止叫；叫其他花色为同意将牌的扣叫

③如有必要，3♣ 问哪一门 4 张，3♦/3♥/3♠/3NT 分别报 ♦/♥/♠/♣ 为 4 张

T4-3-2 开叫 1♣ 应叫 1NT，开叫人再叫 2♦ 后的叫牌

开叫人			应叫人	
1♣			1NT	
2♦：n ≥ 5，自然出套，支持问叫			应叫人再叫（升级回答）——	
应叫人再叫	牌点 p	张数 n	说明	后续
2♥	8~10	2~3	一级，低限不配（含 3 张小牌）	
2♠	8~10	3~4	二级，低限配合（4 张或 3 张有大牌）	
2NT	11~13	2~3	三级，高限不配（含 3 张小牌）	
3♣	11~13	3~4	四级，高限配合（4 张或 3 张有大牌）	
3♦	11~13	4	五级，极配控制多（4 张 5 控制以上）	

开叫人叫 2♥/2♠/ 后的支持问叫与本表相仿

T4-3-3 开叫 1♣ 应叫 1NT，开叫人再叫 2NT 后的叫牌

开叫人			应叫人	
1♣			1NT	
2NT：p ≥ 18，低花问叫			应叫人再叫（升级回答）——	
应叫人再叫	牌点 p	张数 n	说明	后续
3♣	8~10	4~5	低限 ♣ 套	
3♦	8~10	4~5	低限 ♦ 套	

续 表

开叫人			应叫人	
1♣			1NT	
2NT：$p \geq 18$，低花问叫			应叫人再叫（升级回答）——	

应叫人再叫	牌点 p	张数 n	说明	后续
3♥	8~10	4–4	低限双低花	
3♠	11~13	4–4	高限双低花	
3NT	8~10	—	低限无 4 张低花	
4♣	11~13	4	高限♣套	
4♦	11~13	4	高限♦套	
4NT	11~13	—	高限无 4 张低花	

T4–4　开叫 1♣ 应叫 2♣ 后的叫牌（配控问叫）

开叫人			应叫人	
1♣			2♣：$p \geq 8$，$n \geq 5$（4441 牌型时为 4 张）	

开叫人再叫	牌点 p	张数 n	说明	后续
2♦	≥ 16	≥ 5	配控问叫	
2♥	≥ 16	≥ 5	配控问叫	
2♠	≥ 16	≥ 5	配控问叫	
2NT	≥ 16	—	自然叫	
3♣	≥ 16	≥ 4	自然叫	
3♦/3♥/3♠	≥ 20	≥ 6	强制定将，后续扣叫	

T4–5　开叫 1♣ 应叫 2♦ 后的叫牌（配控问叫）

开叫人			应叫人	
1♣			2♦：$p \geq 8$，$n \geq 4$	

开叫人再叫	牌点 p	张数 n	说明	后续
2♥	≥ 16	≥ 5	配控问叫	
2♠	≥ 16	≥ 5	配控问叫	
2NT	≥ 16	—	均型自然叫	
3♣	≥ 16	≥ 5	配控问叫	
3♦	≥ 16	≥ 4	自然加叫	
3♥/3♠	≥ 20	≥ 6	强制定将，后续扣叫	

T4-6　开叫 1♣ 应叫 2NT 后的叫牌

开叫人 1♣			应叫人 2NT：p ≥ 14，4333 或 4432 牌型	
开叫人再叫	牌点 p	张数 n	说明	后续
3♣	≥ 16		至少有一套 4 张高花，问高花	T4-6-1
3♦	≥ 16	≥ 5	自然出套，逼叫	T4-6-2
3♥/3♠	≥ 16	≥ 5	自然出套，逼叫	T4-6-3
3NT	16~17	均型	不逼叫	
4NT	18~19	均型	示量邀请	

T4-6-1　开叫 1♣ 应叫 2NT，3♣ 问叫后的叫牌

开叫人 1♣ 3♣：p ≥ 16，均型，问牌型			应叫人 2NT：p ≥ 14，一般为 4333 或 4432 牌型 应叫人再叫——	
应叫人再叫	牌点 p	张数 n	说明	后续
3♦	14~15		没有 4 张高花	
3♥/3♠	14~15	4	所叫高花 4 张（4-4 两套叫 3♥）	
3NT	≥ 16	4333	任意 4333 牌型（非止叫）	①
4♣/4♦/4♥	≥ 16	4	所叫花色 4 张，另有较高级别 4 张	②
①必要时可以叫 4♣ 问 4 张套 ②必要时可以加一级问第二套				

T4-6-2　开叫 1♣ 应叫 2NT，开叫人 3♦ 后的叫牌

开叫人 1♣ 3♦：p ≥ 16，n ≥ 5			应叫人 2NT：p ≥ 14，一般为 4333 或 4432 牌型 应叫人再叫——	
应叫人再叫	牌点 p	张数 n	说明	后续
3♥	≥ 14	3~4	配合♦，扣叫控制	
3♠	≥ 14	3~4	配合♦，扣叫控制	
3NT	14~15	2~3	不逼叫	
4♣	≥ 14	3~4	配合♦，扣叫控制	
4NT	≥ 16	—	以♦为将牌罗马关键张问叫	

T4-6-3 开叫 1♣ 应叫 2NT，开叫人 3♥ 后的叫牌

开叫人 1♣ 3♥：$p \geq 16$，$n \geq 5$			应叫人 2NT：$p \geq 14$，一般为 4333 或 4432 牌型 应叫人再叫——	
应叫人再叫	牌点 p	张数 n	说明	后续
3♠	≥ 14	3~4	配合 ♥，扣叫控制	
3NT	14~15	2~3	不逼叫	
4♣	≥ 14	3~4	配合 ♥，扣叫控制	
4♦	≥ 14	3~4	配合 ♥，扣叫控制	
4♥	14~15	3~4	不逼叫	
4NT	≥ 16	—	以 ♥ 为将牌罗马关键张问叫	
开叫人叫 3♠ 后的支持问叫与本表相仿				

T5 开叫 1♦ 后的应叫

应叫叫品	牌点 p	张数 n	说明	后续
1♥/1♠	≥ 8	≥ 4	4-4 高花应叫 1♥，有 5 张 ♠ 应叫 1♠ 逼叫一轮	① T5-1
1NT	9~10	均型	无 4 张高花，可以有 5 张低花，不 逼叫	
2♣	≥ 13	≥ 5	逼局	T5-2
2♦*	10~12	≥ 5	下轮再叫 3♦ 不逼叫	T5-3
	≥ 13	≥ 4	逼局	T5-3
2♥/2♠	5~8	≥ 6	弱牌好套，建设性阻击叫	
2NT	11~12	均型	无 4 张高花，邀叫	
3NT	13~15	均型	无 4 张高花	
3♣	6~9	≥ 7	弱牌好套，建设性阻击叫	
3♦	6~9	≥ 5	不逼叫	
5♦	≤ 12	≥ 6	关煞	
①有 4 张高花和 5 张以上低花时，不超过 12 点，一盖一应叫高花；13 点以上二盖一应叫低花；有 5 张高花总是先一盖一应叫高花				

T5-1　开叫 1♦ 应叫 1♥ 后的叫牌

开叫人 1♦			应叫人 1♥：p ≥ 8，n ≥ 4，逼叫一轮	
开叫人再叫	牌点 p	张数 n	说明	后续
1♠	12~13	4	12~13 点均型（或 4441）	T5-1-1
	11~15	4-5	11-15 点（分散）非均型	T5-1-1
1NT	12~13	♥、♠ ≤ 3	低限均型，无 4 张高花	T5-1-1
2♣	11~13	♣+♦ ≥ 9	两门低花至少 5-4（不定哪一门 5 张）	
2♦	11~13	≥ 6	低限单套	
2♥	12~13	4	低限，4 张♥支持	
2♠	14~15	5-4	高限，牌点集中在 5 张以上♦，4 张好♠	
2NT*	14~15	≥ 6	3 张♥有大牌，6 张好♦，广谱邀请	T5-1-2
3♣	14~15	5-5	5-5 以上两套强牌	
3♦	14~15	≥ 6	6 张以上♦，没有 3 张♥，不逼叫	
3♥	14~15	5-4	高限 4 张♥支持，5 张以上♦	
开叫 1♦ 应叫 1♠ 后的再叫与本表相仿				

T5-1-1　开叫 1♦ 应叫 1♥，开叫人再叫 1♠（1NT）后的叫牌

开叫人 1♦ 1♠：p12~13 均型或 11~15 非均型			应叫人 1♥ 应叫人再叫——	
应叫人再叫	牌点 p	张数 n	说明	后续
Pass	8~9	4	看不到成局希望	
1NT	8~10	—	无进局实力，不保证均型（可有 5 张♣）	①
2♣*	8~10	♦ ≥ 5	转移 2♦ 后 Pass	
	11~12	无关	转移 2♦ 后做出各种邀请叫	5-1-1-1
	13~15	5332	5 张♥均型，转移 2♦ 后再叫 3NT	
2♦*	≥ 13	无关	逼局（不适合自然叫的牌）	5-1-1-2
2♥	8~10	≥ 6	止叫，执意打 2♥	
2♠	8~10	4	无意进局（邀请的牌通过 2♣ 进程）	①
3♣	≥ 13	5-5	点力集中在♥和♣双套上，满贯兴趣	

续　表

开叫人 1♦ 1♠：p12~13 均型或 11~15 非均型			应叫人 1♥ 应叫人再叫——	
应叫人再叫	牌点 p	张数 n	说明	后续
3♦	≥ 13	5–5	点力集中在 ♥ 和 ♦ 双套上，满贯兴趣	
3♥	≥ 13	≥ 6	单套逼局	
3♠	≥ 13	≥ 4	5 张以上 ♥，4 张以上 ♠，满贯兴趣	①
3NT	13~15	均型	4 张 ♥，适合打 3NT，封局止叫	
4♥	≈ 10	≥ 6	单套，10 点左右，封局止叫	
4♠	≈ 12	4	适合打 4♠，封局止叫	①
①开叫人再叫 1NT 后无此叫品，其余均同				
应叫 1♠ 开叫人再叫 1NT 后的再叫与本表相仿				

T5–1–1–1　开叫 1♦ 后 XYZ 双路重询 2♣ 邀局

开叫人 1♦ 1♠（1NT） 2♣*：义务性转移			应叫人 1♥ 2♣* 应叫人再叫——	
应叫人再叫	牌点 p	张数 n	说明	后续
Pass	8~10	♦ ≥ 5	4 张 ♥，5 张以上 ♦ 的弱牌，决定打 2♦	
2♥	11~12	♥ ≥ 5	邀请高限 3 张支持	
2♠	11~12	4	4 张 ♠ 支持，邀请高限进局	①
2NT	11~12	♥=4	邀 3NT	
3♣/3♦	11~12	5–5	5 张 ♥ 和 5 张低花，强烈邀请进局	
3♥	11~12	♥ ≥ 6	强烈邀请进局	
3NT	13~15	5332	5 张 ♥ 的均型牌，让开叫人选局	
①开叫人再叫 1NT 后无此叫品，其余均同				
应叫人的各种叫品，均不再逼叫，开叫人可以 Pass 或直接选合适叫品进局				

T5-1-1-2　开叫 1♦ 后 XYZ 双路重询 2♦ 逼局

开叫人 1♦ 1♠（1NT）			应叫人 1♥ 2♦*：$p \geq 13$，逼局	
开叫人再叫	牌点 p	张数 n	说明	后续
2♥	11~15	3	有 3 张高花支持优先间接加叫	
2♠	14~15	4	强 4 张或弱 5 张，更长的 ♦	①
2NT	12~13	♥1~2	低限，没有 3 张高花支持	
3♣	11~15	4	4 张 ♣，♥ 单缺	
3♦	11~15	≥ 6		
3NT	13~15	4-2-5-2		
①开叫人再叫 1NT 后无此叫品，其余均同				
应叫 1♠ 再叫 1NT 后的叫牌与本表相似				

T5-1-2　开叫 1♦ 应叫 1♥，开叫人再叫 2NT 后的叫牌

开叫人 1♦ 2NT*：p 14~15，3 张 ♥， 6 张以上好 ♦			应叫人 1♥：$p \geq 8$，$n \geq 4$，逼叫一轮 应叫人再叫——	
应叫人再叫	牌点 p	张数 n	说明	后续
Pass	8~9	♥=4　♦1~2	看不到成局希望	
3♣	8~9	♠+♥ ≥ 6	无条件转移到 3♦，然后 pass 或叫 3♥ 停叫	
3♦	≥ 12	≥ 3	确认将牌，逼叫，满贯兴趣	
3♥	≥ 12	≥ 5	确认将牌，逼叫，满贯兴趣	
3NT	10~15	♦+♥ ≤ 7	适合打 3NT，封局止叫	
4♥	9~11	≥ 5	适合打 4♥，封局止叫	
5♦	9~11	≥ 3	适合打 5♦，封局止叫	
开叫 1♦ 应叫 1♠ 再叫 2NT 后与本表相仿				

T5-2 开叫 1♦ 应叫 2♣ 后的叫牌

开叫人 1♦			应叫人 2♣：$p \geq 13$，$n \geq 4$，逼局，问叫	
开叫人再叫	牌点 p	张数 n	说明	后续
2♦	11~12	5	5 张以上♦，没有 4 张高花	①
2♥/2♠	11~15	4	5 张以上♦，所叫高花 4 张	①
2NT	12~13	—	4333 或 4432 牌型	①
3♣	11~13	♦+♣≥9	4-5 以上低花（不一定哪门 4 张）	①
3♦	13~15	♦≥6	高限，6 张以上♦	
3♥*/3♠*	14~15	0~1	4 张以上♣，所跳高花单缺	
3NT	14~15	♦≥4	4441、5431 或 5422 牌型，1-2 张♣	
4♣	14~15	5-5	高限，5-5 以上两套低花，低花满贯意图	
①开叫人显示低限，后续应叫人有权停在不成局定约				

T5-3 开叫 1♦ 应叫 2♦ 后的叫牌

开叫人 1♦			应叫人 2♦：① p10-12，$n \geq 5$；② $p \geq 13$，$n \geq 4$	
开叫人再叫	牌点 p	张数 n	说明	后续
2♥/2♠	11~15	4	5 张以上♦，所叫高花 4 张（或4441）	
2NT	12~13	—	4333 或 4432 牌型	
3♣	11~15	♦+♣≥9	4-5 以上低花（不一定哪门 5 张）	
3♦	13~15	♦≥6	高限，6 张以上♦	
3♥*/3♠*/4♣*	14~15	0~1	5 张以上好♦，所跳高花单缺，满贯意图	
应叫人有权对 2NT、3♦停叫，或叫 3♦要求开叫人停叫，叫其他叫品逼局				

T6 开叫 1♥ 后的应

应叫叫品	牌点 p	张数 n	说明	后续
1♠	≥8	♠≥4	逼叫一轮（不满足 2♥应叫条件）	T6-1
1NT	8~12	♥≤3	有某种成局的可能	T6-2
2♣/2♦	≥13	≥4	逼局（♥配合可降至 12 点）	T6-3

续　表

应叫叫品	牌点 p	张数 n	说明	后续
2♥	≤ 9	3~4	弱牌, p6~9, 3 张; 或 p ≤ 5, 4 张（无单缺）	
2♠	5~8	≥ 6	建设性阻击叫, 牌点集中在 6 张以上套	
2NT*	≥ 13	≥ 4	雅各比约定叫, 问开叫人单缺	T6-4
3♣*	7~9	♥ ≥ 4	牌点低牌型好, 逼叫, 伯根加叫, 弱邀	
3♦*	10~12	♥ ≥ 4	接近开叫实力, 逼叫, 伯根加叫, 强邀	
3♥	≤ 9	≥ 4	p ≤ 6（有单缺）, 或 p7~9, 4333 牌型	
4♥	≤ 12	≥ 4	关煞性: 5 张以上或 4 张有单缺	
3NT	13~15	3~4	4333 牌型, 开叫人均型可停叫	①
3♠*/4♣*/4♦*	13~15	0~1	4 张以上配合, 斯普林特跳单缺	② T6-5
4NT*	≥ 16	≥ 4	有足够的赢张, 罗马关键张问叫	
5♥	≥ 16	3	有足够的控制和赢张, 小满贯邀叫	
5NT*	≥ 16	3	大满贯逼叫	
①开叫人非均型或双张小牌改叫 4♥ 停叫; 叫其他花色为第二套满贯兴趣				
② 1♠ 开叫后跳叫 3♥ 为普斯林特, 其余与本表相仿				

T6-1　开叫 1♥, 应叫 1♠ 后的叫牌

开叫人 1♥			应叫人 1♠: p ≥ 8, n ≥ 4, 逼叫一轮	
开叫人再叫	牌点 p	张数 n	说明	后续
1NT	12~15	5332	应叫人再叫 2♣/2♦ 为双路重询	T6-1-1
2♣/2♦	12~15	≥ 4	普通的 5-4 套, 低限; 或牌点分散的 5-5 套	
2♥	12~13	≥ 6	低限单套	
2♠	11~15	4	保证 4 张支持 11~13（或分散的 14~15 点）	

续 表

开叫人 1♥			应叫人 1♠：$p \geq 8$，$n \geq 4$，逼叫一轮	
开叫人再叫	牌点 p	张数 n	说明	后续
2NT*	14~15	3–6	3 张 ♠ 有大牌，6 张以上好 ♥，广谱邀请	T6-1-2
3♣/3♦	14~15	5–5	5-5 以上两套强牌	
3♥	14~15	≥ 6	高限 6 张以上好套，没有 3 张 ♠	
3♠	14~15	≥ 4	5 张以上好 ♥，4 张好 ♠	

T6-1-1　开叫 1♥ 应叫 1♠，开叫人再叫 1NT 后的叫牌

开叫人 1♥ 1NT：p 12~15，5332 型			应叫人 1♠：$p \geq 8$，$n \geq 4$，逼叫一轮 应叫人再叫——	
应叫人再叫	牌点 p	张数 n	说明	后续
Pass	8~10	—	看不到成局希望	
2♣*	10~12	♦ ≥ 5	4 张 ♠，5 张以上 ♦，转移到 2♦ 停叫	①
	8~10		弱双路重询，要求同伴叫 2♦ 接力	T6-1-1-1
	13~15	5-2-3-3	转移到 2♦ 后再叫 3NT 选局	
2♦*	≥ 13	—	强双路重询，逼局	T6-1-1-2
2♥	8~10	2	2 张 ♥，5 张 ♠，低花有单缺，希望打 2♥ 或 2♠	
2♠	8~10	≥ 6	0~1 张 ♥，6 张以上 ♠，执意打 2♠	
2NT*	8~10	♣ ≥ 6	4 张 ♠，6 张 ♣ 的弱牌，转移到 3♣ 停叫	②
3♣/3♦	≥ 13	5–5	♠+♣/♦ 两套，双套逼局，满贯兴趣	
3♠	≥ 13	≥ 6	单套逼局	
3NT	13~15	均型	适合打 3NT，封局止叫	
4♥	≈ 12	3	适合打 4♥，封局止叫	
4♠	≈ 10	≥ 7	单套，10 点左右，封局止叫	
①准备打 2♦ 定约，必须从 2♣ 转移过渡 ② 2NT 是转移到 3♣ 停叫的叫品，不是自然叫，邀请 3NT 的牌从 2♣ 开始				

T6-1-1-1　开叫 1♥ 后的弱双路重询

开叫人			应叫人	
1♥			1♠	
1NT：p 12~15，5332 型			2♣*：通常 10~12 点，弱双路重询（有 ♦ 长套允许 8 点左右）	
2♦*：义务性转移			应叫人再叫——	

应叫人再叫	牌点 p	张数 n	说明
Pass	8~10	♦ ≥ 5	4 张 ♠，5 张以上 ♦ 的弱牌，决定打 2♦
2♥	10~11	♥=3	弱邀
2♠	10~11	♠=5	弱邀
2NT	11~12	♥1~2	邀 3NT
3♣/3♦	11~12	5–5	强邀（注意与 T6-1-1 中 3♣/3♦ 的区别）
3♥	11~12	♥=3	强邀
3♠	11~12	♠ ≥ 6	强邀
应叫人的各种叫品，均不再逼叫，开叫人可以 Pass 或直接选合适叫品进局			

T6-1-1-2　开叫 1♥ 后的强双路重询

开叫人			应叫人	
1♥			1♠	
1NT：p 12~15，5332 型			2♦*：p ≥ 13，逼局	

开叫人再叫	牌点 p	张数 n	说明
2♥	12~13	♠=2	低限，没有 3 张 ♠，进局逼叫
2♠	12~13	♠=3	低限，3♠ 张支持，进局逼叫
2NT	14~15	♠=2	两门低花止张均好，进局逼叫
3♣/3♦	14~15	5332	显示止张，另一低花薄弱，进局逼叫
3♠	14~15	♠=3	♠ 有 3 张两大牌，进局逼叫
如果仅适合打 3NT，无须通过 2♦ 问叫 适合 T6-1-1 中其他自然跳叫逼局的牌，也不必通过 2♦ 问叫			

T6-1-2　开叫 1♥ 应叫 1♠，开叫人再叫 2NT 后的叫牌

开叫人 1♥ 2NT* : p14~15，3 张 ♠， 6 张以上 ♥			应叫人 1♠ : $p \geqslant 8$，$n \geqslant 4$，逼叫一轮 应叫人再叫——	
应叫人再叫	牌点 p	张数 n	说明	后续
Pass	8~9	♠=4 ♥1~2	低限牌点分散，看不到成局希望	
3♣	8~9	♠+♥≥6	无条件转移到 3♦，然后叫 3♥/3♠ 停叫	
3♥	≥12	≥3	确认将牌，逼叫，满贯兴趣	
3♠	≥12	≥5	确认将牌，逼叫，满贯兴趣	
3NT	10~15	♠+♥≤7	适合打 3NT，封局止叫	
4♥	9~11	3	适合打 4♥，封局止叫	
4♠	9~11	≥5	适合打 4♠，封局止叫	

T6-2　开叫 1♥，应叫 1NT 后的叫牌

开叫人 1♥			应叫人 1NT : p8~12，没有 4 张高花	
开叫人再叫	牌点 p	张数 n	说明	后续
Pass	12	5	5332 或 4-5-2-2 牌型	
2♣/2♦	11~14	≥3	低花 3-3 时叫较强的花色	T6-2-1
2♥	11~13	≥6	准备停叫	
2♠	14~15	≥4	高限 5-4 以上两高套，逼叫一轮	
2NT	14~15	均型	包括 13 点 4-5-2-2 牌型，邀局	
3♣/3♦	14~15	5	5-5 以上两套，邀局	
3♥	14~15	≥6	邀局	
3NT	14~15	=5	♥ A K Q ×× 或 ♥ A Q J 10 ×	
开叫 1♠ 应叫 1NT 后的叫牌与此表相仿，开叫人再叫 2♥ 必须保证 4 张以上				

T6-2-1　开叫 1♥ 应叫 1NT，开叫人再叫 2♣ 后的叫牌

开叫人 1♥ 2♣：n ≥ 3			应叫人 1NT：p8~12，3 张以下 ♥ 应叫人再叫——	
应叫人再叫	牌点 p	张数 n	说明	后续
Pass	8~10	♣ ≥ 5	只有这一种情况可以 Pass	
2♦	8~10	≥ 5	不逼叫	
2♥	8~10	2	止叫	
2NT	11~12	均型	邀 3NT	
3♣	11~12	≥ 5	邀 3NT	
3♦	11~12	≥ 5	邀 3NT	
3♥	11~12	3	间接加叫，通常 3 张有 1 大牌，邀请	
开叫 1♠ 应叫 1NT，开叫人再叫 2♣ 后的不同				
3♥	10~11	≥ 6	不够二盖一应叫，邀 4♥	
开叫 1♥/1♠，应叫 1NT，开叫人再叫 2♦ 后的叫牌与此表相仿				

T6-3　开叫 1♥，二盖一应叫后的叫牌

开叫人 1♥			应叫人 2♣：p ≥ 13，n ≥ 4	
开叫人再叫	牌点 p	张数 n	说明	后续
2♦	11~15	≥ 4	第二套	
2♥	11~15	≥ 6	保证 6 张，不区别高低限	
2♠	11~15	4	二盖一后"逆叫"2♠，并不需要高限	
2NT	12~15	5332		
3♣	11~15	≥ 4	4 张好支持	
3♥	14~15	≥ 6	高限单套	
3♦/3♠	14~15	0~1	5 张 ♣，爆裂单缺	
4♥	11~13	≥ 7	低限单套	
二盖一应叫是进局逼叫，3NT 以下的所有叫品均逼叫				
开叫 1♥/1♠，2♦ 应叫后的再叫与此表相仿				

T6-4　开叫 1♥，雅各比 2NT 应叫后的叫牌

开叫人 1♥			应叫人 2NT*：$p \geq 13$，$n \geq 4$，牌型比较平均	
开叫人再叫	牌点 p	张数 n	说明	后续
4♥	11~13	≥ 5	低限，没有单缺花色	
3♣*/3♦*/3♠*	11~15	0~1	所叫花色单缺	
3♥	14~15	≥ 6	高限，6 张以上，无单缺	
3NT	14~15	5332	高限均型	
4♣/4♦	14~15	强两套	高限，5-4 以上强两套（优先于报单缺）	
应叫人成局以下再叫其他花色为满贯兴趣 扣叫				
开叫 1♠，应叫 2NT 以后的再叫与此表相仿				

T6-5　开叫 1♥，斯普林特应叫后的叫牌

开叫人 1♥			应叫人 3♠*/4♣*/4♦*：单缺，p13~15，4 张以上 ♥	
开叫人再叫	牌点 p	张数 n	说明	后续
4♥	11~15	—	低限或同伴单缺花色有大牌	
新花 *	14~15	—	同伴单缺花色无大牌，扣叫控制	
4NT*	14~15	—	同伴单缺花色 3+ 小牌，关键张问叫	
开叫 1♠，应叫 3♥/4♣/4♦ 以后的再叫与此表相仿				

T7　开叫 1♠ 应叫 2♥/3♥（4♥）

应叫叫品	牌点 p	张数 n	说明	后续
2♥	≥ 12	≥ 5	高花二盖一必须保证 5 张，逼局	T7-1
3♥*	13~15	0~1	斯普林特	①
4♥	7~11	≥ 7	要打	
①传统叫法双跳 4♥ 表示单缺，我们这里采用与新睿一样的约定，跳叫 3♥ 做斯普林特约定叫				

T7-1　开叫 1♠，二盖一应叫 2♥ 后的叫牌

开叫人 1♠			应叫人 2♥：$p \geq 12$，$n \geq 5$	
开叫人再叫	牌点 p	张数 n	说明	后续
2♠	11~15	≥ 6	普通的 6 张以上，不区分高低限	
2NT	12~15	5332	不区分高低限	
3♣/3♦	11~15	≥ 4	不区分高低限	
3♥	14~15	≥ 3	高限有配合（3 张有顶张或 4 张）	
3♠	14~15	≥ 6	6 张以上坚强 ♠ 套强制定将， 后续扣叫	①
4♣*/4♦*	14~15	0~1	爆裂单缺，高限，4 张 ♥	
4♥	11~13	≥ 3	低限配合	
4♠	11~13	≥ 7	低限 7 张以上 ♠	
① ♠ 没有输张或最多 1 输张，要求应叫人开始扣叫控制				

T8　开叫 1NT 后的双路问叫结构

应叫叫品	牌点 p	张数 n	说明	后续
Pass	≤ 8	均型	通常没有 5 张以上高花或 6 张以上低花	
2♣*	9~11	—	邀局斯台曼，保证 4 张以上高花	T8-1
2♦*	≥ 12	—	逼局斯台曼，牌型不限	T8-2
2♥/2♠	≤ 8	≥ 5	弱牌止叫	
2NT*	0~8	6 张以上 低花	转移到 3♣ 后停叫或改 3♦ 停叫	T8-3
	≥ 15		转移到 3♣ 后叫 3♥/3♠ 表示 ♣/♦ 套	T8-3
3♣/3♦	5~8	≥ 6	建设性应叫，至少 KQ 两张大牌领头	T8-4
3♥/3♠	≥ 15	≥ 5	逼局，满贯兴趣	
3NT	12~16	均型	没有 4 张高花（可有 5~6 张低花）， 止叫	
4♣*	≥ 12	有长套	格伯问 A，赢张足够探贯，核查控制	
4♥/4♠	8~11	≥ 6	封局止叫	
4NT	17~19	均型	小满贯邀叫	
6NT	20~21	均型	止叫	
5NT	22~23	均型	逼叫到小满贯，邀请大满贯	

续 表

应叫叫品	牌点 p	张数 n	说明	后续
7NT	≥ 24	均型	止叫	

T8–1 开叫 1NT，邀局斯台曼 2♣* 问叫后的叫牌

开叫人 1NT			应叫人 2♣*：p9~11，保证有 4 张高花	
开叫人再叫	牌点 p	张数 n	说明	后续
2♦*	13~16	≥ 6	无 4 张高花（仅 13 点应有 5 张低花）	
2♥	14~16	4	4 张 ♥，不排除 4–4 高花	
2♠	14~16	4	4 张 ♠，无 4 张 ♥	
此后应叫人的所有再叫均不逼叫				

T8–2 开叫 1NT，逼局斯台曼 2♦* 问叫后的叫牌

开叫人 1NT			应叫人 2♦*：p ≥ 12，不保证有 4 张高花	
开叫人再叫	牌点 p	张数 n	说明	后续
2♥	14~16	4	4 张 ♥，不排除 4–4 高花	
2♥	14~16	4	4 张 ♠，无 4 张 ♥	
2NT	14~16	—	无 4 张高花	
3♣*/3♦*	13~15	5	所叫花色 5 或 6 张	
此后双方所有未进局叫品均逼叫				

T8–3 开叫 1NT，应叫 2NT* 低花转移后的叫牌

开叫人 1NT 3♣：无条件转移			应叫人 2NT*：p ≤ 8 或 p ≥ 15，6 张以上低花 应叫人再叫——	
应叫人再叫	牌点 p	张数 n	说明	后续
Pass	0~8	♣ ≥ 6		
3♦	0~8	♦ ≥ 6	开叫人无条件停叫	
3♥*	≥ 15	♣ ≥ 6	逼局探贯	①
3♠*	≥ 15	♦ ≥ 6	逼局探贯	①
①开叫人低限或只有 2 张时叫 3NT，叫其他为满贯兴趣。				

T8-4　开叫 1NT，建设性应叫 3♣ 后的叫牌

开叫人 1NT			应叫人 3♣：6 张以上 2 顶张大牌	
开叫人再叫	牌点 p	张数 n	说明	后续
Pass	13~16	—	不满足叫 3NT 的条件	
3NT	13~16	♣≥2	♣有顶张大牌，其他 3 门有止张或长度	
应叫 3♦ 后的叫牌与此相似				

T9　开叫 1NT 后的现代转移叫结构

应叫叫品	牌点 p	张数 n	说明	后续
Pass	≤8	均型	没有 5 张高花或 6 张以上低花	
2♣*	≥9	—	单套 4 张高花、4-5 或 4-6 两套高花，含 p9~11，没有 4 张高花	T9-1
2♦*	≥0	♥≥5	转移到 2♥	T9-2
2♥	≥0	♠≥5	转移到 2♠	T9-3
2♠	不限	双低花	p≤8，5-5 以上低花；p≥9，5-4 以上低花	T9-4
2NT*	0~8	6 张以上低花	转移到 3♣ 后停叫或改 3♦ 停叫	T8-3
	≥15		转移到 3♣ 后叫 3♥/3♠ 表示 ♣/♦ 套	T8-3
3♣/3♦	8~10	≥6	2 个顶张的 6 张以上套，建设性	
3♥*/3♠*	≥12	=1	另一高花 4 张，低花 4-4 或 5-3	
4♣*	≥12	独立套	格伯问 A，赢张足够探贯，核查控制	
4♦*/4♥*	8~11	≥6	德克萨斯高花转移叫，转移到 4♥/4♠ 停叫	
	≥15	≥6	转移到 4♥/4♠ 后 4NT 问关键张探贯	
4♠*	8~11	双低花	5-5 以上两套低花，让开叫人简单选局	
3NT	11~16	均型	没有 4 张高花（可有 5~6 张低花），止叫	
4NT	17~19	均型	5 控以上，小满贯邀叫（同时问牌情）	T9-5
6NT	20~21	均型	可有 5~6 张低花套，适合打 6NT 的牌	
5NT	22~23	均型	逼叫到小满贯，邀请大满贯	
7NT	≥24	均型	止叫	

T9-1　开叫 1NT，2♣* 问叫后的叫牌

开叫人 1NT			应叫人 2♣*：$p \geq 9$，通常有 4 张高花①	
开叫人再叫	牌点 p	张数 n	说明	后续
2♦*	13~16	≥ 3	无 4 张高花（仅 13 点须有 5 张低花）	T9-1-1
2♥	14~16	4	4 张 ♥，不排除 4-4 高花	T9-1-2
2♠	14~16	4	4 张 ♠，无 4 张 ♥	T9-1-3
①包括特殊情况：p9~11，没有 4 张高花以及有 5 张 ♠ 或 5 张低花的 5332 牌型				

T9-1-1　开叫 1NT，2♣* 问叫，回答 2♦* 后的叫牌

开叫人 1NT 2♦*：无 4 张高花			应叫人 2♣* 应叫人再叫——	
应叫人再叫	牌点 p	张数 n	说明	后续
Pass	8~9	≥ 4	低限有 4 张以上 ♦ 可停在 2♦	
2♥	8~10	≥ 5	另有 4 张 ♠，不逼叫	
2♠	8~10	≥ 5	不保证有 4 张 ♥，不逼叫	
2NT	9~11	—	邀 3NT	
3♣/3♦	≥ 12	≥ 5	另有 4 张高花，逼局探贯	
3♥*/3♠*	≥ 12	4	4 张，另一高花 5+，斯莫伦转移叫，逼局	
3NT	11~15	—	11 点 5 张低花 或 12~15 适合打 3NT，止叫	
4♣*	≥ 16	♥ ≥ 6	6 张以上 ♥（另有 4 张 ♠），满贯兴趣	
4♦*	≥ 16	♠ ≥ 6	6 张以上 ♠（另有 4 张 ♥），满贯兴趣	
4♥/4♠	11~15	≥ 6	6 张以上 ♥（另一高花 4 张），止叫	
4NT	17~18	—	高花 4-3 或 4-4，小满贯邀请	

T9-1-2　开叫 1NT，2♣* 问叫，回答 2♥ 后的叫牌

开叫人			应叫人	
1NT			2♣*	
2♥：4 张（不排除另有 4 张♠）			应叫人再叫——	
应叫人再叫	**牌点 p**	**张数 n**	**说明**	**后续**
Pass	8~9	≥ 3	低限，3 张以上♥可停在 2♥	
2♠*	9~11	4~5	4~5 张♠，♥较短且有低花长套，邀叫	
2NT	10~11	♠=4	4 张♠，牌型平均，邀请	
3♣/3♦	≥ 12	≥ 4	4 张以上低花 +4 张♠，逼局探贯	
3♥	9~10	≥ 4	邀请	
3♠*	≥ 16	♥ ≥ 4	4 张以上♥支持，强烈的满贯意图	①
3NT	11~15	♥ ≤ 3	11 点 5 张低花或 12~15 适合打 3NT，止叫	
4♣*/4♦*	12~14	0~1	爆裂叫，5 张以上♥（同时有 4 张♠）	
4♥	11~15	≥ 4	止叫	
4NT	17~18	♥ ≤ 3	没有 4 张♥（肯定有 4 张♠），小满贯邀请	
①开叫人没有满贯兴趣叫 4♥，有满贯兴趣扣叫新花				

T9-1-3　开叫 1NT，2♣* 问叫，回答 2♠ 后的叫牌

开叫人			应叫人	
1NT			2♣*	
2♠：4 张（没有 4 张♥）			应叫人再叫——	
应叫人再叫	**牌点 p**	**张数 n**	**说明**	**后续**
Pass	8~9	≥ 3	低限，3 张以上♠可停在 2♠	
2NT	10~11	♠ ≤ 3	没有 4 张♠，牌型平均，邀请	
3♣/3♦	≥ 12	≥ 4	4 张以上低花，逼局探贯	
3♥*	≥ 16	♠ ≥ 4	4 张以上♠支持，强烈的满贯意图	①
3♠	9~11	≥ 4	邀请	
3NT	11~15	♠ ≤ 3	11 点 5 张低花或 12~15 适合打 3NT，止叫	
4♣*/4♦*	12~15	0~1	爆裂叫，5 张以上♠（同时有 4 张♥）	
4♠	11~15	≥ 4	止叫	
4NT	17~18	♠ ≤ 3	没有 4 张♠（肯定有 4 张♥），小满贯邀请	
①开叫人没有满贯兴趣叫 4♠，有满贯兴趣扣叫新花				

T9–2 开叫 1NT，应叫 2♦* 后的转移及超转移

开叫人 1NT			应叫人 2♦*：5 张以上 ♥	
开叫人再叫	牌点 p	张数 n	说明	后续
2♥	13~16	≥ 2	通常情况下正常转移	T9–2–1
2♠*	15~16	♠=2	超转移，4432 牌型，♠ 弱双张	①
3♣*	15~16	♣=2	超转移，4432 牌型，♣ 弱双张	①
2NT*	15~16	♦=2	超转移，4432 牌型，♦ 为弱双张	①
3♥*	15~16	4	超转移，4333 或 4432，没有弱双张	②
①应叫人再叫 3♦* 为没有成局实力，二次转移到 3♥ 停叫，其他叫品逼局探贯 ②应叫人弱牌停叫，其他叫品逼局探贯				

T9–2–1 开叫 1NT，2♦* 转移到 2♥ 后的叫牌

开叫人 1NT 2♥：接受转移			应叫人 2♦*：5 张以上 ♥ 应叫人再叫——	
应叫人再叫	牌点 p	张数 n	说明	后续
Pass	≤ 8	≥ 5	没有进局实力	
2♠*	≥ 11	—	二次转移 2NT 后逼局探贯	T9–2–2
2NT	9~11	5	5332/5422（4 张弱低花）等牌型，邀局	
3♣/3♦	9~11	4	邀局	
3♥	8~10	≥ 6	邀局	
3NT	11~15	5	通常为 5332 牌型，示选	
3♠*/4♣*/ 4♦*	12~14	0~1	单缺，自爆裂，6 张以上 ♥，满贯兴趣	
4♥	11~15	≥ 6	无单缺，不反对同伴高限好控制时探贯。	

T9–2–2　开叫 1NT，2◆* 转移到 2♥ 后的二次转移

开叫人		应叫人		
1NT		2◆* : 5 张以上 ♥		
2♥: 接受转移		2♠* : 二次转移，逼局探贯		
2NT*: 接受转移		应叫人再叫——		
应叫人再叫	牌点 p	张数 n	说明	后续
3♣/3◆	≥ 12	≥ 4	5–5 以上两套可以为 11 点	
3♥	≥ 15	≥ 6	逼局探贯	
3♠	≥ 11	5–5	5–5 以上两套高花，逼局探贯	
3NT	15~17	5	5332 牌型，轻微的满贯兴趣	

T9–3　开叫 1NT，应叫 2♥* 后的转移及超转移

开叫人		应叫人		
1NT		2♥* : 5 张以上 ♠		
开叫人再叫	牌点 p	张数 n	说明	后续
2♠	13~16	≥ 2	通常情况下正常转移	T9–3–1
2NT*	15~16	♥=2	超转移，4432 牌型，♥ 为弱双张	
3♣*	15~16	♣=2	超转移，4432 牌型，♣ 弱双张	
3◆*	15~16	◆=2	超转移，4432 牌型，◆ 弱双张	
3♠*	15~16	4	超转移，4333 或 4432，没有弱双张	
应叫人没有成局实力时，再叫 3♥* 二次转移到 3♠ 停叫，其他叫品逼局探贯				

T9–3–1　开叫 1NT，2♥* 转移到 2♠ 后的叫牌

开叫人		应叫人		
1NT		2♥* : 5 张以上 ♠		
2♠: 接受转移		应叫人再叫——		
应叫人再叫	牌点 p	张数 n	说明	后续
Pass	≤ 8	≥ 5	没有进局实力	
2NT*	≥ 11	—	二次转移 3♣* 后逼局探贯	T9–3–2
3♣/3◆	9~11	≥ 4	邀局	
3♥	8~10	5–5	5–5 以上两套高花邀局	
3♠	8~10	≥ 6	邀局	
3NT	11~15	5	通常为 5332 牌型，示选	
4♣*/4◆*/4♥*	12~14	0~1	单缺，自爆裂，6 张以上 ♠，满贯兴趣	
4♠	11~15	≥ 6	无单缺，不反对同伴高限好控制时探贯	

T9-3-1　开叫 1NT，2♥* 转移到 2♠ 后的叫牌

开叫人			应叫人	
1NT			2♥*：5 张以上 ♠	
2♠*：接受转移			应叫人再叫——	
应叫人再叫	牌点 p	张数 n	说明	后续
Pass	≤ 8	≥ 5	没有进局实力	
2NT*	≥ 11	—	二次转移 3♣* 后逼局探贯	T9-3-2
3♣/3♦	9~11	≥ 4	邀局	
3♥	8~10	5-5	5-5 以上两套高花邀局	
3♠	8~10	≥ 6	邀局	
3NT	11~15	5	通常为 5332 牌型，示选	
4♣*/4♦*/4♥*	12~14	0~1	单缺，自爆裂，6 张以上 ♠，满贯兴趣	
4♠	11~15	≥ 6	无单缺，不反对同伴高限好控制时探贯	

T9-3-2　开叫 1NT，2♥* 转移到 2♠* 后的二次转移

开叫人			应叫人	
1NT			2♥*：5 张以上 ♠	
2♠*：接受转移			2NT*：二次转移，逼局探贯	
3♣*：接受二次转移			应叫人再叫——	
应叫人再叫	牌点 p	张数 n	说明	后续
3♦	≥ 12	≥ 4	5-5 以上两套可以为 11 点以上	
3♥*	≥ 12	♣ ≥ 4	♣ ≥ 4	
3♠	≥ 15	≥ 6	逼局探贯	
3NT	15~17	5	5332 牌型，轻微的满贯兴趣	

T9-4　开叫 1NT，应叫 2NT 转移到 3♣ 后的叫牌

开叫人			应叫人	
1NT			2NT：p ≤ 8，6 张以上单套低花，或 p ≥ 15，	
3♣：接受转移			应叫人再叫——	
应叫人再叫	牌点 p	张数 n	说明	后续
Pass	≤ 8	♣ ≥ 6	单套 ♣ 弱牌，停叫	
3♦	≤ 8	♦ ≥ 6	单套 ♦ 弱牌，止叫	
3♥*	≥ 15	♣ ≥ 5	3♥* 表示单套 ♣ 强牌，强烈的满贯兴趣	①

续　表

开叫人 1NT 3♣：接受转移			应叫人 2NT：$p \leqslant 8$，6 张以上单套低花，或 $p \geqslant 15$，应叫人再叫——	
应叫人再叫	牌点 p	张数 n	说明	后续
3♠*	$\geqslant 15$	♦ $\geqslant 5$	3♠* 表示单套♦强牌，强烈的满贯兴趣	①
①开叫人再叫 3NT，表示低限没有满贯兴趣，其余叫品为响应满贯的扣叫				

T9-5　开叫 1NT，2♠* 问低花后的叫牌

开叫人 1NT			应叫人 2♠：$p \leqslant 8$，5-5 以上低花；$p \geqslant 9$，5-4 以上低花	
开叫人再叫	牌点 p	张数 n	说明	后续
2NT	13~16		没有 4 张低花	T9-5-1
3♣	13~15	4~5	4 张或 5 张♣	T9-5-2
3♦	13~15	4~5	4 张或 5 张♦	T9-5-3

T9-5-1　开叫 1NT，2♠* 问低花，回答 2NT 后的叫牌

开叫人 1NT 2NT：没有 4 张低花			应叫人 2♠：$p \leqslant 8$，5-5 以上低花；$p \geqslant 9$，5-4 以上低花 应叫人再叫——	
应叫人再叫	牌点 p	张数 n	说明	后续
Pass	9~10	5-4 低花	低限可以停在 2NT	
3♣	$\leqslant 8$	5-5 低花	要求 Pass 或改 3♦停	①
3♦	$\geqslant 11$	双低花	询问高花止张，逼叫一轮，探讨 3NT	②
3♥*/3♠*	$\geqslant 12$	1	单张，5431 牌型，逼局探贯	
3NT	12~15	双低花	低花 5-4，高花 2-2，止叫	
4♣*/4♦*	$\geqslant 12$	6	所叫低花 6 张，另一低花 5 张，逼局探贯	
4♥*/4♠*	$\geqslant 12$	0	高花缺门，低花 5-5 以上，满贯兴趣	
①开叫人 3 张♣ Pass，3 张♦叫 3♦				
②开叫人叫 3♥/3♠ 表示有止张（应叫人再叫 4♣ 不逼叫）；3NT 表示双高花止张				

T9-5-2　开叫 1NT，2♠* 问低花，回答 3♣ 后的叫牌

开叫人 1NT 3♣：4 张或 5 张			应叫人 2♠：$p \leq 8$，5-5 以上低花；$p \geq 9$，5-4 以上低花 应叫人再叫——	
应叫人再叫	牌点 p	张数 n	说明	后续
Pass	≤ 8	双低花	8 点以下 5-5 或 9~10 点 5-4 低花停在 3♣	
	9~10	5-4		
3♦	≥ 11	双低花	询问高花止张，逼叫一轮，探讨 3NT	①
3♥*/3♠*	≥ 12	1	单张，5431 牌型，逼局探贯	
4♣	≥ 12		以 ♣ 为将牌关键张问叫	
4♥*/4♠*	≥ 12	0	高花缺门，5 张以上 ♣，排除关键张问叫	
5♣	10~11	5	要打	
①开叫人叫 3♥/3♠ 表示有止张；3NT 表示双高花止张；4♣ 表示高花没有止张				

T9-5-3　开叫 1NT，2♠* 问低花，回答 3♦ 后的叫牌

开叫人 1NT 3♦：4 张或 5 张			应叫人 2♠：$p \leq 8$，5-5 以上低花；$p \geq 9$，5-4 以上低花 应叫人再叫——	
应叫人再叫	牌点 p	张数 n	说明	后续
Pass	≤ 8	5-5	8 点以下或 9~10 点 5-4 低花停在 3♦	
	9~10	5-4		
3♥*/3♠*	≥ 12	1	单张，5431 牌型，逼局探贯	
4♦	≥ 12	5	以 ♦ 为将牌关键张问叫	
4♥*/4♠*	≥ 12	0	高花缺门，5 张以上 ♦，排除关键张问叫	
5♦	10~11	5	要打	
①开叫人叫 3♥/3♠ 表示有止张；3NT 表示双高花止张；4♣ 表示高花没有止张				

T9–6　开叫 1NT 应叫 3♥* 后的叫牌

开叫人 1NT			应叫人 3♥* : p ≥ 12，单张 ♥，4 张 ♠，低花 4-4 或 5-3	
开叫人再叫	牌点 p	张数 n	说明	后续
3♠	15~16	4	满贯意图	
3NT	13~14	♠ ≤ 3	无意满贯	
4♣*/4♦*	14~15	5	低花满贯意图	
4♠	13~14	4	无意满贯	
3♠ 应叫后的叫牌与此相仿				

T9–7　开叫 1NT 应叫 4♠* 后的叫牌

开叫人 1NT			应叫人 4♠ : p8~10，5-5 以上双低花选局	
开叫人再叫	牌点 p	张数 n	说明	后续
5♣	13~16	♣ ≥ 3	3 张以上 ♣	
5♦	13~16	♦ ≥ 3	3 张以上 ♦	
4NT	13~16	等长	低花 3-3 或 4-4，让应叫人选择	
4♠ 应叫仅仅要求选低花局，其他实力的两套低花从 2♣ 应叫起步				

T9–8　开叫 1NT 应叫 4NT 后的叫牌

开叫人 1NT			应叫人 4NT : p17~18，均型，邀请小满贯	
开叫人再叫	牌点 p	张数 n	说明	后续
Pass	13~14	—	低限（包括 13 点 5332 和无 5 张的 14 点）	
5♣	15~16	4432	包括 ♣ 在内的两套	①
5♦	15~16	4432	有 ♦ 和任一高花	②
5♥	15~16	4432	两套高花	
6♣/6♦	14~15	5332	5 个以上控制，5 张低花套	
6NT	16	4333		
①回答 5♣ 后，应叫人叫 5♦ 问第二套，5♥/5♠/5NT 分别报 ♥/♠/♦ 第二套				
②回答 5♦ 后，应叫人叫 5♥ 问第二套，5♠/5NT 分别报 ♠/♥ 第二套				
应叫人再叫 5NT，6NT 或已经标明的花色到六阶为止叫				

T10 开叫 2NT 后的应叫

应叫叫品	牌点 p	张数 n	说明	后续
Pass	≤ 4	均型	没有 5 张高花	
3♣*	≥ 5	—	傀儡斯台曼	T10–1
3♦*	≥ 0	♥ ≥ 5	转移到到 3♥	T10–2
3♥*	≥ 0	♠ ≥ 5	转移到 3♠	
3♠*	≥ 9	双低花	5–4 以上低花，问开叫人低花，探贯	T10–3
3NT*		♣ ≥ 6	p ≤ 3 或 p ≥ 9，转移 4♣	T10–4
4♣*		♦ ≥ 6	p ≤ 3 或 p ≥ 9，转移 4♦	
4♦/4♥*	3~6	≥ 6	德克萨斯高花转移叫， 转移到 4♥/4♠ 停叫	
	≥ 10	≥ 6	转移到 4♥/4♠ 后 4NT 问关键张探贯	
4♠*	≤ 7	双低花	5–5 以上双套低花选局	
4NT	10~12	均型	没有 4 张高花，小满贯邀叫	
6NT	13~14	均型	可有 5~6 张低花，适合打 6NT 的牌	
5NT	15~16	均型	逼叫到小满贯，邀请大满贯	
7NT	≥ 17	均型	止叫	

T10–1 开叫 2NT，3♣* 问叫后的叫牌

开叫人 2NT			应叫人 3♣：p ≥ 5，有 3 张以上高花	
开叫人再叫	牌点 p	张数 n	说明	后续
3♦	20~21	—	至少有 1 个 4 张高花套	T10–1–1
3♥	20~21	5	应叫人 4♥/3NT 止叫，其他叫品探贯	
3♠	20~21	5	应叫人 4♠/3NT 止叫，其他叫品探贯	
3NT	20~22	—	无 4 张高花（22 点限 4333）	T10–1–2

T10-1-1 开叫 2NT，3♣* 问叫，回答 3♦ 后的叫牌

开叫人			应叫人	
2NT			3♣	
3♦：至少有 1 个 4 张高花套			应叫人再叫——	

应叫人再叫	牌点 p	张数 n	说明	后续
3♥*	≥ 5	♠=4	让开叫人选择♠或无将定约	
3♠*	≥ 5	♥=4	让开叫人选择♥或无将定约	
3NT	4~10		没有 4 张高花	
4♣*	≥ 11	4-4	4-4 高花，满贯兴趣	①
4♦*	4~10	4-4	4-4 高花，成局实力，无满贯兴趣	②
①开叫人叫 4♥/4♠确认将牌				
②开叫人简单选 4♥/4♠要打				

T10-1-2 开叫 2NT，3♣* 问叫，回答 3NT 后的叫牌

开叫人			应叫人	
2NT			3♣	
3NT：p20~22，无 4 张高花			应叫人再叫——	

应叫人再叫	牌点 p	张数 n	说明	后续
Pass	≤ 10	较平均	包括两门高花 5422 牌型	
4♣	≥ 11	5	5 张以上♣，逼局探贯	①
4♦	≥ 11	5	5 张以上♦逼局探贯	①
4♥/4♠	10~11	6	6 张（另一高花 4 张），不逼叫	②
4NT	11~12	较平均	示量邀请，（可以有 4-4/5 高花）	
6♥/6♠	13~15	6	6 张（另一高花 4 张）	
6NT	13~16	较平均	可以有 4-4/5 高花	
①开叫人叫新花为满贯兴趣扣叫，叫 4NT 不逼叫				
②开叫人 20 点双张可以 Pass				

T10-2 开叫 2NT，3♦* 转移 3♥ 后的叫牌

开叫人			应叫人	
2NT			3♦*	
3♥：无条件转移			应叫人再叫——	

应叫人再叫	牌点 p	张数 n	说明	后续
Pass	≤ 4	5		

续　表

开叫人 2NT 3♥：无条件转移			应叫人 3♦* 应叫人再叫——	
应叫人再叫	牌点 p	张数 n	说明	后续
3♠	≥ 10	≥ 4	5–4 以上高花，逼局探贯	①
3NT	5~10	5	5 张 ♥，牌型较平均，选局	
4♣*/4♦*	≥ 10	4	逼局探贯	
4♥	5~9	6	无意满贯	
4NT	11~12	5		
①应叫人 5–5 高花不超过 10 点，先 3♥ 转移 3♠ 后再叫 4♥ 选局（无满贯兴趣） ②开叫人好配合好控制赢墩丰富时可以探讨满贯				

T10–3　开叫 2NT，3♠* 问叫后的叫牌

开叫人 2NT			应叫人 3♠：p ≥ 9，5–4 以上低花，问开叫人低花	
开叫人再叫	牌点 p	张数 n	说明	后续
3NT	20~21	—	没有 4 张低花	T10–3–1
4♣/4♦	20~21	4~5	确认低花将牌	①
①应叫人直接叫满贯或叫直接 4NT 问关键张				

T10–3–1　开叫 2NT，3♠* 问叫，回答 3NT 后的叫牌

开叫人 2NT 3NT：p 20~21，无 4 张低花			应叫人 3♠ 应叫人再叫——	
应叫人再叫	牌点 p	张数 n	说明	后续
Pass	9~10	5422		
4♣	≥ 11	5	5 张以上 ♣（4 或 5 张 ♦）满贯兴趣	
4♦	≥ 11	5	5 张以上 ♦（4 张 ♣），满贯兴趣	
开叫人再叫 4NT 不逼叫（只有 2 张同伴所叫低花）；再叫其他花色为扣叫，此后应叫人 4NT 问叫；开叫人如有 22 点（4333、4441），可直接叫小满贯				

T10-4　开叫 2NT，3NT＊转移 4♣ 后的叫牌

开叫人 2NT 4♣：无条件转移			应叫人 3NT：p ≤ 3，或 p ≥ 9，6 张以上 ♣ 应叫人再叫——	
应叫人再叫	牌点 p	张数 n	说明	后续
Pass	≤ 3	♣ ≥ 6	打相对安全的四阶低花	
4♦	≥ 9	♣ ≥ 6	满贯兴趣，希望开叫人扣高花控制	①
4♥	≥ 9	♣ ≥ 6	满贯兴趣，希望开叫人扣 ♠ 控制	①
4NT	≥ 11	♣ ≥ 6	以 ♣ 为将牌问关键张	
①开叫人 20 点双张叫 4NT 不逼叫				
2NT 开叫，4♣ 转移 4♦ 后的叫牌与此相仿				

T11　开叫 2♣ 后的应叫

应叫叫品	牌点 p	张数 n	说明	后续
Pass	≤ 8	—	没有成局的可能不应叫	
3♣	9~12	≥ 3	没有 4 张高花，不逼叫	
4♣	≥ 13	≥ 5	以 ♣ 为将牌问关键张	
5♣	8~12	≥ 4	关然	
2♥/2♠	8~11	≥ 5	不逼叫，微弱的进局邀请	
3♦/3♥/3♠	10~12	≥ 6	不逼叫，强烈的进局邀请	
2NT	11~12	均型	通常没有 4 张高花，邀局	
3NT	13~15	均型	通常没有 4 张高花，没有满贯意图	
2♦	≥ 13	—	p ≥ 13，逼局；p8~12，4-4 以上高花，	①
	8~12	♦ ≤ 2	3 张以上 ♣，寻求高花配合，邀局	T11-1
①寻求不到高花配合时，只能回到 3♣				

T11-1　开叫 2♣，2♦＊问叫后的叫牌

开叫人 2♣			应叫人 2♦：①p ≥ 13，任何型；②4-4 高花和 3 张 以上张 ♣ 时 p ≥ 8	
开叫人再叫	牌点 p	张数 n	说明	后续
2♥/2♠	11~15	4	通常 5 张 ♣，4 张 ♥/♠	T11-1-1

续 表

开叫人 2♣			应叫人 2♦：①$p \geqslant 13$，任何型；②4-4 高花和 3 张 以上张♣时 $p \geqslant 8$	
开叫人再叫	牌点 p	张数 n	说明	后续
2NT	14~15	$\geqslant 6$	无 4 张高花	T11-1-2
3♣	11~13	$\geqslant 6$	无 4 张高花	T11-1-3
3♦	14~15	$\geqslant 4$	6-4 双低套	①
3NT	14~15	$\geqslant 6$	无 4 张高花，坚强 6 张以上套	
①应叫人再叫 3♥/3♠ 为 $p \geqslant 13$，5 张以上，进局逼叫				

T11-1-1　开叫 2♣ 应叫 2♦*，开叫人再叫 2♥ 后的再叫

开叫人 2♣ 2♥：p11~15，4 张 ♥			应叫人 2♦： 应叫人再叫——	
应叫人再叫	牌点 p	张数 n	说明	后续
Pass	≈ 10	♥3~4	8~10 点，成局无望，决定打 2♥	
2♠	$\geqslant 13$	$\geqslant 5$	♠套，自然，逼局	
2NT*	$\geqslant 13$	♥$\geqslant 4$	接力，4 张以上 ♥，满贯兴趣	
3♣	10~12	$\geqslant 3$	4 张 ♠，3 张 ♣，不逼叫	
3♦	$\geqslant 13$		自然，♦套，逼局	
3♠*/4♦*	13~15	0~1	5 张以上 ♥，所跳花色单缺	
3NT/4♥/5♣	13~15		止叫	
4NT	$\geqslant 13$	$\geqslant 4$	以 ♥ 为将牌的关键张问叫	
回答为 2♠ 后的再叫与本表相仿：2NT* 为接力，3♦/3♥ 为新花逼叫				

T11-1-2　开叫 2♣ 应叫 2♦*，开叫再叫 2NT 后的再叫

开叫人 2♣ 2NT：p14~15，没有 4 张高花			应叫人 2♦ 应叫人再叫——	
应叫人再叫	牌点 p	张数 n	说明	后续
3♣	8~11	$\geqslant 3$	不逼叫	
3♦/3♥/3♠	$\geqslant 13$	$\geqslant 5$	进局逼叫	
3NT/5♣	10~15		止叫	
4♣*	$\geqslant 15$	$\geqslant 3$	以 ♣ 为将牌的关键张问叫	

T11-1-3　开叫 2♣ 应叫 2♦*，开叫再叫 3♣ 后的再叫

开叫人 2♣ 3♣：p11~13，没有 4 张高花			应叫人 2♦ 应叫人再叫——	
应叫人再叫	牌点 p	张数 n	说明	后续
Pass	≈ 10	—	低限，成局无望，决定打 3♣	
3♦	≥ 13	—	续问那门高花有止张	①
3♥/3♠	≥ 13	≥ 5	进局逼叫（相当于二盖一逼局实力）	
3NT/5♣	12~15		止叫	
4♣*	≥ 15	≥ 3	以 ♣ 为将牌的关键张问叫	
①开叫人回答 3♥/3♠：所叫高花有止张；4♣：两门高花均无止张，不逼叫				

T12　开叫 2♦ 后的应叫

应叫叫品	牌点 p	张数 n	说明	后续
Pass	≤ 10	≥ 6	没有 3 张高花或 4 张 ♣，6 张以上 ♦	
2♥/2♠	≤ 10	≥ 3	止叫	
3♣	≤ 10	≥ 4	止叫	
3♥/3♠/4♣	9~11	≥ 4	邀局	
4♥/4♠/5♣	8~12	≥ 5	关煞	
2NT	11~12		♦ 至少有两个止张，邀局	
3NT	13~15		♦ 有止张，封局止叫	
3♦*	≥ 13	—	唯一的逼叫叫品，问叫	T12-1

T12-1　开叫 2♦，3♦* 问叫后的叫牌

开叫人 2♦			应叫人 3♦*：p ≥ 13，问叫	
开叫人再叫	牌点 p	张数 n	说明	后续
3♥	12~13	4414	低限，4414 单张小牌	
3♠	14~15	4414	高限，4414 单张小牌	
3NT	14~15	4414	14~15 点单张 A/K/Q	
4♣	11~13	4405	低限，♦ 缺门，5 张 ♣	
4♦	14~15	4405	高限，♦ 缺门，5 张 ♣	

T13　开叫 2♥ 后的应叫

应叫叫品	牌点 p	张数 n	说明	后续
Pass	≤ 15	≤ 2	没有成局的可能不应叫	
3♥	≤ 12	≥ 3	加深阻击	
4♥	≤ 15	≥ 3	要打，具备实力或加深阻击	
2♠/3♣/3♦	≥ 16	≥ 6	16 点以上，6 张以上好套；或 13 点以上，♥ 好配合，所叫花色 4 张以上，逼叫一轮	T13-1
	≥ 13	≥ 4		T13-2
2NT*	≥ 16	≥ 2	问单缺及将牌质量	T13-3
4NT	≥ 16	≥ 2	以 ♥ 为将牌的罗马关键张问叫	
5♥	≥ 16	≥ 2	邀将牌有两个顶张上 6♥	
5NT	≥ 16	≥ 2	逼叫到 6♥，邀将牌两个顶张叫 7♥	
4♠/5♣/5♦ 等	≥ 16	≥ 7	有一套更好的花色和足够的控制，要打	
2♠ 开叫后的叫牌与本表相仿				

T13-1　开叫 2♥，应叫 2♠ 后的再叫

开叫人 2♥			应叫人 2♠：♥ 不配，16 点以上，6 张以上 ♠；或 ♥ 配合，13 点以上，4 张以上 ♠	
开叫人再叫	牌点 p	张数 n	说明	后续
2NT	6~8	♠0~2	示弱	
3♣*/3♦*	8~10	0~1	所叫花色单缺	
3♥	8~10		无单缺	
3♠	8~10	3	3 张或 Q× 以上 ♠	
3NT	9~10	6	无单缺，主套 KQ J ××× 以上	
4♣/4♦	≤ 10	0~1	♠Q× 以上配合， 主套 KQ ×××× 以上	

T13-2 开叫 2♥，应叫 3♣ 后的再叫

开叫人 2♥			应叫人 3♣：♥ 不配，16 点以上，6 张以上 ♣；或 ♥ 配合，13 点以上，4 张以上 ♣	
开叫人再叫	牌点 p	张数 n	说明	后续
3♦*	6~10	0~1	♦ 单缺，3 张或 Q× 以上 ♣	
3♥	6~10		无单缺或 2 张以下 ♣	
3♠*	8~10	0~1	♠ 单缺，3 张或 Q× 以上 ♣	
3NT	9~10	6	无单缺，主套 KQ J ××× 以上	
4♣	8~10	3	3 张或 Q× 双张以上	
4♦	≤ 10	0~1	③ Q× 以上配合，主套 KQ××× 以上	
开叫 2♠ 应叫 3♣/3♦ 后的叫牌与本表相仿				

T13-3 开叫 2♥，应叫 2NT 后的再叫

开叫人 2♥			应叫人 2NT：p ≥ 16，n ≥ 2，问单缺及将牌质量	
开叫人再叫	牌点 p	张数 n	说明	后续
3♣/3♦	6~10	0~1	所叫花色单缺	
3♥	6~10		无单缺，或 ♠ 单缺但主套较弱	
3♠	8~10	0~1	♠ 单缺，主套 KQ ×××× 以上	
3NT	8~10	6	无单缺，主套 KQ J ××× 以上	
4♣/4♦	8~10	0	缺门，主套 KQ ×××× 以上	
开叫 2♠ 应叫 2NT 后的叫牌与本表相仿				

T14 开叫 3♣ 后的应叫

应叫叫品	牌点 p	张数 n	说明	后续
Pass	≤ 15	≤ 2	没有成局的可能不应叫	
3NT	≥ 13	≥ 2	止叫！保证止张和通吃	①
4♣	≈ 10	≥ 3	加深阻击	
5♣	≤ 15	≥ 3	要打	
4NT	≥ 16	≥ 2	以 ♣ 为将牌的罗马关键张问叫	
5NT	≥ 16	≥ 2	逼到 6♣，邀将牌两个顶张叫 7♣	

续 表

应叫叫品	牌点 p	张数 n	说明	后续
3◆*	≥ 16	♣ ≥ 3	接力问单缺，满贯意图	② T14-1
4♥/4♠/5♦ 等	≥ 16	≥ 8	有一套更好的花色和足够的控制，止叫	
①三阶低花开叫后，若有 Q× 以上支持，其他花色有止张或长度，优先打 3NT ② 3◆ 开叫后用 3♥ 接力问单缺，回答与表 T14-1 相仿				

T14-1　开叫 3♣，3◆* 问单缺后的再叫

开叫人 3♣			应叫人 3◆：p ≥ 16，♣ ≥ 3，问单缺探贯	
开叫人再叫	牌点 p	张数 n	说明	后续
3♥	8~10	0~1	♥ 单缺	
3♠	8~10	0~1	♠ 单缺	
3NT	8~10		无单缺	
4♣*	8~10	0~1	◆ 单缺	

T15　开叫 3♥ 后的应叫

应叫叫品	牌点 p	张数 n	说明	后续
Pass	≤ 15	≤ 2	没有成局的可能不应叫	
4♥	≈ 10	≥ 3	要打，具备实力或加深阻击	
4NT	≥ 16	≥ 2	以 ♥ 为将牌的罗马关键张问叫	
5♥	≥ 16	≥ 2	邀将牌有两个顶张上 6♥	
5NT	≥ 16	≥ 2	逼到 6♥，邀将牌两个顶张叫 7♥	
3♠*	≥ 16	♥ ≥ 2	接力问单缺，满贯意图	①
① 3♠ 开叫后 3NT 接力问单缺				

T15-1　开叫 3♥，3♠* 问单缺后的再叫

开叫人 3♥			应叫人 3♠：p ≥ 16，♥ ≥ 2，问单缺探贯	
开叫人再叫	牌点 p	张数 n	说明	后续
3NT	8~10		无单缺	
4♣	8~10	0~1	♣ 单缺	
4◆	8~10	0~1	◆ 单缺	

续 表

开叫人 3♥			应叫人 3♠：$p \geq 16$，♥ ≥ 2，问单缺探贯	
开叫人再叫	牌点 p	张数 n	说明	后续
4♥	8~10		♠单缺（用♥代替回答，不至于超过4♥）	
开叫3♠后用3NT问单缺，4♣/4♦/4♥回答单缺，无单缺叫4♠				

T16　开叫 3NT 后的应叫

应叫叫品	牌点 p	张数 n	说明	后续
Pass	—	—	没有缺门，三门花色有止张	①
4♣*	—	—	弱牌，要求同伴 Pass 或改叫 4♦	
4♦*	—	0~1	接力问单缺	②
4NT			小满贯邀叫，邀 8 张低花或有旁花 Q	③
5♣	—	—	高花控制和赢张充足，希望打 5♣/5♦	
5♦	—	0~1	♦单缺，2 张以上小♣，希望打 5♦ 或 6♣	④
5NT			逼到六阶，邀 8 张低花或有旁花 Q 叫七阶	
6♣/6♦/6NT			止叫	
①如果有低花缺门，这一定是同伴的花色，不能放过 3NT，必须叫 4♣（或直接叫到局、贯） ②开叫人 4♥/4♠/ 报高花单缺；4NT 无单缺；5♣ 报另一低花单缺 ③不是黑木问叫 ④如果开叫人是♣，具有打 6♣ 的实力				

T17　开叫 4♥ 后的应叫

应叫叫品	牌点 p	张数 n	说明	后续
Pass			无满贯可能	
4♠			过渡，逼到 5♥，希望同伴扣单缺	
4NT			罗马关键张问叫	
5NT			开叫花色有 1 输张叫到 6♥，无输张叫到 7♥	
6♥			足够的赢张和控制，止叫	
6NT/7NT			保证开叫花色通吃，有足够的控制	
4♣/4♦/4♠ 开叫后的叫牌与本表相仿				

T18　开叫 4NT 后的应叫

应叫叫品	牌点 p	张数 n	说明	后续
5♣			没有 A	
5♦			1 个 A	
5♥			2 个 A	
5♠			3 个 A	
4NT 开叫直接问 A，适用于 7 张以上套，10 个以上赢张，没有缺门的情况				

T19　开叫 5♣ 后的应叫

应叫叫品	牌点 p	张数 n	说明	后续
Pass			无满贯可能	
5♦			过渡，逼到 6♣， 希望同伴扣高花缺门	
5NT			开叫花色有 1 输张叫到 6♣， 无输张叫到 7♣	
6♣			足够的赢张和控制，止叫	
6NT/7NT			保证开叫花色通吃，有足够的控制	
5♦ 开叫后的叫牌与本表相仿				

附录 2　机器人辅助叫牌系统使用说明

为便于学习和使用本叫牌体系，我们研究开发了与本体系配套的机器人辅助叫牌系统。

本体系分为"普通版"和"超级版"两个版本，相应的机器人辅助叫牌系统也分为两个版本。两个版本的差别主要在 1NT 开叫和 1♣ 开叫后的叫牌。其中普通版与"新睿桥牌"的精确体系十分接近。

普通版不包括本书第 6 章和第 13 章的全部内容以及其他章节的部分内容（正文中标 ** 的部分），在 1NT 开叫后使用第 5 章传统精确的双路斯台曼结构；1♣ 开叫后使用第 12 章自然叫牌的原则进行再叫。超级版则分别在 1NT 开叫后采用现代转移叫结构，在 1♣ 开叫且示强应叫后采用经典的意大利问叫等约定叫。

一、用户注册与体系切换

用户关注"愚夫桥牌学堂"公众号并注册会员后，即可使用机器人叫牌查询系统进行查询和叫牌练习。

1.普通会员注册

扫描二维码，关注"愚夫桥牌学堂"公众号，根据提示在消息对话框输入命令：

姓名（空格）**XXX**

其中"姓名"是两个汉字，"XXX"是用户的名字（建议用

实名或微信昵称），中间间隔一个空格。

系统提示注册成功后即成为普通会员，可无限使用本机器人辅助叫牌系统进行查询和有限使用叫牌练习。

2. 高级会员注册

普通会员，随时可以升级为高级会员，输入命令（4个汉字）：

高级会员

可以得到相应的提示，根据提示操作后，24 小时之内开通高级会员功能，即可无限使用系统的所有功能。

3. 体系切换

用户根据需要，可以在愚夫精确普通版、超级版、新睿精确三个体系之间随意切换。

切换系统命令为两个汉字：

普通

或

超级

或

新睿

切换成任意一个体系以后，在没有切换其他体系之前，输入命令：

体系

即可显示出本体系概要。

二、叫牌查询

本系统中三个版本的精确体系的使用方法完全一样。

1. 开叫查询

在愚夫桥牌学堂公众号的消息对话框，直接输入要查询的开叫叫品，格式为两个字符，第一个为表示定约阶数的数字（1~7），第二个为表示定约名目的符号（C，D，H，S，N，大小写均可）。如输入：

1C

系统自动回复一条信息，包括开叫 1♣ 的条件和后续叫品：

1C= ① 16+P，除了满足 1NT 和 2NT 开叫条件的所有牌；
② 14-15P，8+ 赢张。
下一步叫品：
1C1d=0-7P，没有较好的 6 张以上套
1C1h=8+P，5+H
1C1s=8+P，5+S
1C1n= ① 8-10P，4333/4432 或低花 5332;
② 11-13P，4333/4432
······

用同样的方式，可以查询其他开叫叫品。本体系可供查询的开叫叫品共有：1C，1D，1H，1S，1N，2C，2D，2H，2S，2N，3C，3D，3H，3S，3N，4C，4D，4H，4S，4N，5C，5D 等 22 个。

如果输入命令：

开叫

则系统依次将这 22 个叫品的开叫条件列出。

另外还有第三家开叫的 ps1D，ps1H，ps1S，ps2C 等 4 个叫品。例如输入：

ps1h

系统回复：

PS1h= ①正常开叫；②轻开叫：10+P，5+ 张或强 4 张

下一步叫品：

PS1h1S= 8+P，4+ 张，通常没有 3 张 H，NF

PS1h1N=8–10P，没有 4 张 S，没有 3 张 H，NF

PS1h2C= 朱瑞约定，10–12P，对 H 有 4 张或好的 3 张支持，F1

PS1h2D=10–11P，5+D，NF

......

2. 应叫查询

用户选择一个开叫叫品和一个应叫叫品，可以查询对应这一应叫的含义及所有后续叫品，例如输入命令：

1C1h

系统返回开叫 1♣ 应叫 1♥ 的条件和后续叫品：

1C1h=8+P，5+ 张

下一步叫品：

1C1h1S=16+P，5+S，配控问叫（五级回答 34344）

1C1h1N= 均型 17–19P 或 22+P，没有 5 张套，问控制数

1C1h2C=16+P，5+ 张，配控问叫（五级回答 34344）

1C1h2D=16+P，5+ 张，配控问叫（五级回答 34344）

1C1h2H=20+P，3+H，6+ 控，将牌问叫（六级回答 012123）

......

3. 任意叫牌链查询

用户输入从开叫应叫到后续叫牌的一条"叫牌链"，可查询该叫牌链上所有叫品的含义，例如输入：

1C1h1S2d

系统回复：

> 1C= ① 16+ 除了满足 1NT 和 2NT 开叫条件的所有牌；
> ② 14–15P，8+ 赢张。
> 1C1h=8+P，5+H
> 1C1h1S=16+P，5+S，配控问叫（五级回答 34344）
> 1C1h1S2d= 三级，S 为 Qxx 以上 3 张或任意 4 张，3 个以下控制（配合少控）

> 下一步叫品：
> 1C1h1S2d2H= 确定 S 将牌，问 H 边花控制（非加叫 H，5 级回答）
> 1C1h1S2d3C= 确定 S 将牌，问 C 边花控制（5 级回答）
> 1C1h1S2d3D= 确定 S 将牌，问 D 边花控制（5 级回答）
> 1C1h1S2d4N= 以 S 为将牌 RKCB 问叫（1430 回答）

依此类推，可以查询输入的整条叫牌链上每个叫品的含义。

4. 查询牌例

在进行叫牌链查询后，输入：

牌例

系统随机从牌库中调取一个包含该叫牌链的牌例和简单的叫牌说明。

查询牌例的命令还有下面两种格式：

查询牌例

[叫牌链]

例如输入：

查询牌例

1c1h1s1n2d2s

系统给出一个包含本叫牌链的牌例和简单说明。

查询牌例的第三种形式为：

查询牌例

[牌号]

其中的 [牌号] 是一个 1–999 之间的数字。例如输入：

查询牌例

26

则返回为（以超级版为例）

牌例：26	参考叫牌过程：
牌源：WYF8101	1C1h1S1n2D4s
局况：双方有局	说明：
	1s= 配控问叫
北家：　　　　南家：	1n= 一级，没有好支
S:AK875　　　S:643	持（含 3 张小牌），
H:Q6　　　　H:KJ875	不超过 3 控
D:AKT5　　　D:83	2d= 自然第二套
C:T8　　　　C:KQ4	4s=3 张小牌

5. 关键字查询

命令格式为：

查询牌例

[叫牌短链]

[关键字]

例如：

查询牌例

1d1h

重询

系统随机从牌库中调取一个开叫 1♦ 应叫 1♥ 后，含有（双路）

重询叫牌的牌例。

其中，第二行 [叫牌短链] 可以是叫牌链的前几个叫品，也可以用通配符 % 或者空行代替，进行不受叫牌链限制的模糊查询；"关键字"可以是常用的叫牌术语，如**逼局、邀局、止叫、示量邀请、配控问叫、罗马关键张问叫**等。

三、叫牌练习

本系统注册的用户，可以与机器人进行一对一的叫牌练习。普通会员用户可以有限次使用三个体系的叫牌练习；高级会员用户可以不受限制使用。

1. 用户开叫

通过公众号对话框发命令：

发牌

系统随机发给用户（北家）一手牌，并要求北家开叫。用户根据具体牌型，按照本体系的约定将正确的开叫叫品输入以后，机器人自动进行应叫，然后用户再叫……直到叫牌结束。

如果在叫牌过程中，用户的叫品出现"错误"（与系统不一致）时，系统会自动纠正，并提示继续叫牌，然后用户继续叫牌直至结束。用户也可以通过命令：

结束

强制结束本叫牌。

发牌命令还有其他两种形式：

发牌

[牌号]

按照指定的牌号发牌。

另一种形式是：

发牌

[叫牌链]

则随机发出系统中包含该叫牌链的任意一副牌。例如：

发牌

1C1h

系统发出这样一个牌例和有关信息：

欢迎参加愚夫精确体系叫牌练习！

牌例编号：26

牌源：WYF8101

局况：双方有局

北家：

S:AK875

H:Q6

D:AKT5

C:T8

你方开叫，机器人应叫，请叫牌！

发牌以后用户输入开叫叫品，比如这里输入：

1C

机器人自动应叫 **1h**

用户再叫：

1S

机器再叫 **1n**

用户如果不知道这个 **1n** 表示的是什么意思，可以输入：

解释

系统返回：

> 1C= ① 16+ 除了满足 1NT 和 2NT 开叫条件的所有牌；
> ② 14–15P，8+ 赢张。
> 1C1h1S=16+P，5+ 张套，配控问叫
> 1C1h1S1n=加一级，S 为 0–3 张小牌，3– 个控制（不配少控）
> 当前叫牌进程：1C1h1S1n
> 请继续叫牌！

用户可接着进行叫牌。如果不知道下一步如何叫，可以输入命令：

下一步

系统返回下一步所有可能的叫品供用户选择：

> 下一步叫品：
> 1C1h1S1n2C=16–17P，第二套，自然叫，NF
> 1C1h1S1n2D=16–17P，第二套，自然叫，NF
> 1C1h1S1n2H=20+P，6+ 控，3 张 H 或大小双张配合，延迟将牌问叫
> 1C1h1S1n2S=16–17P，6+ 张，NF
> 1C1h1S1n2N=16–17P，5–2–3–3 牌型，NF
> 1C1h1S1n3C=18+P，5–4 强或 5–5 两套，GF
> 1C1h1S1n3D=18+P，5–4 强或 5–5 两套，GF
> 1C1h1S1n3H=18–19P，Qxx 以上 3 张 H 支持，GF
> 1C1h1S1n3S=18+P，6+ 张坚强套，定将，GF

用户的下一个叫品如果选择正确，则机器人继续叫牌。

如果选择错误，系统会校正到正确的叫品，并提示继续叫牌。

如果输入命令：

结束

则机器人结束叫牌，系统给出两手牌和完整的叫牌链及简要说明：

牌例编号：26

1c1h1s1n2d4s

牌源：WYF7611

局况：双方有局

北家：　　　　　　南家：

S:AK875　　　　　S:643

H:A6　　　　　　H:KJ875

D:AKT5　　　　　D:83

C:T8　　　　　　C:KQ4

参考进程：1c1h1s1n2d4s

说明：

1s= 配控问叫

1N= 一级，不配（含 3 张小牌），不超过 3 控

2d= 自然第二套

4s=3 张小牌或大小双张

2. 机器人开叫

用户通过对话框发出命令：

机器人发牌

系统随机发出一副牌，机器人为北家开叫，用户为南家，根据系统所发的牌型进行应叫，然后与机器人一递一声叫牌。

如果叫牌与牌库中给出的参考过程相同，机器人会继续叫下去，叫牌过程如与系统设计的参考进程不一致，系统会自动进行纠正。直到叫牌完成或用户发出"结束"命令，系统给出完整的两手牌和参考进程及简要说明。

四、训练计划

系统后台预先植入一组叫牌训练的计划，用户只需输入命令：

执行计划

　　系统随机发出其"训练计划"中的一副牌例，提示用户开叫（或机器人已经开叫，提示用户应叫），进行叫牌训练。

　　一副牌叫牌训练结束后，系统随机给出"训练计划"中的另一副牌，继续进行叫牌训练。

　　在训练过程中，用户若发出命令：

跳过

　　则跳过当前的一副牌，并给出完整的叫牌链和简要说明。

　　然后，系统自动发出下一副牌，用户可继续下一副牌的训练，或者发命令：

终止计划

　　系统终止训练计划的执行，返回查询状态。

　　在执行训练计划过程中，用户可以随时用命令：

返回

　　系统则返回到当前训练牌的初始状态。

　　说明：本书出版以后，机器人辅助叫牌系统仍然会随时升级更新。更新后的内容可能与书本印刷内容有一定出入，请以更新后的机器人辅助叫牌系统为准。